CATOLICISMO

CATOLICISMO

Un viaje al corazón de la fe

ROBERT BARRON

Traducción a cargo de
Luis Xavier López-Farjeat
Venancio Ruiz González

IMAGE
Nueva York

Información de catalogación de publicaciones disponible
en la Biblioteca del Congreso de los Estados Unidos.

ISBN 978-0-385-34672-6
eISBN 978-0-385-34669-6

Fotografía de la cubierta: (C) Word On Fire

Primera edición en español de Image

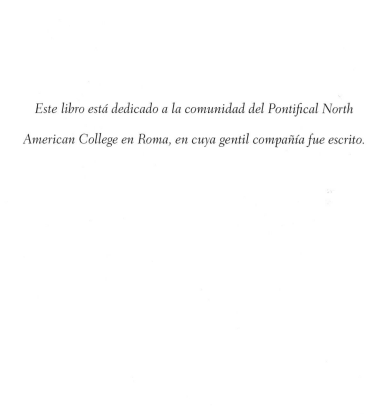

Este libro está dedicado a la comunidad del Pontifical North American College en Roma, en cuya gentil compañía fue escrito.

Contenidos

Agradecimientos

Este libro surgió a partir de los guiones que elaboré para la serie documental dividida en diez partes titulada *Catolicismo*. Los tres años de planeación, redacción, grabación y edición que se requirieron para la producción de esta serie constituyen un momento inolvidable en mi vida. Las muchas, muchísimas personas que colaboraron en la elaboración de esta película obviamente también han ayudado a dar forma a este libro que están a punto de leer. Estoy agradecido desde el fondo de mi corazón al padre Stephen Grunow, Mike Leonard, Matt Leonard, Nancy Ross, Diane Archibald, Peggy Pandaleon, Robert Mixa, Megan Fleischel, Patrick Thornton, Steve Mullen, Nanette Noffsinger, Brooks Crowell, Rozann Carter, Father Paul Murray, Dr. Denis McNamara y a John Cummings. También estoy en deuda con mi editor, Gary Jansen, quien leyó el manuscrito con gran detenimiento y cuyas sugerencias han dado lugar a un mejor libro.

CATOLICISMO

LA CUESTIÓN CATÓLICA

¿QUÉ ES LA CUESTIÓN CATÓLICA? ¿QUÉ DISTINGUE AL CATOLI-cismo de otras filosofías, ideologías y religiones en el mundo? Coincido con el Beato John Henry Newman, quien decía que *el* gran principio que posee el catolicismo es la Encarnación, el hecho de que Dios se hizo carne. ¿Qué quiero decir con esto? Quiero decir que *la Palabra de Dios* —la mente por la cual todo el universo comenzó a existir— no permaneció secuestrada en el cielo, sino que irrumpió en este mundo ordinario de cuerpos, en esta arena manchada de la historia, en esta nuestra condición humana tan dañada y cubierta de lágrimas. "Y el Verbo se hizo carne y habitó entre nosotros" (Jn. 1:14): esta es la cuestión católica.

La Encarnación nos habla de verdades centrales tanto de Dios como de nosotros mismos. Si Dios se hizo humano sin dejar de ser Dios y sin comprometer la integridad de la criatura en la que se convirtió, entonces Dios no compite con su creación. En muchos de los antiguos mitos y leyendas, figuras divinas como Zeus o Dionisio irrumpían en los asuntos humanos solo a través de la agresión, destruyendo e hiriendo aquello que invadían. Así mismo, en muchas filosofías de la modernidad se retrata a Dios como una amenaza para el bienestar de los seres humanos. Cada uno a su manera, Marx, Freud, Feuerbach y Sartre sostienen que Dios debe ser eliminado si los humanos desean llegar a ser plenamente ellos mismos. Pero esto no tiene nada que ver con la doctrina de la Encarnación. El Verbo verdaderamente se hizo hombre, pero nada humano fue destruido en este proceso; Dios verdaderamente entró en su creación, y de esta forma el mundo fue enaltecido y elevado. No es que este Dios capaz de la Encarnación sea un ser supremo que rivalice con lo creado, sino que, en palabras de santo Tomás de Aquino, Dios es el puro acto de ser en sí mismo, el cimiento y sustento de toda la creación al modo en que un cantante da vida a su canto.

La Encarnación nos indica la verdad más relevante sobre nosotros mismos: que estamos destinados a la divinización. Los Padres de la Iglesia nunca se cansaron de repetir esta frase como una especie de síntesis de las creencias cristianas: *Deus fit homo ut homo fieret Deus* (Dios se hace hombre para que el hombre se haga Dios). Dios se dignó hacerse carne para que nuestra carne pudiera pasar a formar parte de la vida divina, para que pudiéramos llegar a participar del amor que mantiene en comunión al Padre, al Hijo y al Espíritu Santo. Y es por esto que el cristianismo ha sido el mayor humanismo que haya surgido, o más bien, el mayor humanismo que *haya podido* surgir. Ningún programa filosófico, político o religioso en toda la historia —ni el humanismo griego, ni el renacentista o el marxista— ha sostenido un destino humano tan extraordinario como el del cristianismo. No estamos lla-

Cristo Pantocrátor, *Santa Sofía, Estambul.* WORD ON FIRE

mados únicamente a la perfección moral, a la autoexpresión artística o a la liberación económica, sino más bien a lo que los Padres de Oriente llamaron la *theiosis*, es decir, la transformación en Dios.

Tal vez tengan alguna objeción en mente. En efecto, la doctrina de la Encarnación distingue al cristianismo de las demás grandes religiones del mundo, pero entonces ¿cómo se distingue el catolicismo de las otras Iglesias cristianas? ¿No defienden acaso también con convicción tanto protestantes como ortodoxos que el Verbo se hizo carne? En efecto, sí lo hacen, pero como explicaré a continuación, no abrazan esta doctrina en toda su plenitud. No alcanzan a captar su mayor profundidad ni logran obtener todas sus implicaciones. Para la mente católica resulta esencial lo que yo caracterizaré como un agudo sentido de la prolongación de la Encarnación a través del tiempo y del espacio, una extensión que solo es posible a través del misterio de la Iglesia. Los católicos experimentan la Encarnación continua de Dios en el aceite, el agua, el pan, la imposición de las manos, el vino y la sal de los sacramentos; la perciben a través de los gestos, los movimientos, el incienso y los cantos de la liturgia; la gustan a través de los textos, los argumentos y los debates de los teólogos; la sienten a través del gobierno de los papas y los obispos, dirigidos por la gracia; la aman en las luchas y la vocación de los santos; la conocen a través de los escritos de los poetas católicos y en las catedrales levantadas por arquitectos, artistas y trabajadores católicos. En resumen, todo esto revela ante los ojos y las mentes de los católicos la presencia continua del Verbo hecho carne, Cristo.

Newman decía que una idea compleja equivale a la suma de todos sus posibles aspectos. Esto significa, como él vio, que las ideas solo llegan a ser verdaderamente conocidas a través de grandes intervalos de espacio y tiempo, con el gradual despliegue de sus muchas dimensiones y perfiles. La

Iglesia del Santo Sepulcro, detalle, Jerusalén.
DENIS R. MCNAMARA

Encarnación es una de las ideas más ricas y complejas que hayan sido propuestas a nuestras mentes y, por tanto, requiere del tiempo y del espacio de la Iglesia para finalmente llegar a revelarse por completo. Es por ello que para poder comprender plenamente la Encarnación necesitamos leer los Evangelios, las Cartas de Pablo, las *Confesiones* de san Agustín, la *Suma Teológica* de Tomás de Aquino, *La Divina Comedia* de Dante, la *Subida al Monte Carmelo* de san Juan de la Cruz, la *Historia de un alma* de Teresa de Lisieux, entre otros muchos textos clave. Pero también tenemos que *ver y escuchar*. Debemos buscar respuestas en la Catedral de Chartres, en la Sainte-Chapelle, en la Capilla de la Arena, en el techo de la Capilla Sixtina, en el *Éxtasis de Santa Teresa* de Bernini, en la Iglesia del Santo Sepulcro, en la crucifixión plasmada por Grünewald en el *Retablo de Isenheim*, en las etéreas melodías del canto gregoriano, en las misas de Mozart y en los motetes de Palestrina. El catolicismo es una cuestión tan del cuerpo y los sentidos como de la mente y el alma, precisamente porque el Verbo se hizo *carne*.

Lo que pretendo con este libro es conducirlos a una exploración del mundo católico, pero no como lo haría un docente, pues mi interés no es mostrarles los artefactos del catolicismo como si fueran obras de arte o manifestaciones culturales empolvadas en un museo. Quiero ser más bien un mistagogo que vaya adentrándolos cada vez más en el misterio de la Encarnación, con la esperanza de que sean transformados por su poder. Suscribo las palabras del teólogo Hans Urs von Balthasar, quien sostenía que la mejor manera de apreciar el catolicismo era desde dentro, en el interior de los confines de la Iglesia, así como ocurre con los vitrales de las catedrales, que vistos desde el exterior parecen apagados, pero contemplados desde el interior brillan con todo su esplendor. Quiero llevarlos hasta las profundidades de la catedral del catolicismo porque estoy convencido de que esta experiencia cambiará y renovará sus vidas.

El catolicismo es una celebración, tanto en palabras como en imágenes, de este Dios que se regocija infinitamente en conducir a los seres humanos hasta la plenitud de la vida.

Comenzaré con Jesús, pues él es el punto de referencia constante, el principio y fin de la fe católica. Procuraré presentar el carácter único de Jesús, y cómo es que él, al afirmar que hablaba y actuaba en la propia persona de Dios, se ubica en un lugar absolutamente distinto al de todos los filósofos, místicos y fundadores religiosos. También mostraré cómo su resurrección de entre los muertos no solo ratifica su identidad divina, sino que también lo constituye como Señor de las naciones, aquel a quien en definitiva se debe toda lealtad. Posteriormente exploraré las extraordinarias enseñanzas de

Catedral de San José, detalle, Wheeling, West Virginia.
DENIS R. MCNAMARA

Jesús, sus palabras, que a un tiempo son simples y complejas, y que literalmente han cambiado al mundo. Intentaré mostrar cómo estas enseñanzas constituyen *el* camino a la felicidad.

San Pablo se refería a Jesús como "la imagen del Dios invisible". Con esto quería decir que Jesús era el signo sacramental de Dios, el modo privilegiado a través del cual podemos *ver* cómo es Dios. Y de este modo veremos a Dios —su existencia, su creatividad, su providencia, su naturaleza trinitaria— a través del lente del Verbo hecho carne. A continuación hablaré de María, el recipiente a través del cual Dios vino al mundo. Subrayaré cómo María representa la totalidad de Israel, aquella que dio voz plena a los anhelos de su pueblo ante Dios, aquella que es, por tanto, el prototipo de la Iglesia, la Nueva Israel. Las últimas palabras que Jesús dirigió a sus discípulos fueron una exhortación a que se pusieran en camino y fueran a todas las naciones para dar la Buena Nueva. Pedro y Pablo fueron actores indispensables en los inicios de la Iglesia, pues encarnaban este espíritu misionero. Mostraré que de manera especial estos dos hombres del siglo I son arquetipos determinantes de la vida misionera de la Iglesia hasta nuestros días.

Pablo proclamó constantemente que la Iglesia de Jesucristo no era una organización sino más bien un organismo, un cuerpo místico. De acuerdo con lo anterior, presentaré a la Iglesia como algo viviente, cuyo propósito es reunir a todo el mundo en alabanza a Dios. El acto central de la Iglesia, su "fuente y cumbre", en palabras del Concilio Vaticano Segundo, es la liturgia, la alabanza ritual dirigida a Dios. Por tanto, avanzaré a través de los gestos, cantos, movimientos y la teología de la liturgia. El propósito de la liturgia y de la Iglesia es engendrar santos, santificar a la gente. Es por esto que el catolicismo nos presenta una gran diversidad de santos con seriedad y con gran entusiasmo. Por ello dedicaré un capítulo para pintar pequeños retratos de cuatro amigos de Dios, para mostrar de manera concreta cómo se manifiesta en ellos la vida en Cristo. Los santos elevan sus mentes y sus corazones a Dios; buscan la comunión apasionada con su Creador; oran. Por ello, me centraré más adelante en la oración, enfocándome en ciertos personajes —Thomas Merton, san Juan de la Cruz y santa Teresa de Ávila— que expresan de manera concreta la vía mística. Para terminar, consideraré las últimas realidades o postrimerías: el infierno, el purgatorio y el cielo. Dios quiere tener una amistad íntima con nosotros, pero la amistad siempre está en función de la libertad. El modo en que finalmente respondamos al amor divino —a ese sol que brilla sobre buenos y malos por igual— es lo que constituye toda la diferencia.

Podrán percatarse de que no he escrito un laborioso estudio teológico, y que más bien este libro está repleto de historias, biografías e imágenes: el cardenal Francis George meditando en la Logia de San Pedro tras la elección de Be-

Sainte-Chapelle, interior, París. WORD ON FIRE

nedicto XVI, el "caminito" de santa Teresa de Lisieux, la procesión a Lourdes portando velas, el viaje de Edith Stein hasta Auschwitz, los penitentes irlandeses en Lough Derg, los peregrinos avanzando de rodillas para venerar a la Virgen de Guadalupe, la Madre Teresa recogiendo a los moribundos de las miserables calles de Calcuta, Karol Wojtyla refugiándose en el seminario subterráneo durante la ocupación nazi, el hijo pródigo reunido en un abrazo con su padre, Pablo prisionero en Filipo, Pedro crucificado en el Monte Vaticano, el "jardín floreciente de la vida" de Angelo Roncalli, y mucho más. Pero como la tradición católica es penetrante, este libro también contiene argumentos teológicos, algunas veces de una naturaleza muy técnica. Casi todos los días me entero de ateos que escriben en contra de la religión y la califican de primitiva, como si se tratara de un sinsentido premoderno. Recurro a Tomás de Aquino, a Agustín, a Pablo, a Teresa de Ávila, a Joseph Ratzinger y a Edith Stein —con todo su rigor intelectual— para que funjan como aliados en esta batalla contra el ateísmo desdeñoso.

Algunos tal vez encuentren más atractiva la narrativa de este libro, otros en cambio preferirán sus pasajes intelectuales, mientras que otros seguramente se deleitarán con sus imágenes y fotografías. ¡Bien! Precisamente parte de la genialidad de la tradición católica radica en que no desecha nada. Hay algo para todos en este gran espacio, y mi ardiente deseo es comunicar mediante este libro parte de esa gran amplitud católica. G. K. Chesterton, uno de los escritores católicos más extravagantes, graciosos e inteligentes del siglo XX, en una ocasión comparaba la Iglesia con una casa con mil puertas. Espero que este libro sea una de esas puertas, y que los cautive.

Capítulo 1

SORPRENDIDOS Y ASUSTADOS: LA REVELACIÓN DE DIOS SE HACE HOMBRE

TODO COMIENZA COMO UNA BROMA. LA ESENCIA DE LA COMEDIA es la reunión de opuestos, la yuxtaposición de elementos incongruentes. Es por eso que nos reímos cuando un adulto habla como un niño o cuando un hombre sencillo se encuentra perdido en medio de las complejidades de una sociedad sofisticada. La afirmación central del cristianismo —una afirmación que sigue sorprendiendo incluso después de dos mil años— es que Dios *se hizo* hombre. El Creador del cosmos, que trasciende cualquier definición o concepto, tomó sobre sí una naturaleza como la nuestra, *haciéndose* uno de nosotros. El cristianismo declara que lo infinito y lo finito se encontraron, que lo eterno y lo temporal se abrazaron, que el Hacedor, las galaxias y los planetas se convirtieron en un pequeño niño demasiado frágil como para poder levantar la cabeza. Y para hacer la broma todavía más aguda, la Encarnación de Dios no se manifestó por primera vez ni en Roma, ni en Atenas ni en Babilonia, ni en ninguna de las grandes capitales culturales o políticas, sino en Belén de Judá, una pequeña y remota población del Imperio Romano. Uno podría reírse burlonamente de semejante ocurrencia —como muchos lo han hecho a lo largo de los siglos—, pero como G. K. Chesterton observa, incluso el corazón de la persona más escéptica es transformado por el simple hecho de escuchar este mensaje. Los creyentes cristianos se han reído y gozado a lo largo de los años con esta broma sagrada, y nunca se han cansado de escuchar cómo se repite, ya sea a través de los sermones de Agustín, los argumentos de Tomás de Aquino, los frescos de Miguel Ángel, los vitrales de Chartres, la poesía mística de Teresa de Ávila o el "caminito" de Teresa de Lisieux. De hecho, se ha llegado a decir que la esencia del pecado radica en darse uno mismo

Epifanía del Señor, Iglesia de San Salvador en Chora, Estambul.
WORD ON FIRE

demasiada importancia. Y tal vez por eso Dios escogió salvarnos haciéndonos reír.

Uno de los aspectos más importantes para comprender el cristianismo en su nivel más profundo es que este no se reduce a una filosofía, a un sistema ético o a una ideología religiosa. Más bien se trata de una relación con la singular persona de Jesucristo, el Dios-hombre. Lo que se encuentra en el centro de la inquietud cristiana es *Alguien*. Si bien muchos pensadores cristianos han empleado ideas filosóficas y constructos culturales para articular el significado de la fe —algunas veces de manera muy elaborada—, nunca se alejan mucho de este particular y desconcertante rabino nazareno del siglo I. Pero, ¿quién fue él en realidad? Sabemos muy poco sobre los primeros treinta años de la vida de Jesús. Aunque se ha especulado ampliamente sobre estos años de vida oculta —la posibilidad de que haya viajado a India y ahí hubiese aprendido la sabiduría de Buda, o que haya permanecido un tiempo en Egipto hasta convertirse en un adepto de la curación, y otras hipótesis—, la realidad es que no contamos con información confiable sobre la infancia y juventud de Jesús, excepto la cautivadora historia del Evangelio de Lucas sobre el hallazgo de Jesús en el Templo. Dado que José, el esposo de María, la Madre de Dios, es retratado como un carpintero, podemos asumir con seguridad que Jesús aprendió el oficio de la carpintería mientras crecía. Hasta donde podemos saberlo, Jesús no fue entrenado formalmente en ninguna escuela rabínica, ni fue educado para ser sacerdote del Templo o escriba; tampoco fue un devoto de los fariseos, los saduceos y los esenios, todos ellos partidos religiosos reconocidos que se ajustaban a una serie de convicciones, prácticas e inclinaciones doctrinales particulares. Él era, empleando un término más bien anacrónico, un laico.

Y fue esto lo que hizo su llegada a la escena pública toda-

vía más sorprendente: este carpintero nazareno, que no había
tenido una educación o afiliación religiosa formal, comenzó
a hablar y a actuar con una autoridad sin precedente. Las
multitudes que lo oían predicar escuchaban cómo declaraba
alegremente, "Han oído decir esto (...) pero yo les digo (...)"
(Mt. 5:21-48). Se estaba refiriendo, claro está, a la Torah,
las enseñanzas de Moisés, el tribunal máximo al que todo
rabino piadoso recurría; así, lo que se adjudicaba a sí mismo
era una autoridad superior a la del mayor maestro y legislador
de Israel. En una ocasión le dijo a un hombre paralítico: "Ten
confianza, hijo, tus pecados te son perdonados" (Mt. 9:2). Al
escuchar esta escandalosa afirmación, los que lo rodeaban se
dijeron para sus adentros, "Este hombre blasfema" (Mt. 9:3).
Además, Jesús demostró tener dominio sobre las fuerzas de la
propia naturaleza. Apaciguó la tormenta que amenazaba con
hundir la barca de los discípulos; increpaba a los espíritus
malignos; abría los oídos de los sordos y devolvía la visión a
los ciegos; no solo perdonó los pecados del hombre paralítico, también eliminó su parálisis; incluso resucitó a la hija
de Jairo. Todo esto hacía de la figura de Jesús algo completamente fascinante. Una y otra vez escuchamos en los Evangelios cómo se propagaba por todo el país la noticia de Jesús
y cómo las multitudes iban a él desde todos los lugares: "y
cuando lo encontraron [los discípulos], le dijeron: 'Todos te
andan buscando'" (Mc. 1:37). ¿Qué los atraía hacia él? Algunos sin duda querían ser testigos de su poder sobrenatural
o buscaban beneficiarse de este; otros querían escuchar las
palabras de un rabino extremadamente carismático; y algunos más querían simplemente acercarse a una celebridad. Sin
embargo, creo que es justo asumir que todos estaban preguntándose quién era este hombre.

A la mitad de su ministerio público, Jesús se aventuró con
sus discípulos hasta el extremo norte de la Tierra Prometida,

a la región de Cesarea de Filipo, próxima a lo que hoy en día se conoce como los Altos del Golán, y ahí formuló la siguiente pregunta: "¿Quién dice la gente que soy yo?" (Mc. 8:27). Nos hemos acostumbrado a escuchar tanto esta pregunta en los Evangelios que hemos perdido el sentido de su peculiaridad. No les preguntó qué era lo que la gente pensaba sobre sus enseñanzas o qué impresión estaba causando o cómo interpretaban las multitudes sus acciones, si bien todas estas preguntas eran bastante razonables. Quería saber qué pensaban sobre su identidad, sobre su ser mismo. Y esta pregunta —reiterada por teólogos cristianos a través de los siglos— es precisamente la que coloca a Jesús por delante de todos los demás fundadores de las grandes religiones. Buda indicaba activamente a sus seguidores que no se enfocaran en su persona, y en cambio los invitaba a seguir el camino espiritual del que él mismo se había beneficiado. Mahoma era un hombre ordinario que aseguraba haber recibido la revelación definitiva de Alá. Nunca se le ocurrió dirigir la atención hacia su persona, sino que más bien quería que el mundo leyera y obedeciera el Corán que Alá mismo le había dado. Confucio era un filósofo

Cesarea de Filipo, actualmente Banias, Israel. WORD ON FIRE

moral que, dada su peculiar perspicacia, formuló una serie de recomendaciones éticas que constituían un modo balanceado de vivir en la tierra. La cuestión sobre la identidad de estos personajes nunca fue algo que inquietara ni a sus seguidores ni a ellos mismos.

Pero aquí está Jesús. Aunque efectivamente formuló una serie de instrucciones morales y ciertamente enseñó con gran entusiasmo, Jesús no dirigió la atención de sus seguidores primordialmente hacia sus palabras, sino hacia sí mismo. Juan el Bautista indicó a dos de sus discípulos que siguieran a Jesús. Ellos fueron con él y le preguntaron, "'Rabbi, ¿dónde vives?'" (Jn. 1:38), a lo que él respondió, "'Vengan y lo verán'" (Jn. 1:39). Esta conversación tan sencilla es en extremo instructiva, pues muestra cómo la intimidad con Jesús —permanecer con él— es lo fundamental del discipulado cristiano. Como ya he insinuado, la atención dirigida hacia el propio Jesús procede del sorprendente hecho de que él hablaba y actuaba constantemente en la misma persona de Dios. "El cielo y la tierra pasarán, pero mis palabras no pasarán" (Mt. 24:35). Si bien los filósofos sensatos y los sabios invariablemente enfatizan la naturaleza provisional de lo que escriben, Jesús en cambio afirma que sus palabras no pasarán, sino que durarán más que la propia creación. ¿Quién podría razonablemente hacer esta aseveración si no el Verbo a través del cual todas las cosas llegaron a ser? "El que ama a su padre o a su madre más que a mí, no es digno de mí" (Mt. 10:37). Podríamos fácilmente imaginar a un profeta, a un maestro o a un fundador religioso diciendo "Deberías amar a Dios más que a tu propia vida", o incluso afirmando "Deberías amar mis enseñanzas más que a tu padre o a tu madre", pero ¿"El que ama a su padre o a su madre más que *a mí*"? Se ha dicho que las personas más sanas espiritualmente son aquellas que tienen un fuerte sentido de la diferencia que hay entre ellos y Dios. Pero entonces, ¿quién si no Aquel que en su propia persona es el mayor bien, podría sostener cuerda y responsablemente lo que Jesús afirmaba?

Ahora bien, todavía cabe la posibilidad de que Jesús fuera un loco, un fanático confundido. Después de todo, los centros de salud mental están llenos de personas convencidas de ser Dios. Y esto fue precisamente lo que pensaron algunos de los contemporáneos de Jesús: "Pero para los judíos esta era una razón más para matarlo, porque (...) se hacía igual a Dios, llamándolo su propio Padre" (Jn. 5:18). Lo que aquí se descarta —algo que C. S. Lewis vio con especial claridad— es la postura tibia y superficial por la que actualmente optan muchos teólogos y personas que están en busca de creencias religiosas más satisfactorias: a saber, que Jesús no era divino, sino solo un inspirador maestro de ética, un gran filósofo de la religión. Sin embargo, una lectura detenida de los testimonios del Evangelio no conduce a esta interpretación. Puesto que Jesús constantemente habló y actuó en la persona de Dios, o bien él era quien decía ser, o solo se trataba de un loco. Y es precisamente por esto que Jesús obliga a una elección que ningún otro fundador religioso exige. Como él mismo dijo, "El que no está conmigo, está contra mí" (Lc. 11:23) y "el que no recoge conmigo, desparrama" (Lc. 11:23). Ahora me doy cuenta del modo tan dramático en que estas palabras atentan contra nuestra sensibilidad actual; no obstante, la evangelización cristiana consiste primordialmente en esa elección.

Hay un extraño pasaje en el capítulo décimo del Evangelio de Marcos que rara vez se comenta, pero que es muy revelador. Jesús está en compañía de sus discípulos mientras se dirigen desde Galilea, en el norte, hacia Judea, en el sur. Marcos relata: "Iban por el camino subiendo a Jerusalén, y Jesús iba delante de ellos. Los discípulos estaban asombrados y los que lo seguían tenían miedo" (Mc. 10:32). Simple-

Mar de Galilea. WORD ON FIRE

mente estaban recorriendo el camino con Jesús, pero estaban sorprendidos y asustados. No entendemos el porqué de esta reacción hasta que recordamos que en el Antiguo Testamento tanto el asombro como el miedo son dos de las reacciones típicas frente a Dios. El filósofo de la religión del siglo XX Rudolf Otto caracterizó inmejorablemente al Dios trascendente como un *mysterium tremendum et fascinans,* un misterio que nos fascina y que incluso nos hace temblar de miedo, en cuya presencia nos sentimos sorprendidos y asustados. Con su estilo sencillo y sutil, lo que Marcos nos indica es que Jesús también es el Dios de Israel.

Una vez que comprendemos que Jesús no era un maestro o un sanador ordinario, sino Yahvé moviéndose entre los suyos, podemos empezar a comprender sus palabras y acciones con mayor claridad. Si prestamos atención a los textos del Antiguo Testamento —los primeros cristianos leían a Jesús a la luz de estas Escrituras— veremos que se esperaba que Yahvé realizara cuatro grandes tareas: reuniría a las disgregadas tribus de Israel; purificaría el Templo de Jerusalén;

derrotaría definitivamente a los enemigos de la nación; y, finalmente, reinaría como Señor del cielo y de la tierra. Dicha esperanza escatológica, expresada principalmente en los profetas y los Salmos, consistía en que a través de estas acciones Yahvé purificaría a Israel y que, a través de Israel purificada, llevaría la salvación a todos los pueblos. Lo que sorprendió a los primeros seguidores de Jesús fue que él cumpliera estas cuatro tareas de la manera más inesperada.

Cuando Jesús hace su primera aparición para predicar a los pueblos que rodeaban el Mar de Galilea, su mensaje era muy sencillo: "El Reino de Dios está cerca. Conviértanse y crean en el Evangelio" (Mc. 1:15). Se han vertido mares de tinta a lo largo de los siglos intentando explicar el significado de la expresión "Reino de Dios", y tal vez sea útil preguntarnos qué fue lo que los primeros oyentes de Jesús entendieron por dicho término. N. T. Wright afirmaba que seguramente escucharon que "las tribus estaban siendo reunidas". De acuerdo con la narrativa básica del Antiguo Testamento, la respuesta de Dios ante la división humana había sido conformar un pueblo acorde al deseo de su corazón. Yahvé escogió a Abraham y a sus descendientes para que fueran "particularmente suyos", y los fue moldeando a través de la Ley divina para que fueran una nación de sacerdotes. La intención de Dios era que el Pueblo de Israel, unificado y espiritualmente vibrante, fuera una especie de imán que ejerciera su fuerza de atracción sobre el resto de la humanidad y que reuniera a todos en torno a Dios gracias a esta cualidad magnética. El profeta Isaías expresó esta misma esperanza cuando imaginó el Monte Sión, elevándose por encima de todas las montañas del mundo, como el punto de reunión para "todas las tribus de la tierra". Pero lo trágico es que la mayoría de las veces Israel no era fiel a su llamado y terminó por convertirse en una nación dividida. Uno de los nombres típicos del demonio

es *ho diábolos*, que deriva del término *diabolein* (dispersar).
Mientras que Dios es la gran fuerza que reúne, el pecado es
un poder que divide. La división de Israel llegó a su máxima
expresión en el siglo VIII a.C., cuando muchas de las tribus
del norte fueron desplazadas por los invasores asirios; pero
aun más devastador fue el exilio del siglo VI a.C., cuando los
babilonios destruyeron Jerusalén y expulsaron a muchas de
las tribus del sur. Desperdigado y dividido, el Pueblo de Israel
nunca pudo cumplir su misión, pero los profetas siguieron
soñando y aguardando. Ezequiel se refería a Israel como corderos vagando sin rumbo por las laderas de las colinas, pero
luego profetizó que un día Yahvé mismo vendría a reunificar
a su pueblo.

Ahora podemos comprender mejor el comportamiento de
aquel que se llamó a sí mismo "el buen pastor" (Jn. 10:11).
Como muchos estudiosos contemporáneos han subrayado,
Jesús vivió un espíritu comunitario de apertura y sirvió a muchos que habitualmente habían quedado relegados de la alta
sociedad: los pecadores públicos, las prostitutas, los disca-
pacitados, los recaudadores de impuestos y otros más. Pero
precisamente en medio de estos estratos y divisiones sociales,
tan evidentes tanto en su tiempo como en los nuestros, Jesús
pretendía construir un espacio social totalmente nuevo que
se caracterizara por la compasión y el perdón. Es importante
notar que él no estaba simplemente ejemplificando la virtud
genérica de la "inclusividad", tan en boga y valorada hoy en
día, sino que estaba actuando en la propia persona de Yahvé
al reunir a sus hijos dispersos. Esto también ayuda a explicar
por qué sanó a tantos. En la sociedad de tiempos de Jesús,
la enfermedad física era típicamente considerada como una
maldición, y en muchos casos la enfermedad o la deformidad
impedían que una persona pudiera participar plenamente en
la vida de la comunidad, especialmente en el culto comuni-

tario. Curando a los ciegos, a los sordos, a los tullidos y a los leprosos, Jesús era Yahvé mismo vendando las heridas de su pueblo, restaurándolos a su comunión. Un ejemplo particularmente representativo de estas obras es el de aquella ocasión en que Jesús sana a la mujer que había pasado muchos años con la espalda encorvada. Jesús restauró su salud no solo en el sentido físico, sino que también le permitió recuperar nuevamente la postura correcta para poder alabar.

Jesús revolucionó muchas de las convenciones sociales de su tiempo y su contexto, pues le preocupaba inculcar en primer lugar la noción del Reino de Dios en la mente de sus seguidores. Entre los judíos del siglo I la familia tenía una relevancia social y cultural de suma importancia. La propia existencia se definía en gran medida a través de las afiliaciones tribales y las obligaciones familiares que se tuvieran. Una entusiasta discípula de Jesús dio a entender esto cuando en una ocasión exclamó, "'¡Feliz el seno que te llevó y los pechos que te amamantaron!'" (Lc. 11:27). Pero Jesús relativizó dramáticamente a la familia cuando replicó, "'Felices más bien los que escuchan la Palabra de Dios y la practican'" (Lc. 11:28). En otra ocasión, un joven deseoso de seguir a Jesús le pidió permiso para ir primero a enterrar a su padre. En aquel tiempo, como en el nuestro, sería difícil pensar en una obligación familiar más urgente que asistir al funeral de nuestro propio padre. Ciertamente una obligación como esta justificaría un pequeño retraso antes de poder entregarse al trabajo del Reino. Pero Jesús, pasando por encima de esto, le respondió de una manera que sin duda lo escandalizó: "Dejen que los muertos entierren a sus muertos" (Lc. 9:60). Una vez más, no es que Jesús fuera injustificadamente insensible ante el dolor de un hijo, sino que, más bien, insistía en la enorme importancia que tenía la reunificación de las tribus en la familia de Dios. Jesús vuelve a indicar esto en una de las escenas más desconcertantes que se registran en el Evangelio. "No piensen que he venido a traer la paz sobre la tierra. No vine a traer la paz, sino la espada. Porque he venido a enfrentar al hijo con su padre, a la hija con su madre y a la nuera con su suegra; y así, el hombre tendrá como enemigos a los de su propia casa" (Mt. 10:34-36). Incluso estaba dispuesto a romper el sistema social y religioso más respetado si este se anteponía a la nueva comunidad del Reino. En efecto, cuando le damos a la familia una importancia desproporcionada, esta no tarda en volverse disfuncional, como podemos observar hasta nuestros días en el hecho de que gran parte de los crímenes violentos ocurren en el interior de las propias familias.

En la Palestina del siglo I se suponía que los hombres no debían hablar en público con las mujeres, los judíos no debían relacionarse con los samaritanos y la gente honrada no debía tener nada que ver con los pecadores. No obstante, Jesús habló abierta y respetuosamente con la mujer del pozo, quien era tanto mujer, como samaritana y pecadora pública, lo que la hacía tres veces reprobable. Si solemos disfrutar construyendo estructuras de dominación y exclusión, la reunificación de Yahvé opera bajo una serie de reglas completamente distintas. Jesús le pidió a la samaritana que le diera de beber. San Agustín tiene un magnífico comentario al respecto: estaba sediento de su fe. Un judío piadoso en aquellos tiempos hubiera sido considerado ritualmente impuro por tocar un cadáver, pero Jesús tocó sin reparos el cuerpo sin vida de la hija de Jairo para devolverla a la vida. Jesús insinuaba así que los rituales, las liturgias y las prácticas de los judíos estaban subordinadas y al servicio de la gran tarea de conducir a Israel de regreso a la vida. Es maravilloso que los escritores del Evangelio hayan conservado en este relato las palabras en arameo que Jesús empleó: "'*Talitha qum*' que significa '¡Niña, yo te lo ordeno, levántate!'" (Mc. 5:41). Es el propio Yahvé pronunciando estas íntimas palabras a su pueblo, que había caído en una muerte espiritual. Una y otra vez se nos presenta a Jesús violando el mandato sagrado de descansar el séptimo día. Se nos narra cómo sus discípulos recogían granos el día del Sabbath y cómo también Jesús muchas veces curaba durante el Sabbath, dejando consternados a los protectores de la Ley judía. Cuando se le echó esto en cara, se declaró a sí mismo como Señor del Sabbath (otra estridente afirmación en boca de un judío, ya que solo el propio Yahvé podía adjudicarse dicho título), y aclaró que el Sabbath estaba hecho para el hombre y no el hombre para el Sabbath. Con esta declaración relativizó el significado de la práctica más propia de los judíos piadosos, dejando ver que era una prerrogativa divina, y que por tanto estaba subordinada al Reino de Dios.

Uno de los hechos que incluso los estudiosos más escépticos del Antiguo Testamento reconocen es que Jesús eligió

Apóstoles, Notre Dame, París. DENIS R. MCNAMARA

a doce hombres para que fueran sus discípulos íntimos. El número no es accidental. En torno a él estaba formando el pequeño cosmos de un Israel reunido, las doce tribus congregadas en oración y con un propósito en común. Y fue precisamente a este grupo nuclear al que envió a proclamar y propagar el Reino: "Por el camino, proclamen que el Reino de los Cielos está cerca. Curen a los enfermos, resuciten a los muertos, purifiquen a los leprosos, expulsen a los demonios" (Mt. 10: 7-8). Al regresar de su misión, los discípulos le dijeron gozosos: "Señor, hasta los demonios se nos someten en tu Nombre" (Lc. 10:17). Con el tiempo, comisionó a otros setenta y dos (seis veces doce) para que predicaran, sanaran y se dedicaran a reunir a los fieles. Indicó a este grupo que viajaran ligeros y que hicieran su trabajo apoyándose exclusivamente en la providencia de Dios. Los primeros apóstoles y misioneros eran la Nueva Israel y, por tanto, constituían el núcleo de lo que se convertiría en la Iglesia, la que sigue cumpliendo la misión de atraer y reunir a las tribus en la comunidad de Jesús.

De acuerdo a los Evangelios sinópticos, en el clímax de su ministerio Jesús llegó a Jerusalén y entró en el recinto del Templo. Trenzando un "látigo de cuerdas", comenzó a echar a los que vendían ahí, derribó las mesas de los cambistas y les dijo: "'¿Acaso no está escrito: mi Casa será llamada Casa de oración para todas las naciones? Pero ustedes la han convertido en una cueva de ladrones'" (Mc. 11:17). En el relato de san Juan, cuando se le pregunta a Jesús qué justificaba aquel comportamiento tan escandaloso, él responde con calma, "'Destruyan este templo y en tres días lo edificaré de nuevo'" (Jn. 2:19). Un acto de esta índole y haber pronunciado semejantes palabras sobre el Templo de Jerusalén representaba algo tremendamente ofensivo e intolerable para los judíos de aquel tiempo. El Templo lo era todo para un israelita del

Templo de Herodes, modelo. DENIS R. MCNAMARA

siglo i. Representaba el centro de la vida política, cultural y religiosa; es más, era considerado literalmente como el lugar donde Dios habitaba en la tierra. Para poder comprender lo que las acciones provocativas de Jesús podrían significar dentro del contexto estadounidense, tendríamos que imaginar una combinación en la que se deshonraran la Catedral Nacional, el Centro Lincoln y la Casa Blanca. O quizá lo podríamos apreciar de una manera más adecuada dentro del contexto católico si pensáramos en la profanación de la Basílica de San Pedro en Roma. La purificación del Templo a manos de Jesús seguramente fue un hecho que lo condujo directamente a su crucifixión, pues su acción no solo ofendió a los judíos, sino que también alarmó a los romanos, que eran muy sensibles a los disturbios civiles que ocurrían dentro y en torno al Templo. ¿Qué estaba haciendo Jesús y cuáles eran precisamente sus intenciones cuando habló sobre destruir el Templo y volver a edificarlo? Para responder estas preguntas, tenemos que abandonar esta escena y examinar el misterio del Templo.

Hemos de remontarnos hasta el mismo comienzo, hasta el relato de Adán en el Jardín. Los antiguos intérpretes rabínicos concebían al primer ser humano como el prototipo del sacerdote y el Jardín del Edén como el primer Templo. De hecho, el mismo término empleado para designar el cultivo de la tierra a manos de Adán fue empleado mucho más tarde en la narrativa bíblica para referirse a la actividad sacerdotal dentro del Templo del Jerusalén. Leemos cómo Adán paseaba e intimaba con Dios durante el atardecer, conversando con él como se habla con un amigo. Esta alineación entre Adán y Dios indica que nuestro primer padre lograba sumergirse en la adoración sin ningún esfuerzo. El término "adoración" proviene del latín *adoratio*, que a su vez proviene de las palabras *ad ora* (hacia la boca). Adorar, por tanto, significa estar boca a boca con Dios, alineados de manera adecuada con la fuente divina, permitiendo así que la vida de Dios nos invada por completo. Cuando nos encontramos en estado de adoración, todo lo que conforma nuestras vidas —la inteligencia, la voluntad, las emociones, la imaginación, la sexualidad— queda ordenado y se equilibra, al modo en que los elementos de un rosetón se distribuyen armoniosamente en torno a un punto central. El hermoso jardín en el que habitaba el primer sacerdote es un símbolo tanto del orden cósmico como del orden personal que se entablan en la adoración. Es por esta razón que, en palabras de la Biblia, la ortodoxia —que literalmente significa "adoración correcta"— es constantemente utilizada como la clave para el florecimiento, mientras que la idolatría —la adoración errada— siempre es considerada como la fuente principal de la maldad y la falta de armonía. Alabar a dioses falsos —convertir algo distinto al verdadero Dios en el centro de nuestra atención— acarrea nuestra propia desintegración y la de la sociedad. Otro modo de formular esta idea es decir que nos convertimos en aquello que adoramos. Cuando el verdadero Dios ocupa el centro de nuestra atención, nos dejamos modelar por él y nos convertimos en hijas e hijos suyos. Cuando adoramos el dinero, nos convertimos en esclavos del dinero; cuando alabamos a los poderosos, nos volvemos ávidos de poder; cuando alabamos la popularidad, nos convertimos en hombres dependientes de la popularidad y así en todos los demás casos. Cuán mordaz es el Salmista cuando afirma refiriéndose a los ídolos esculpidos y a los idólatras: "Tienen boca, pero no hablan, tienen ojos, pero no ven; tienen orejas, pero no oyen, tienen nariz, pero no huelen. Tienen manos, pero no palpan, tienen pies, pero no caminan; ni un solo sonido sale de su garganta. Como ellos serán los que los fabrican, los que ponen en ellos su confianza" (Salmos 115:5-8).

Mencioné anteriormente que la operación de rescate de Dios requería de la conformación de un pueblo, y ahora entendemos por qué este pueblo quedó marcado, usando las palabras del Éxodo, como un pueblo "sacerdotal". El Pueblo de Israel se conformó a partir de leyes que indicaban tanto la forma adecuada de adorar a Dios como el modo correcto de obrar, para así convertirse en modelo de adoración y de comportamiento para las demás naciones. Algunos lectores del Éxodo y del Levítico valoran las enseñanzas éticas ahí contenidas, pero quedan desconcertados ante las extensas digresiones en torno a los rituales y prácticas arcanas del Templo. De esta manera, hemos retrocedido hasta obtener una amplia perspectiva bíblica y así caer en cuenta de que la creencia correcta es una condición necesaria para la acción correcta, y no a la inversa. Cuando sabemos a quién adoramos, sabemos entonces qué es lo que debemos hacer. En el centro de la correcta adoración judía se encontraba la alabanza formal y explícitamente dirigida a Dios, primero en el tabernáculo del desierto durante el Éxodo, luego en centros provisionales de culto en Hebrón y Silo conforme los israelitas se iban estableciendo en la Tierra Prometida y, finalmente, en el gran Templo

de Jerusalén, construido por Salomón, el hijo de David.
Cuando Isaías soñó con todas las tribus del mundo dirigiéndose al Monte Sión, estaba pensando particularmente en este
como el escenario del Templo. Tenía la esperanza de que la
ortodoxia de Israel se volviera tan irresistible para las demás
naciones que en algún momento todos los pueblos del mundo
llegaran al Templo, el lugar de la correcta adoración. El Templo de Jerusalén fue construido de tal manera que evocaba al
Jardín del Edén. Estaba recubierto por dentro y por fuera con
símbolos del cosmos —planetas, estrellas, plantas, animales y
demás— porque, como ya hemos visto, el propósito central de
la adoración correcta era ordenar al propio universo. Además,
el velo que separaba al pueblo del *Sancta Sanctorum* estaba
tejido con hilos teñidos en cuatro colores —púrpura simbolizando el mar, azul para el cielo, verde para la tierra y rojo para
el fuego —, pues representaba todo el ámbito material que el
Dios inmaterial había creado. En este Templo de adoración,
el Pueblo de Israel se percibía a sí mismo llevando a cabo la
vocación sacerdotal de Adán, "edenizando", por así decirlo, a
toda la cultura y a toda la naturaleza.

Todo esto fue así en principio, pero a lo largo de su historia Israel rindió culto a dioses falsos, en ocasiones a las
deidades de las naciones vecinas, pero las más de las veces
adoró a los dioses del dinero, el poder, el nacionalismo y el
placer. Cuando leemos a los grandes profetas, desde Oseas
y Amós, pasando por Isaías, Jeremías y Ezequiel, escuchamos una y otra vez las amonestaciones con las que instan
a que regresen al camino correcto y abandonen sus ídolos
y fechorías: "¡Cómo se ha prostituido la ciudad fiel! Estaba
llena de equidad, la justicia moraba en ella, ¡y ahora no hay
más que asesinos! (...) Tus príncipes son rebeldes y cómplices
de ladrones; (...) no hacen justicia al huérfano ni llega hasta
ellos la causa de la viuda" (Is. 1:21-23). "Pero mi pueblo ha

cambiado su Gloria por algo que no sirve de nada. (...) porque mi pueblo ha cometido dos maldades: me abandonaron a mí, la fuente de agua viva, para cavarse cisternas, cisternas agrietadas, que no retienen el agua" (Jer. 2:11-13); y "Mi pueblo consulta a su pedazo de madera y su vara lo adoctrina (...), y se han prostituido lejos de su Dios" (Os. 4:12). Para los profetas, el significado simbólico de esta maldad era la corrupción del Templo de Israel, la transformación del lugar de alabanza correcta en un lugar donde se adoraban ídolos. Isaías enuncia esto último imaginándose al propio Dios disgustado por los sacrificios en el Templo: "Estoy harto de holocaustos de carneros y de la grasa de animales cebados; no quiero más sangre de toros, corderos y cabritos. (...) Cuando extienden sus manos, yo cierro los ojos" (Is. 1:11-15). Pero Ezequiel nos brinda una visión todavía más dramática cuando se imagina que debido a esta adoración corrupta, la gloria de Dios ha abandonado el Templo, abandonando su lugar de residencia habitual en la tierra. Sin embargo, Ezequiel también profetiza que un día Yahvé mismo regresará al Templo y lo librará de sus impurezas, y que ese día brotará agua del costado del

Crucifijo, Iglesia del Gesù, Roma. WORD ON FIRE

Templo para la renovación de la tierra. Esta es, nuevamente, la vocación edénica de Israel.

Con el panorama de la compleja teología del Templo y las expectativas proféticas, podemos ahora comprender con mayor claridad muchas de las palabras y acciones de Jesús. En una ocasión Jesús dijo refiriéndose a sí mismo: "'Ahora bien, yo les digo que aquí hay alguien más grande que el Templo'" (Mt. 12:6). Este es, desde luego, otro ejemplo del carácter escandaloso de Jesús, pues para los judíos del siglo I la única realidad superior al Templo era Yahvé mismo. Pero este pronunciamiento también sirve como un particular y útil lente interpretativo del ministerio de Jesús. La gente iba al Templo para adoctrinarse sobre la Torah, para curarse de una enfermedad o para encontrar el perdón de sus pecados por medio de sacrificios. Si Jesús en su persona es el verdadero Templo, entonces él sería la fuente definitiva de doctrina, sanación y perdón, como enseñan los Evangelios. Enormes muchedumbres se reunían en las laderas de los montes de Galilea o a las orillas del mar o incluso en los alrededores del Templo, pero no iban ahí para escuchar a los doctos oficiales de la Ley. Buscaban, más bien, impregnarse de las enseñanzas de Jesús. La mujer hemorroísa, el ciego de nacimiento, el hombre de la mano tullida, el ciego Bartimeo, todos encontraron sanación, mas no en los sacerdotes del Templo, sino en Jesús, aquel que es mayor que el Templo. Asimismo, tanto la mujer del pozo, como la mujer sorprendida en adulterio, María Magdalena, y Mateo el recolector de impuestos, obtuvieron el perdón de Dios, pero no a través de los sacrificios del Templo, sino que lo experimentaron a través de Jesús. Jesús no estaba eliminando el Templo sino redefiniéndolo, reubicándolo en relación a su propia persona.

Resulta fascinante considerar en este contexto el ministerio de conversión del antecesor de Jesús, Juan el Bautista.

Cuando un adorador entraba al Templo de Jerusalén para ofrecer su sacrificio y orar, tenía que purificarse en un baño ritual llamado "*mikvah*". Juan, que era el hijo de un sacerdote del Templo y que por tanto conocía bien este ritual, ofrecía un nuevo *mikvah*, una purificación en el Jordán para preparar la llegada de un nuevo sacerdote, un nuevo Templo, un nuevo sacrificio. Cuando divisó a Jesús, Juan dijo: "Este es el Cordero de Dios, que quita el pecado del mundo" (Jn. 1:29). Claro está, este era lenguaje del Templo, la expresión con que se refería al cordero que sería ritualmente sacrificado para obtener el perdón. Juan estaba indicando a los que habían sido bautizados y purificados por él que el verdadero Cordero había llegado.

Ahora estamos listos para comprender adecuadamente qué estaba haciendo Jesús en Monte del Templo cuando volcó las mesas y anunció la destrucción de este. No estaba actuando al modo de un radical en la década de los sesenta, protestando contra los sistemas político y religioso. Más bien, estaba reiterando las amonestaciones proféticas que Isaías y Ezequiel habían proferido ante la corrupción del culto de los israelitas, pero ante todo estaba actuando en la persona del propio Yahvé, quien había venido a purificar su Templo y a transformarlo en un lugar de verdadera *adoratio*. Incluso los profetas más escandalosos solo pretendían reformar el Templo, pero Jesús declaró que lo destruiría, y que lo reconstruiría en su propio cuerpo: "en tres días lo edificaré de nuevo" (Jn. 2:19). Con estas palabras Jesús alcanza la conclusión lógica de su primera afirmación, "aquí hay alguien más grande que el Templo" (Mt. 12:6), y proclama que el propósito de aquel Templo iba a quedar transfigurado en él, que iba a pasar, por así decirlo, a una nueva escala. Él mismo sería el lugar donde los fieles de Israel y los fieles de Yahvé se reunirían. Esta provocativa afirmación se cumpliría, claro está, con la resurrección de Jesús de entre los muertos, pero también de manera indirecta en un curioso evento que aconteció justo después de la muerte de Jesús. Se nos narra en el Evangelio de Juan que un soldado romano clavó una lanza en el costado de Cristo crucificado para comprobar que estuviera muerto, "e inmediatamente brotaron sangre y agua de él" (Jn. 19:34). Los médicos afirman que este relato es plausible, pues la lanza bien pudo haber atravesado el pericardio, un saco que rodea al corazón y que contiene una sustancia acuosa. Por su parte, los teólogos han considerado que la sangre y el agua poseen un valor simbólico, pues evocan los sacramentos de la eucaristía y el bautismo. Sin embargo, los

Iglesia de la Natividad, interior, Belén.
DENIS R. MCNAMARA

judíos del siglo I no cayeron en la cuenta de una interpretación mucho más familiar y cercana a ellos: se había cumplido la profecía de Ezequiel, quien había anunciado que cuando Yahvé purificara su Templo brotaría agua de su costado para la renovación de la tierra.

De esa manera Jesús reunió a las tribus y purificó el Templo. Pero si Jesús realmente es Yahvé moviéndose entre los suyos, entonces también esperaríamos que luchara por su pueblo. Como hemos visto, una de las esperanzas escatológicas de la antigua Israel era que Dios acabaría definitivamente con los enemigos de la nación. A lo largo de su historia, el Pueblo de Israel había sido esclavizado por los egipcios, hostigado por los filisteos y los amalecitas, derrotado por los asirios, exiliado por los babilonios y dominado por los griegos y los romanos; no obstante, esto no se reducía a una simple cuestión política o militar, sino que se trataba de un problema con raíces profundamente teológicas. Si Israel era el Pueblo elegido por Dios, aquel destinado a dirigir y atraer magnéticamente a los demás pueblos del mundo hacia la verdadera adoración, entonces toda esta sucesión de abusos parece más bien anómala, absurda y frustrante. ¿Había comprendido mal el Pueblo de Israel la promesa divina? ¿No era Dios fiel? Por todo esto, los profetas anhelaban el día en que el Dios de Israel, quien había luchado portentosamente por su pueblo contra el Faraón y a su entrada en la Tierra Prometida, finalmente saldara las cuentas con los gentiles.

Isaías expresaba esta misma esperanza de la siguiente manera: "El Señor desnuda su santo brazo a la vista de todas las naciones, verán la salvación de nuestro Dios" (Is. 52:10). Que el Señor descubriera su brazo significaba que dejaría ver todo el esplendor de su poder de conquista. Y, en efecto, los Evangelios nos muestran claramente que Jesús era un guerrero divino, pero ¡cuán extraño y sorprendente era!

La primera aparición de Jesús el guerrero ocurre en Belén de Judá, un pequeño pueblo a las afueras de Jerusalén, donde había nacido el mayor guerrero de Israel, el Rey David. Los relatos de la Navidad no son encantadoras historias infantiles, sino narraciones repletas de motivos de oposición y confrontación. C. S. Lewis reconoció estos motivos claramente y se preguntó: "¿Por qué penetró Dios en la condición humana de una forma tan silenciosa, como un bebé nacido en la oscuridad?". Su respuesta: "porque tenía que introducirse clandestinamente tras las filas enemigas".

Concentrémonos en el tono familiar con que Lucas nos cuenta esta historia. Su relato se inicia de la misma manera que se podía esperar de un poema o una historia en la antigüedad, es decir, invocando a personajes poderosos e

Ángeles, Catedral de Orvieto, Umbría, Italia. WORD ON FIRE

importantes: "En aquella época se promulgó un decreto del emperador Augusto, ordenando que se realizara un censo en todo el mundo. Este primer censo tuvo lugar cuando Quirino era gobernador de Siria" (Lc. 2:1-2). Se presenta a estas figuras ejerciendo paradigmáticamente su poder, pues el censo permitía una recolección más eficiente de los impuestos, agilizaba el reclutamiento del ejército y, en términos generales, posibilitaba un control más eficaz. Pero Lucas inmediatamente cambia de sentido y rompe por completo este esquema, pues nos indica que esta historia no trata sobre Augusto o Quirino, sino sobre una pareja desconocida que se dirige desde un lugar perdido del imperio de Augusto hacia el lugar del censo. Su narración continúa y se desarrolla como el relato de dos emperadores que rivalizan por el poder, uno en Roma y otro nacido de María, en Belén. Cuando María y José llegaron a la ciudad de David no encontraron dónde quedarse, ni siquiera en la posada de viajeros. Por esta razón el niño nació en una cueva o, como recientemente han sugerido algunos especialistas, en la forma más innoble de vivienda, en la parte más humilde de las casas donde los animales pasaban la noche. ¿Quién era la persona mejor protegida en el mundo antiguo? Sin duda alguna era César Augusto en su palacio en el Monte Palatino en Roma. Pero el verdadero emperador, como Lucas nos indica, llega al mundo vulnerable y completamente desvalido, pues la vida buena no trata sobre la protección del ego, sino más bien sobre nuestra disposición para permanecer expuestos, abiertos a los demás por amor. También en este relato leemos que el niño rey estaba envuelto en pañales. Imaginemos a un niño recién nacido, demasiado débil como para siquiera levantar la cabeza. Pensemos ahora en ese mismo niño envuelto de pies a cabeza en pañales. Es la imagen de la más absoluta debilidad. ¿Quién era la persona que se movía con mayor libertad por todo el mundo antiguo?

Ciertamente era César Augusto, capaz de extender su voluntad hasta los rincones más remotos de la cuenca mediterránea y hasta los bosques de la Gran Bretaña y Alemania. Lucas nos dice que la verdadera realeza no tiene nada que ver con este tipo de dominio mundano, sino más bien con la disposición de permanecer amarrados por el bien del otro. El niño luego fue recostado en un pesebre donde comían los animales. ¿Quién era la persona mejor alimentada del mundo antiguo? Era el César en Roma, quien con un chasquido de dedos podía experimentar cualquier placer sensual. Pero el verdadero emperador, como Lucas insiste, no es el que se alimenta a sí mismo, sino aquel que está dispuesto a ofrecer su vida como alimento para los demás. Llegado el clímax de su vida, este niño, ya convertido en adulto, diría un día a sus amigos: "Este es mi Cuerpo, que será entregado por ustedes. Hagan esto en conmemoración mía" (Lc. 22:19).

Quisiera dirigir la atención ahora a otro detalle revelador de la narración de Lucas sobre la infancia de Jesús. Leemos que el ángel se apareció a los pastores que montaban guardia mientras cuidaban sus rebaños en los montes que rodeaban Belén. No deberíamos pensar en los ángeles de manera sentimental o romántica. De hecho, los relatos bíblicos indican que la reacción típica ante la aparición de un ángel es el miedo. Si una realidad de una dimensión superior irrumpiera repentinamente en nuestro mundo, seguramente la respuesta inmediata más de esperar sería el miedo. El ángel anunció la Buena Nueva del nacimiento de Jesús y luego, como nos indica Lucas, con el ángel apareció toda una *stratia* de ángeles. Este término griego muchas veces se traduce como "legión", pero en su sentido más básico se trata de un "ejército". Las palabras "estrategia" y "estratégico" provienen de ahí. De esta manera, Lucas nos narra cómo un ejército de realidades celestes terriblemente estremecedoras se apareció

Santuario del Gólgota, Iglesia del Santo Sepulcro, Jerusalén.
WORD ON FIRE

para indicar su lealtad al niño rey. ¿Quién poseía el ejército más grande del mundo antiguo? Definitivamente César Augusto en Roma, y es precisamente por esto que fue capaz de dominar al mundo. No obstante, su ejército no era nada comparado con esta *stratia* de ángeles que se había formado detrás del nuevo emperador. Recordemos la profecía de Isaías, que indicaba que un día Yahvé desnudaría su poderoso brazo ante las naciones. N. T. Wright hace la formidable observación de que dicha profecía se cumplió a través del diminuto brazo del niño Jesús que se asoma fuera del pesebre que le sirve de cuna.

La batalla que comenzó en Belén, este enfrentamiento entre dos personificaciones tan diferentes del poder, sería la que perduraría a lo largo de la vida y el ministerio de Jesús. John Courtney Murray afirmaba que conforme los Evangelios se desarrollan somos testigos de un creciente *agon*, es decir, una lucha cada vez más encarnizada entre Jesús y los poderes que se le oponen. Desde el momento de su llegada a la escena pública, los demonios gritaban mientras los escribas y los fariseos murmuraban. Muchas de las secciones principales de los Evangelios terminan con frases ominosas como "el demonio se alejó de él, hasta el momento oportuno" (Lc. 4:13); y "Los sumos sacerdotes y los fariseos habían dado orden de que si alguno conocía el lugar donde él se encontraba, lo hiciera saber para detenerlo" (Jn. 11:57); y "Entonces tomaron piedras para apedrearlo, pero Jesús se escondió y salió del Templo" (Jn. 8:59). Esto no debería sorprendernos, pues Jesús, Dios hecho carne, llegó a un mundo distorsionado por el pecado, un mundo dominado por una profunda oposición a Dios. De hecho, la intensidad de la presencia divina de Jesús reveló con mayor claridad las fuerzas de la oscuridad, de la misma manera que una luz particularmente intensa genera sombras todavía más oscuras. Esta lucha culminaría en Jerusalén, en la cima del Monte Calvario, al norte del Monte Sión, donde el guerrero davídico se enfrentaría definitivamente con los enemigos de Israel. Esta lucha no ocurriría en un campo de batalla, sino en un terrible instrumento de tortura.

Jesús entró en la ciudad santa el día que la tradición llama Domingo de Ramos. Aquel día fue aclamado como Hijo de David, pero poco después de su llegada se dirigió al Templo buscando pelea. Como hemos visto, su acción provocativa en el Templo prácticamente garantizó que tanto judíos como romanos se volvieran en su contra. Pero durante la última semana de su vida Jesús no se enfrentó a estos poderes de manera convencional, sino que dejó que estas fuerzas se agotaran contra él y permitió que la oscuridad del mundo lo rodeara. Las detalladas narraciones de los Evangelios nos describen la entrada en acción de toda la gama de disfunciones humanas. Jesús experimentó la traición, la negación, la corrupción institucional, la violencia, la estupidez, las peores injusticias y una crueldad sin precedente. Pero no respondió como podría esperarse. Más bien, ofreciéndose como el chivo expiatorio sobre el cual todos los pecados de Israel eran simbólicamente vertidos el Día de la Expiación, Jesús tomó sobre sí los pecados del mundo. Mientras colgaba de la cruz, él mismo *se convirtió* en pecado, como san Pablo posteriormente expresaría, y cargando con todo el peso de aquel desorden dijo: "Padre, perdónalos, porque no saben lo que hacen" (Lc. 23:34). Jesús sumergió desde la cruz todos los pecados del mundo en el infinito océano de la misericordia divina. Así fue precisamente cómo luchó. Ahora podemos percatarnos de la importancia de afirmar la divinidad de Jesús pues, de haber sido sólo un ser humano, en el mejor de los casos su muerte en la cruz se reduciría a un ejemplo inspirador de dedicación y valor. Pero como Hijo de Dios, Jesús experimentó la muerte, una muerte que transfiguró al mundo. La tradición teológica afirma que Dios Padre se complació en el sacrificio de su Hijo, pero no hemos de interpretar esto como algo sádico, sino entender que la ira infinita del Padre fue aplacada al presenciar el sufrimiento de su propio Hijo. El Padre amó la disposición de su Hijo, quien vivió al límite la experiencia del abandono divino —el profundo abismo creado por el pecado—, para de esta forma manifestar su divina misericordia. El Padre amó el valor de su Hijo, el guerrero no violento.

Jesús se adjudicaba la divinidad, y a lo largo de este capítulo he defendido su carácter divino, pero ¿qué es lo que en el fondo nos impide afirmar que Jesús crucificado fuera tan solo un revolucionario fallido, un admirable idealista enterrado en el olvido por el inexorable paso de la historia? Lo que imposibilita seguir esta vía es un hecho extraordinario y consistente sobre el que toda la fe cristiana se afianza: la resurrección de Cristo de entre los muertos. N. T. Wright nos recuerda que desde un punto de vista estrictamente histórico, resulta prácticamente imposible explicar el surgimiento del cristianismo como un movimiento *mesiánico* sin la presencia de la resurrección. En el contexto del judaísmo del siglo I, la indicación más clara de que alguien no era el Mesías hubiera sido precisamente su muerte a manos de los enemigos de Israel pues, como hemos explicado anteriormente, una de las tareas del Mesías consistía en luchar contra estos enemigos y derrotarlos para unir a la nación. En el año 132, un judío llamado Bar Kochba encabezó una revolución contra los romanos. Muchos de sus seguidores lo proclamaron como el Mesías, e incluso acuñaron monedas con el lema "Año primero de Bar Kochba". Su rebelión fue sofocada, él fue ejecutado por los romanos y nadie siguió pensando que él era el Mesías. No obstante, los primeros cristianos proclamaron firme y consistentemente a Jesús crucificado como el Mesías. Pablo se refiere una y otra vez a *Iesous Christos*, que es la traducción griega para *Ieshoua Mashíaj* (Jesús el Mesías). Los primeros discípulos llegaron hasta los confines del mundo y declararon hasta la muerte el carácter mesiánico de Jesús. ¿Cómo podríamos explicar todo esto sin el hecho real de la resurrección de Jesús de entre los muertos?

Muchos estudiosos contemporáneos pretenden desacreditar la resurrección, convirtiéndola en un mito, una leyenda o símbolo, un signo gracias al cual la causa de Jesús sigue en pie. Pero este tipo de reflexiones surge en discusiones eruditas, y pocas personas en el siglo I hubieran quedado convencidas con este discurso. ¿Pueden imaginarse a Pablo en Corinto, Atenas o Filipo predicando sobre un hombre inspirador que simbolizaba la presencia de Dios? Nadie lo hubiera considerado seriamente. En cambio, lo que Pablo proclamó en todas estas ciudades fue la *anastasis* (resurrección). Lo que impulsó tanto a él como a sus compañeros, fue a que llegara a todo el mundo mediterráneo —con una energía que se palpa en cada

página del Nuevo Testamento— el sorprendente aconteci-
miento de la muerte de un hombre y su posterior resurrección
a través del poder del Espíritu Santo.

De acuerdo con los relatos evangélicos, Jesús resucitado
hizo dos cosas: mostró sus heridas y pronunció palabras de
paz. Las heridas de Jesús sirven como un constante y salu-
dable recordatorio de nuestro propio pecado. El propio autor
de la vida habitó entre nosotros y fuimos nosotros mismos
quienes le dimos muerte, un hecho que no tiene justificación
ni merece perdón. Pero el Señor resucitado no permitió que
quedáramos a merced de la culpa y dijo, "¡La paz esté con ustedes!", el saludo judío, *Shalom* (Jn. 20:19). Esta es la paz que
el mundo no puede darnos, pues se trata del *Shalom* que proviene del corazón de Dios. En su Carta a los Romanos, Pablo
dice: "Porque tengo la certeza de que ni la muerte ni la vida,
ni los ángeles ni los principados, ni lo presente ni lo futuro,
ni los poderes espirituales, ni lo alto ni lo profundo, ni ninguna otra criatura podrá separarnos jamás del amor de Dios,
manifestado en Cristo Jesús, nuestro Señor" (Rom. 8:38-39).
¿Cómo puede estar Pablo tan seguro de esto? Lo sabe porque matamos a Dios, pero Dios regresó lleno del amor que
perdona. Lo sabe porque los enemigos de Israel han sido derrotados.

Como hemos visto, los escritores del Antiguo Testamento
anunciaron que Yahvé reuniría a las tribus, purificaría el
Templo y libraría la última batalla contra sus enemigos, pero
también auguraron que él reinaría como Señor de todas las
naciones. A la luz de la resurrección, los primeros cristianos
comprendieron que esta última tarea había sido cumplida
y que Yahvé reinaría precisamente en la persona de Jesús.
Comprendieron también su nueva encomienda, la de anunciar este nuevo estado de cosas al mundo. Es por ello que
Pablo recorrió toda Asia Menor, Chipre y Grecia, y por lo que

Arco de Tito, Roma. WORD ON FIRE

deseaba ir a España, lo que para un judío del siglo I representaba el fin del mundo. Si alguien hoy en día quisiera proclamar un mensaje a lo largo y ancho del mundo, seguramente
se dirigiría a Nueva York, a Los Ángeles o a Londres, es decir,
a los grandes centros culturales y de difusión. Muchos de los
primeros que creyeron en Jesús —incluidos Pedro y Pablo—
se dirigieron con esta misma esperanza a Roma.

En el Foro Romano se encuentra el Arco de Tito, que fue
construido para conmemorar la destrucción de Jerusalén a
manos de los romanos en el año 70 d.C. En el interior del
Arco se encuentra una representación de los soldados conquistadores sacando la Menorah del Templo. Creo que podría afirmarse que tanto los soldados involucrados en esa
conquista como los hombres que diseñaron el Arco de Tito,
pensaron que esta humillante derrota indicaba, sin lugar a
dudas, el final de la religión judía y la desaparición del Dios

de Israel. Lo irónico es que justo después de la destrucción del Templo, Pedro, Pablo y sus compañeros cristianos llegaron a Roma para proclamar a Jesús resucitado y, de esta manera, llevaron al Dios de Israel hasta Roma y, a través de Roma, al mundo entero. En las Cartas que escribió a las pequeñas comunidades cristianas que fundó, Pablo muchas veces habla de *Iesous Kyrios* (Jesús, el Señor). Esto hoy en día podría sonarnos "espiritualmente" vacío, pero en el contexto temporal y geográfico de Pablo dichas palabras tenían un carácter bélico: *Kaiser Kyrios* (César, el Señor) era un santo y seña, el modo en que una persona declaraba su lealtad incondicional al emperador de Roma y manifestaba la convicción de que César era el único al que se le debía lealtad. El revolucionario mensaje de Pablo era que Jesús, el Mesías crucificado, era el verdadero Señor, y no el César. Es fácil imaginar por qué Pablo pasó tanto tiempo en la cárcel tras proclamar esto. En las laderas de la Colina Capitolina en Roma vivió durante la primera mitad del siglo I un cristiano llamado Marcos. Había sido secretario, traductor y compañero de san Pedro y, alrededor del año 70, redactó el primero de los que después serían conocidos como "Evangelios". Estas son las palabras con las que inicia su Evangelio: "Comienzo del Evangelio de Jesús, Mesías, Hijo de Dios" (Mc. 1:1). Nuevamente, esto puede parecernos insignificante, una inofensiva expresión de piedad, pero estas son también palabras de lucha. El término griego que utiliza Marcos, *evanggelion*, significa "buena nueva". Esta palabra típicamente se empleaba para describir una victoria imperial. Cuando el emperador ganaba una batalla o sometía una rebelión, enviaba mensajeros —evangelistas— para que proclamaran la buena nueva. ¿Comprendemos ahora cuán subversivas eran las palabras de Marcos? Estaba escribiendo desde Roma, desde las propias entrañas de la bestia, desde el corazón mismo del imperio al que pertenecían los líderes que apenas unos años antes habían asesinado a sus amigos Pedro y Pablo, y ahora declaraba que la verdadera victoria nada tenía que ver con el César, sino que le pertenecía a alguien que el César había condenado a muerte y a quien Dios había resucitado.

En abril de 2005 el recién elegido Papa Benedicto XVI se asomó desde la logia de la Basílica de San Pedro para bendecir a la multitud. Reunidos en torno a él se asomaron desde los balcones los cardenales que acababan de elegirlo. Las cámaras de los medios captaron imágenes de la expresión particularmente pensativa del cardenal Francis George, de Chicago. Cuando el cardenal regresó a casa, los reporteros le preguntaron en qué estaba pensando en aquel momento. Esto fue lo que respondió: "Estaba contemplando el Circo Máximo y la Colina Palatina, donde los emperadores romanos alguna vez residieron y reinaron mientras presenciaban con desdén la persecución de los cristianos, y pensé, '¿Dónde están sus sucesores?, ¿dónde están los sucesores de César Augusto? ¿dónde están los sucesores de Marco Aurelio?' Y, a fin de cuentas, ¿a quién le importa? Pero si quieren ver al sucesor de Pedro, está justo aquí, a mi lado, sonriendo y saludando a la multitud".

Jesucristo es el Señor. Esto significa que ni el César ni ninguno de sus descendientes es el Señor. Jesucristo, el Dios-hombre resucitado de entre los muertos, aquel que reunió a las tribus, purificó el Templo y luchó contra los enemigos de la raza humana, es el único a quien se debe toda lealtad, y los cristianos son todos aquellos que aceptan su Señorío.

Capítulo 2

SOMOS BIENAVENTURADOS: LAS ENSEÑANZAS DE JESÚS

En el primer capítulo me esforcé por enfatizar la centralidad de la persona de Jesús. La fe cristiana se concentra en lo que Jesús es y no tanto en lo que dijo. Los grandes credos, por ejemplo, nunca mencionan las palabras de Jesús, pero están sumamente interesados en detallar su identidad con exactitud. Al decir esto, no quiero dar la impresión de que los cristianos sean indiferentes a las enseñanzas de Jesús, pues esto no puede estar más alejado de la realidad. Una vez que los cristianos comprendieron claramente que Jesús era Yahvé que andaba entre los suyos, que él era, en palabras de san Juan, el mismísimo Verbo de Dios hecho carne, los primeros cristianos se interesaron con entusiasmo en recordar, comprender y propagar las enseñanzas de Jesús. De hecho, ahí donde se escuchaban las palabras de Jesús, estas resultaban fascinantes, desconcertantes, incluso turbadoras, profundamente transformadoras, mas siempre inolvidables. ¿Podría haber llegado la esclavitud a su fin de no haber sido por el mandamiento de Jesús de amar al prójimo como a uno mismo? ¿Podría haber surgido el movimiento de los derechos civiles en Estados Unidos de no haber sido por las enseñanzas de Jesús sobre al amor a nuestros enemigos? ¿Podrían haber sido posibles la liberación de la India dirigida por Gandhi o el colapso del comunismo de no haber sido por el llamado de Jesús a la no violencia? ¿Cuántos posibles acusadores no han sido disuadidos por las palabras de Jesús: "El que esté libre de pecado, que arroje la primera piedra" (Jn. 8:7)? ¿Cuántos, presa del resentimiento y del orgullo herido, no han sido transformados por la historia del hijo pródigo que relató Jesús? ¿Cuántas otras reformas sociales no fueron propulsadas por las devastadoras palabras de Jesús: "Les aseguro que cada vez que lo hicieron con el más pequeño de mis hermanos, lo hicieron conmigo" (Mt. 25:40)? ¿Cuántos corazones ansiosos no han quedado sosegados gracias a la alusión de Jesús: "¿Y por qué se inquietan por el vestido? Miren los lirios del campo, cómo crecen y no se fatigan ni hilan" (Mt. 6:28)?

El propio Jesús, aunque siempre fue reacio a adjudicarse el título de Mesías, con gusto asumió el cometido de un profeta, el papel de un maestro de la verdad divina. La muchedumbre lo seguía a causa de sus milagros, desde luego; pero también estaban cautivados por el dulce discurso que salía de sus labios. Predicar fue un aspecto de enorme importancia en su obra, como deja ver una de las fórmulas más comunes en los Evangelios: "y Jesús enseñaba a las multitudes". Los entendidos especulan hoy día que incluso mientras Jesús

Cristo como Maestro, Notre Dame, París.
DENIS R. MCNAMARA

vivía, sus discípulos ya estaban memorizando y transmitiendo
sus enseñanzas. En un momento particularmente difícil de
su ministerio, la mayoría de los discípulos abandonaron a
Jesús. Se volvió hacia aquellos que le eran más cercanos y
les preguntó directamente: "¿También ustedes quieren irse?"
(Jn. 6:67). Pedro, hablando en nombre de todos los apóstoles,
replicó: "Señor, ¿a quién iremos? Tú tienes palabras de Vida
eterna" (Jn. 6:68). No puedo imaginar a un testigo más claro
del poder de las palabras de Jesús.

LAS BIENAVENTURANZAS

Ciertamente el mejor lugar para comenzar y poder comprender las enseñanzas de Jesús es el Sermón de la Montaña, que abarca los capítulos quinto, sexto y séptimo del Evangelio de Mateo, y que tal vez sean el resumen más fiel del típico modo en que Jesús instruía a sus seguidores. Mateo nos narra que Jesús, al ver a una gran multitud que se aglomeraba en torno a él, subió a la montaña, se sentó y comenzó a predicar. Dentro del contexto judío, la referencia a la montaña inmediatamente traería a la mente a Moisés, quién subió al Monte Sinaí para recibir los Diez Mandamientos y la Torah de Dios. Por tanto, Jesús se nos presenta aquí como el nuevo Moisés que proclamará desde esta montaña de Galilea la Ley definitiva. Esta interpretación se refuerza con la descripción que Mateo hace de la postura física de Jesús, pues estar sentado era la postura típicamente adoptada por los maestros y los legisladores en el mundo antiguo. Me doy cuenta de que todo esto resulta incómodo para los lectores contemporáneos, pues instintivamente hacen resistencia a una religión que dirige a los fieles a tra-

Iglesia del Monte de las Bienaventuranzas, Israel. WORD ON FIRE

vés de leyes, reglas y prohibiciones. Un irlandés bromista en una ocasión resumía el catolicismo que se le había enseñado diciendo: "En el principio era el verbo, ¡y el verbo era NO!". Dado que los Diez Mandamientos ya eran considerados inviolables, ¿por qué entonces alguien pensaría que introducir leyes nuevas y aun más estrictas sería una buena idea? Pero luego escuchamos la primera palabra que salió de la boca de este nuevo legislador: "Bienaventurados". El término griego que Mateo emplea en su Evangelio es *makarios*, cuya mejor traducción tal vez sea sencillamente "felices". La Ley que el nuevo Moisés ofrece es una serie de promesas de vida que, simple y llanamente, están diseñadas para hacernos felices. Como leemos en el Evangelio de Juan, Jesús, en la víspera de su muerte presenta a sus discípulos una especie de resumen de su prédica: "les he dicho esto para que mi gozo sea el de ustedes, y ese gozo sea perfecto" (Jn. 15:11). Por otra parte, en el Evangelio de Mateo, Jesús habla admirablemente de su "yugo", que es ligero y fácil de llevar, precisamente porque nos conduce a la plenitud de la vida.

¿Cómo podemos pensar al mismo tiempo en ley y felicidad, dos realidades que a primera vista parecen mutuamente excluyentes? Podríamos comenzar analizando la escurridiza noción de la libertad. Bajo una lectura moderna, la libertad es primariamente nuestra elección y autodeterminación, la capacidad para elegir entre diversas opciones, sin ningún tipo de restricción interior ni exterior. Las culturas occidentales modernas veneran este tipo de libertad, caracterizada por la abrumadora infinidad de opciones disponibles en los ámbitos de la política, la cultura y, sobre todo, en la economía. Para aquellos que adoran la libertad de elección la ley resulta, en el mejor de los casos, algo que debe aceptarse de mala gana. Por ejemplo, sabemos que las reglas de tránsito son necesarias para mantener un orden relativamente adecuado en nuestras calles, pero en el fondo la mayoría de nosotros preferiría no estar sujetos a ellas para poder conducir a nuestras anchas. Lo mismo ocurre en el caso de las restricciones morales: muchos las acatan solo como una especie de mal menor y, aunque no las consideran deseables en sí mismas, sí se percatan de que son necesarias para mantener el orden social. Pero ahora pensemos en una forma distinta de comprender la libertad, una perspectiva más acorde con la sensibilidad bíblica. Bajo este enfoque, la libertad no sería principalmente una elección, sino más bien un ajuste de nuestros deseos para que primeramente alcancemos el bien y, consecuentemente, podamos obtenerlo de manera natural.

Shakespeare fue uno de los escritores más libres en la historia de la lengua inglesa, pues era capaz de articular todo lo que deseaba y expresar los matices más sutiles de las ideas y los sentimientos que componían sus complejos y elaborados dramas. No logró esta maestría hablando y escribiendo según el capricho de sus elecciones, sino sólo tras haber consultado atentamente a una serie de maestros, estudiando la gramática y la sintaxis anglosajonas, escuchando los patrones y ritmos del habla, y tras haberse sumergido de manera cada vez más profunda en el océano del vocabulario de la lengua inglesa. Creo que sería acertado afirmar que Michael Jordan ha sido una de las personas más libres que juegan basketball. Todas las exigencias del juego —tiros desde distintos ángulos y distancias, los movimientos defensivos y los de ataque, los regates frente a la defensa, los tiros libres e incluso clavar el balón— podían ser ejecutadas por Jordan sin ningún esfuerzo. Nuevamente, él no alcanzó semejante libertad por el hecho de haber elegido jugar como le viniera en gana. Escuchó a una serie de entrenadores, observó películas durante horas, estudió a los más grandes jugadores, practicó sin cesar, aprendió de sus errores y mucho más. Dominó lo más básico.

Catedral de Segovia, interior, España. WORD ON FIRE

Tanto en el caso de Shakespeare como en el de Jordan, la ley no era un enemigo de la libertad, sino precisamente su condición de posibilidad. ¿Qué es la alegría sino experimentar que hemos alcanzado el bien verdadero? Así, bajo esta perspectiva más bíblica, la alegría (beatitud) es consecuencia de la ley y, por ende, la ley no es un obstáculo para obtenerla. De esta manera Jesús nos presenta en el Sermón de la Montaña la nueva Ley que ordenará nuestros deseos, nuestras mentes y nuestros cuerpos para poder alcanzar la verdadera felicidad.

Me gustaría sugerir una lectura de las ocho bienaventuranzas que primeramente se enfoque en sus formulaciones más "positivas" para que luego, a la luz de estas, podamos revisar sus prescripciones más "negativas". Jesús dijo: "Bienaventurados los misericordiosos, porque obtendrán misericordia" (Mt. 5:7). Este punto es esencial, pues la misericordia o la compasión sensible (*Chesed* en el hebreo del Antiguo Testamento) es la característica más distintiva de Dios. San Juan articularía la misma idea en una expresión del Antiguo Testamento al afirmar que "Dios es amor" (1 Jn 4:16). San Agustín nos recuerda que por nuestra propia naturaleza tendemos hacia Dios: "Nos hiciste, Señor, para ti, y nuestro corazón está inquieto, hasta que descanse en ti". Si esto es verdad, entonces nada inferior a Dios y que pretenda sustituirlo podrá satisfacernos definitivamente. Pero dado que Dios es compasión bondadosa, "tener" a Dios equivale a ejercer la compasión, a ser nosotros mismos misericordiosos. Atendamos al modo en que Jesús expresa esta ley: aquellos que sean misericordiosos recibirán misericordia. De acuerdo a la "física" del orden espiritual, cuanto más nos aproximamos a la vida divina más recibimos de ella, precisamente porque *es* un don propiamente infinito. Recibimos el don de la vida de Dios en la medida en que la devolvemos como un don: al recibir esta vida como un regalo hemos de entregarla, pues solo existe al modo de un regalo, y al entregarla nuestros corazones se llenan aún más de ella. Jesús nos dice que si queremos ser felices debemos colocar este amor divino, este *Chesed* de Dios, en el centro de nuestras vidas; debe ser nuestro inicio, nuestro medio y nuestro final, nuestro "día de labor y nuestro descanso del Sabbath". Todas las demás cosas buenas encontrarán su lugar en torno a este deseo central, y es por esto que Jesús dijo: "Busquen primero el Reino y su justicia, y todo lo demás se les dará por añadidura" (Mt. 6:33).

Detengámonos ahora en una bienaventuranza muy relacionada con la anterior: "Bienaventurados los limpios de corazón, porque verán a Dios" (Mt. 5:8). Esto significa que seremos felices cuando no haya ambigüedad en nuestros corazones (el centro más profundo de nosotros mismos) en cuanto a lo más importante de todo. El filósofo Søren Kierkegaard afirmaba que el santo es aquel que concentra su vida exclusivamente en una sola cosa. Con esto no quería decir que los santos vivieran una vida monótona, sino que una persona realmente santa es aquella que ha ordenado su corazón para agradar exclusivamente a Dios. Nuevamente, muchas pasiones, acciones e intereses pueden agolparse en torno a un deseo central, pero finalmente nada de esto debería competir con dicho núcleo. Y es por esto que son "Bienaventurados los que tienen hambre y sed de justicia, porque serán saciados" (Mt. 5:6). Queremos muchas cosas —alimento, bebida, refugio, fama, seguridad financiera y demás—, pero a un nivel todavía más fundamental, ¿qué queremos? ¿Cuál es esta Hambre que define, ordena y subordina toda hambre secundaria? En términos de Paul Tillich, ¿cuál es nuestra "preocupación definitiva"? Si se trata de cualquier cosa distinta a la voluntad y el propósito divinos —la rectitud— entonces permaneceremos infelices e insatisfechos. La última bienaventuranza "positiva" es esta: "Bienaventurados los que trabajan por la paz, porque serán llamados hijos de Dios" (Mt. 5:9). Puesto que Dios es el Creador, Él es el poder a través del cual todas las criaturas están interconectadas. Como ya hemos visto en el primer capítulo, Dios es una fuerza que reúne, el unificador de todo lo que ha creado. Por tanto, alguien que se ordena fundamentalmente hacia Dios es *ipso facto* alguien que trabaja por la paz, pues necesariamente canalizará la energía metafísica que mantiene unidas a las personas y a las cosas. Uno de los rasgos más evidentes y reconocibles de la santidad —manifestado claramente en los santos— es precisamente esta radiación de un poder conciliador. Por ello, trabajar por la paz nos hace hijos de Dios y, en consecuencia, nos hace felices.

Con estas bienaventuranzas de carácter positivo en mente comprenderemos mejor el resto de las bienaventuranzas que, a primera vista, podrían resultarnos confusas o contraintuitivas. Esto es así por la misteriosa desviación que sufrió nuestra voluntad tras el pecado original, razón por la cual nos apartamos de aquellas acciones y actitudes que precisamente nos harían felices. Siguiendo el elegante planteamiento de san Agustín, hemos transferido nuestra atención del Creador a las criaturas y, como resultado, ahora vagamos por la "región de la desemejanza", un territorio marcado por la aridez espiritual. Jesús nos da una serie de prescripciones negativas, diseñadas para reorientar nuestros pasos en la dirección correcta. Uno de los problemas fundamentales a nivel espiritual es que sentimos dentro de nosotros un hambre de Dios, pero intentamos satisfacerla con algún bien creado inferior a Dios. Tomás de Aquino decía que los cuatro sustitutos típicos de Dios eran la riqueza, el placer, el poder y el honor. Cuando experimentamos el vacío en nuestro interior, intentamos llenarlo con alguna combinación de estas cuatro cosas; no obstante, solo vaciándonos de nosotros mismos por amor es como podremos crear el espacio para que Dios pueda llenarnos. La tradición clásica se refería a este deseo errante como "concupiscencia", pero yo creo que podríamos expresar atinadamente la misma idea con el término más contemporáneo de "adicción". Cuando intentamos satisfacer el hambre que tenemos de Dios con algo inferior a Él, invariablemente terminamos frustrados; a raíz de la frustración, creemos que justo lo que necesitamos es más de ese bien finito y nos esforzamos por conseguirlo, aunque irremediablemente volveremos a quedar insatisfechos. En este momento se instaura una especie de pánico espiritual y nos descubrimos girando obsesivamente en torno a un bien creado que jamás podrá hacernos felices.

Por eso Jesús dijo: "Bienaventurados los pobres de espíritu, porque de ellos es el Reino de los Cielos" (Mt. 5:3). Esta no es una postura romántica ante la pobreza económica ni una condena de la riqueza, sino más bien una fórmula para el desapego. Permítanme sugerir una versión ligeramente modificada: cuán bienaventurados son ustedes, los que no están apegados a las cosas materiales, que no han convertido los bienes que la riqueza puede comprar en su principal preocupación. Cuando el Reino de Dios es nuestra principal preocupación, no solo no nos volveremos adictos a los bienes materiales sino que, de hecho, seremos capaces de usarlos con gran eficacia para los propósitos de Dios. Bajo esta misma línea del desapego, consideremos la siguiente bienaventuranza: "Bienaventurados los que lloran, porque serán consolados" (Mt. 5:4). De nuevo, esto puede sonar como la peor clase de masoquismo, pero tenemos que comprender su sentido de manera más profunda. Podríamos traducir esta afirmación por cuán bendecidos o "afortunados" somos (una traducción legítima de *makarios*), es decir, cuán dichosos somos cuando no estamos atados al placer de las emociones. Las sensaciones placenteras —físicas, emocionales y sicológicas— son maravillosas, pero dado que solo son un bien finito, pueden fácilmente convertirse en una adicción, como podemos observar en la prevalencia de las drogas sicotrópicas, los hábitos compulsivos de consumo y la pornografía en nuestra cultura. Nuevamente, estas palabras de Jesús no tienen nada que ver con el puritanismo; más bien, tratan sobre el desapego y, por tanto, sobre la libertad espiritual. Si nos mantenemos libres de la adicción al placer sensual, podremos seguir la voluntad de Dios sin reservas, incluso si este camino implica sufrimiento sicológico o físico.

Jesús dijo: "Bienaventurados los mansos de corazón, porque heredarán la tierra" (Mt. 5:5). Dudo mucho que alguna cultura haya considerado siquiera adoptar esta bienaventuranza para que fuera su estrategia de conquista. Los mansos no llegan a puestos de influencia política o institucional. Pero, de nuevo, Jesús no está juzgando a las instituciones de poder, sino mostrándonos el camino del desapego. Cuán afortunados somos si no estamos apegados a los bienes finitos del poder del mundo. Muchas personas a lo largo de los siglos han pensado que la adquisición del poder es la clave de la felicidad. En la escena de la tentación que recoge el Evangelio de Mateo, el demonio pone a prueba a Cristo en primer lugar con las tentaciones relativamente inferiores del placer sensual y el orgullo. Al no conseguir su objetivo, lleva a Jesús a la cima de una gran montaña y le ofrece todos los reinos del mundo con su gloria. De lo anterior puede deducirse que el deseo de poder es tal vez la tentación más fuerte e irresistible de todas. En el siglo xx, J. R. R. Tolkien, que había experimentado en carne propia los horrores de la Primera Guerra Mundial y había sido testigo de aquellos de la Segunda, concibió un anillo de poder como el talismán más tentador dentro de la trilogía de *El señor de los anillos*. Si permanecemos desapegados del poder mundano, como aquel que confería el anillo, podemos seguir la voluntad de Dios incluso si este camino conlleva una extrema impotencia. Los mansos —aquellos que permanecen libres de la adicción al poder mundano— pueden convertirse en un canal apto para transmitir el verdadero poder divino al mundo.

La última de las bienaventuranzas "negativas" es "Bienaventurados los que son perseguidos en nombre de la justicia, porque a ellos pertenece el Reino de los Cielos" (Mt. 5:10). Nuevamente debemos leer esto a la luz del análisis de Tomás de Aquino. Si bien el llamado a la pobreza nos mantiene alejados de la adicción a los bienes materiales, mientras que la referencia a los que lloran contrarresta la adicción al placer de las emociones, y la valorización de la mansedumbre impide la adicción al poder, esta última bienaventuranza se opone al apego adictivo al honor. El honor es algo bueno en tanto que es la "bandera de la virtud" que indica a otros la presencia de cierta excelencia, pero cuando el amor por el honor se transforma en nuestra principal preocupación, este, como cualquier otro bien finito, acaba convirtiéndose en fuente de sufrimiento. Muchas personas que no se sienten especialmente atraídas por la riqueza, el placer o el poder estarán atadas a su deseo por obtener el reconocimiento de los demás y, en consecuencia, ordenarán su vida, su trabajo y el diseño de sus carreras teniendo en mente como única meta ser aclamados, ensalzados y reconocidos con títulos. Una vez más, esto implica un intento por llenar nuestro deseo infinito con un bien finito y, siguiendo las leyes de la física espiritual, estaríamos nuevamente generando una adicción. Por ende, cuán afortunados son ustedes, los que no están apegados al honor y que, por ello, son capaces de seguir la voluntad de Dios aun cuando el camino suponga ser ignorados, deshonrados e incluso perseguidos.

Tomás de Aquino decía que si deseábamos contemplar el ejemplo más perfecto de las bienaventuranzas, deberíamos dirigir nuestra mirada a Cristo crucificado. El santo explica esto de la siguiente manera: si deseamos la bienaventuranza (la felicidad), hemos de despreciar todo aquello que Jesús despreció en la cruz y amar todo aquello que Jesús amó en la cruz. ¿Y qué fue lo que despreció sino las cuatro adicciones clásicas? Jesús crucificado estaba totalmente desprendido de la riqueza y de los bienes mundanos. Se lo dejó completamente desnudo y sus manos clavadas en la cruz no podían aferrarse a nada. Además, estaba desapegado del placer. En la cruz, Jesús sufrió el tormento físico más terrible, un dolor insoportable, literalmente "excruciante" (*ex cruce*, de cruz), pero también experimentó un inmenso sufrimiento sicológico e incluso espiritual ("¡Dios mío, Dios mío! ¿por qué me has abandonado?"). También se lo despojó de todo poder, al grado de no poder moverse ni defenderse en forma alguna. Finalmente, en esa terrible cruz estaba completamente desapegado de la estima de los demás. Se encontraba en un lugar público no muy lejos de la puerta de Jerusalén, suspendido de un instrumento de tortura, indefenso ante las burlas de la turbamulta mientras era exhibido como un criminal cualquiera. Jesús crucificado sobrellevó la mayor deshonra y nos manifestó de la forma más terrible la liberación de las cuatro principales tentaciones que nos alejan de Dios. San Pablo expresó lo anterior con su elocuente estilo: "Ustedes estaban muertos a causa de sus pecados y de la incircuncisión de su carne, pero Cristo los hizo revivir con él, perdonando todas nuestras faltas. Él canceló el acta de condenación que nos era contraria, con todas sus cláusulas, y la hizo desaparecer clavándola en la cruz. En cuanto a los principados y a las potestades, los despojó y los expuso públicamente a la burla, incorporándolos a su cortejo triunfal" (Col. 2:13-15).

Pero ahora preguntémonos qué amó Jesús en la cruz. Él amó la voluntad de su Padre. Su Padre lo había enviado, como hemos visto, hasta los rincones más alejados y olvidados del mundo para llevar hasta ahí el amor divino, y Jesús amó su misión hasta el final. Fue precisamente su desapego de las cuatro grandes tentaciones lo que le permitió lograr esta misión. Lo que él amaba y despreciaba se encontraba en un extraño equilibrio en la cruz. Pobre de espíritu, manso, cubierto en lágrimas y perseguido, Jesús fue capaz de un corazón puro, buscando solo lo justo, convirtiéndose en el mayor pacificador y en el conducto perfecto para que la divina misericordia llegara al mundo. Aunque parezca extremadamente paradójico, Jesús crucificado es el hombre descrito en las bienaventuranzas, el hombre verdaderamente feliz. Y, si recordamos nuestra discusión anterior sobre la libertad, podemos afirmar que Jesús clavado en la cruz es la imagen prototípica de la libertad, pues está libre de todos aquellos apegos que podrían impedirle alcanzar el verdadero bien que es hacer la voluntad de su Padre.

Una de las representaciones más brutales, realistas y espiritualmente poderosas de la crucifixión ocupa el panel central del *Retablo de Isenheim*, pintado a finales del siglo XV por el artista alemán Matthias Grünewald. El cuerpo de Jesús aparece cubierto de llagas y heridas, su cabeza está rodeada por una corona de espinas particularmente cruel, enormes clavos atraviesan sus manos y sus pies, mientras tal vez lo más terrible sea su boca entreabierta que expresa una agonía sin nombre. Al espectador no se le ahorra ninguno de los horrores de su terrible muerte. A la derecha de la figura de Jesús, Grünewald pintó con un elocuente anacronismo a Juan el Bautista, el heraldo que precedió y anunció al Mesías. Juan señala a Jesús como el Cordero de Dios, pero lo hace de un modo bastante peculiar. En lugar de apuntar directamente al Señor, la extraña postura de su brazo y su mano

Retablo de Isenheim por Matthias Grünewald (Museo Unterlinden, Colmar, Francia). WORD ON FIRE

parece indicar que tiene que contorsionarse para poder hacerlo. Uno se pregunta si Grünewald no estaba sugiriendo así que nuestras expectativas distorsionadas sobre la vida alegre y libre deben deformarse hasta que, adecuadamente configuradas, nos permitan comprender la extraña verdad revelada por Cristo en la cruz.

EL CAMINO DE LA NO VIOLENCIA

He dedicado bastante espacio a interpretar los versículos con que se inicia el Sermón de la Montaña, pues es de vital importancia ser claros sobre la prioridad de la alegría en las enseñanzas de Jesús. Sin embargo, tal vez sea mejor comprender las bienaventuranzas como una especie de introducción a todo el Sermón, como una preparación para lo que de hecho será el clímax retórico y espiritual del discurso programático de Jesús: la enseñanza de la no violencia y el amor a los enemigos. Con palabras que siguen robándonos el aliento, Jesús dijo: "Ustedes han oído decir: 'Amarás a tu prójimo y odiarás a tu enemigo'. Pero yo les digo: 'Amen a sus enemigos y rueguen por los que los persiguen'" (Mt. 5:43-44). Para comprender esta enseñanza radical, hemos de aclarar a qué se refiere Jesús por "amor" (*agape*, siguiendo el griego de Mateo). El amor no es un sentimiento o una emoción, ni tampoco se reduce a la lealtad tribal o a la devoción por la familia. El amor es activamente desear el bien de los otros como tales. Muchas veces somos buenos o amables con los demás para que ellos también sean buenos, amables o justos con nosotros. Pero esto no es amor sino un egoísmo indirecto. Y es por esto que amar a los enemigos es la prueba más fidedigna del amor. Si soy bueno con alguien que seguramente me corresponderá, entonces simplemente estaré involucrado en un acto de interés personal velado o implícito. Pero si soy generoso con alguien que es mi enemigo, alguien que no está interesado en lo más mínimo en corresponderme, entonces puedo estar seguro de que realmente he deseado su bien y no el mío. Es precisamente por esto que Jesús dijo: "Si ustedes aman solamente a quienes los aman, ¿qué recompensa merecen? (...) Y si saludan solamente a sus hermanos, ¿qué hacen de extraordinario? ¿No hacen lo mismo los paganos?" (Mt. 5:46-47). Jesús quiere que sus seguidores rebasen las formas imperfectas de benevolencia que comparten todos los seres humanos y que, en cambio, aspiren a amar de la misma manera que Dios lo hace: "porque Él hace salir el sol sobre malos y buenos y hace caer la lluvia sobre justos e injustos" (Mt. 5:45). Dios ama a aquellos que lo aman y a aquellos que lo odian; ama a sus amigos y a sus enemigos; da cosas buenas tanto a aquellos que las merecen como a aquellos que no. Si logramos estar verdaderamente libres de nuestros apegos, especialmente de nuestra necesidad de aprobación, entonces nos convertiríamos en "hijos e hijas" de este Dios y, de esta manera, en transmisores de su gracia. Exploraremos cómo se manifiesta esto concretamente cuando revisemos más adelante la vida de los santos.

La ya de por sí radical enseñanza de amar a los enemigos se vuelve todavía más concreta cuando Jesús dirige su atención a la práctica de la no violencia. Dando voz al consenso común entre los judíos seguidores de la ley, Jesús declara: "Ustedes han oído que se dijo: 'Ojo por ojo y diente por diente'. Pero yo les digo que no hagan frente al que les hace mal: al contrario, si alguien te da una bofetada en la mejilla derecha, preséntale también la otra. Al que quiere hacerte un juicio para quitarte la túnica, déjale también el manto" (Mt. 5:38-40). Es importante no pasar por alto el hecho de que en aquellos tiempos esta era una regla razonada y compasiva, pues muchos individuos y naciones se hubieran sentido justificados para responder a las afrentas de una forma todavía más violenta, devastadora y desproporcionada. La regla aparentemente brutal del "ojo por ojo" de hecho pretendía delimitar el instinto de venganza. Pero, como podemos observar, Jesús no estaba satisfecho con esta recomendación relativamente benigna. Me doy cuenta perfectamente de que esta enseñanza de Jesús podría sonar como si solo estuviéramos cediendo ante el poder de la violencia; pero tenemos que profundizar un poco más. Existen dos respuestas clásicas ante el mal: enfrentarlo o huir de él. Cuando nos enfrentamos con la injusticia o la violencia, podemos responder de la misma manera; y, en algunas ocasiones, parecería que en nuestro mundo marcado por el pecado es lo único que razonablemente podemos hacer. Pero desde el pequeño *bully* bravucón en el patio de recreo hasta aquellos que atentan contra la paz mundial, saben que esto suele resultar en una respuesta igualmente violenta, y que de esta surgen nuevas represalias que involucran a los contrincantes en una pelea interminable. Gandhi expresaba lo anterior de la siguiente manera: "el ojo por ojo hace que todo el mundo quede ciego". Las otras respuestas típicas a la agresión son huir de ella o bien someterse a ella, y dada nuestra situación finita y caída, en ocasiones esto es todo lo que podemos hacer. Pero todos sabemos que ceder a la violencia solo justifica al agresor y lo incita a cometer más injusticias. Parecería entonces que al tratar el problema de la violencia nos encontramos atrapados en una situación irresoluble, forzados a oscilar entre dos estrategias profundamente insatisfactorias.

A través de su doctrina sobre la no violencia, Jesús nos está presentando una solución que podemos descubrir si atendemos a su indicación: "Al que te pegue en una mejilla ofrécele también la otra" (Lc. 6:29). En la sociedad de aquel tiempo, nadie empleaba la mano izquierda para ningún tipo de interacción social, pues era considerada impura. Por tanto, si alguien golpeaba tu mejilla derecha estaba haciéndolo con el dorso de su mano derecha, es decir, del mismo modo en que se abofetearía a un esclavo, a un niño o a alguien socialmente inferior. Ante este tipo de violencia, Jesús nos recomienda que no devolvamos la agresión ni huyamos, sino que defendamos nuestro terreno. Mostrar la *otra* mejilla significa evitar que nos vuelvan a golpear de la misma manera. No es ni huir ni consentir, sino señalar al agresor que nos rehusamos a aceptar la serie de supuestos que desencadenaron su agresión. Es mostrarle que nos encontramos en un nivel moral distinto. Consecuentemente también reflejamos a la persona violenta la gran injusticia que está cometiendo. La gran promesa que encierra esta estrategia es que no solo puede detener la violencia, sino que también puede transformar a su perpetrador.

Algunos ejemplos contemporáneos podrían iluminar esta dinámica con mayor claridad. Se cuenta que en una ocasión la Madre Teresa, la santa de los arrabales de Calcuta, se dirigió con un niño a un panadero local y le pidió un poco de pan para el niño hambriento. El panadero escupió de lleno sobre la cara de la Madre Teresa. Sin intimidarse, ella le respondió serenamente: "Gracias por este regalo que me has hecho, pero ¿tienes algo para el niño?". En una ocasión Desmond Tutu, siendo un joven sacerdote en Johannesburgo, iba avanzando a lo largo de una acera de madera dispuesta sobre la calle lodosa. En cierto momento llegó a un lugar más estrecho de la acera y se topó con un hombre blanco que iba en dirección opuesta. El hombre le dijo a Tutu: "Quítate de la acera; no cedo el paso a gorilas". Tutu se hizo a un lado, le regaló una gran sonrisa y le respondió: "¡Yo sí!". El tercer ejemplo es por mucho el más poderoso, al menos si lo consideramos a par-

Beata Teresa de Calcuta, 1987.
MICHAEL COLLOPY

tir de sus consecuencias prácticas. El 2 de junio de 1979, el
Papa Juan Pablo II fue a la Plaza de la Victoria en el centro de
Varsovia y celebró ahí misa ante cientos de miles de personas
y frente a todo el gobierno comunista polaco. Durante su homilía, el Papa habló de Dios, de la libertad y de los derechos
humanos, todos estos temas desaprobados por el régimen comunista. Mientras el Papa predicaba, la gente empezó a cantar, "Queremos a Dios; queremos a Dios, queremos a Dios".
El Papa prosiguió, y el cántico continuó, "Queremos a Dios;
queremos a Dios", y solo se detuvo luego de quince sorprendentes minutos. Se dice que durante esta manifestación del
deseo de la gente, Juan Pablo se volvió hacia los oficiales del
gobierno polaco y sonrió, como diciendo: "¿Escuchan?". Algunos comentaristas proféticos de aquel tiempo, incluyendo

a Zbigniew Brzezinski, consejero de seguridad nacional del Presidente Carter, percibió cómo el comunismo, al menos en Polonia, estaba ya moribundo. De hecho, dicho gobierno cayó y pocos años después todo el imperio comunista soviético se desintegró casi sin ningún disparo. Si alguien me hubiera presentado dicho escenario cuando me aproximaba a la mayoría de edad durante los años setenta, no lo hubiera creído. En los tres ejemplos, la persona ofendida respondió sin recurrir a la violencia ni huir, sino a través de un gesto provocativo que pretendía dirigir la atención del agresor hacia una nueva conciencia espiritual.

Y, ciertamente, el movimiento que Juan Pablo II y sus compatriotas polacos iniciaron desencadenó una extraordinaria energía transformadora.

Peregrinación del Papa Juan Pablo II a Polonia, del 2 al 10 de junio de 1979.
EAST NEWS/FOT. LESEZK LOZYNSKI

EL HIJO PRÓDIGO

Hasta el momento hemos considerado las enseñanzas de Jesús en el Sermón de la Montaña. Sin embargo, sería muy negligente de nuestra parte si no ponderáramos las enseñanzas que Jesús transmitía a través de aquellas historias sorprendentes, ocurrentes, desalentadoras y extrañamente iluminadoras que le encantaba contar. Me refiero, claro está, a las parábolas. Hay docenas de dichas historias salpicadas por doquier en los Evangelios, pero dado que por razones de extensión solo puedo remitirme a una, me gustaría detenerme en la que personalmente considero la mayor de todas, la historia de un padre y sus dos hijos, mejor conocida como la parábola del hijo pródigo. Esta historia versa sobre la naturaleza de Dios y el modo en que deberíamos relacionarnos con Él pero, al tratarse de una parábola, logra su objetivo dando un giro total a nuestra concepción usual del mundo espiritual.

Jesús comienza hablándonos sobre un hombre y sus dos hijos. El más joven de los dos se dirigió a su padre con una petición insólita, tremendamente ruda y presuntuosa: "Padre, dame la parte de la herencia que me corresponde" (Lc. 15:12). Puesto que uno no recibe su herencia hasta que su padre haya muerto, lo que en esencia este hijo está diciéndole a su padre es, "¡No puedo esperar hasta que te mueras!". Además, su exigencia enfatizaba doblemente que se le diera algo que le correspondía; "Padre, *dame* la parte de la herencia que *me* corresponde". Si nos imaginamos a nosotros mismos actuando de esta manera en relación a Dios, entonces tenemos un problema. El Dios que Jesús proclamó con insistencia es, como hemos visto, un Dios compasivo y misericordioso, un Dios de amor generoso y sobreabundante, cuya propia naturaleza es dar. Por otra parte, la relación correcta con este Dios de gracia consiste en recibir aquello que Él libremente nos ofrece para que de igual manera nosotros lo entreguemos a los demás como un don, permitiendo así que la vida divina fluya todavía más en nuestro interior. El hijo más joven hace justo lo contrario, pues insulta la generosidad de su padre y pretende apropiarse de aquello que solo puede recibirse como un don, es decir, aquello de lo que solo podemos "apropiarnos" a través de su donación.

Tras tomar su herencia, el hijo se retira a lo que usualmente se traduce como "un país lejano", pero el griego original (*chora makra*) resulta esclarecedor, pues literalmente significa "el gran vacío". Cuando permanecemos incomunicados de la fuente de gracia, aferrándonos desesperadamente a lo que consideramos que se nos debe, necesariamente perdemos lo poco que tenemos. Al poco tiempo, el hijo pródigo queda en la indigencia total, hambriento y solo, y es tanta su desesperación que se ofrece para cuidar y alimentar cerdos, la tarea más indigna para un judío. Finalmente el joven recapacita y piensa: "¡Cuántos jornaleros de mi padre tienen pan en abundancia, y yo estoy aquí muriéndome de hambre!" (Lc. 15:17). Toma la resolución de regresar a casa y confesar su pecado a su padre. Esto último tiene el objetivo de que comprendamos cómo la cercanía con "Aquel que da" nos conduce a la suficiencia e incluso a la abundancia, pues la infinita vida de Dios nunca se acaba. Y así, conforme el hijo se va aproximando, su padre lo divisa a la distancia (evidentemente lo estaba buscando) y, olvidando por completo toda precaución y modales, el padre sale corriendo a recibirlo. Este detalle seguramente llamó poderosamente la atención de los que escuchaban a Jesús, pues se consideraba extremadamente inapropiado que un hombre de edad, un patriarca, se dirigiera corriendo a recibir a alguien. Se esperaba más bien que las personas se presentaran ante él. Pero el padre abraza a su hijo y ordena a sus sirvientes que "le pongan un anillo en el dedo", un anillo semejante al del matrimonio, simbolizando su unión restaurada, y que calzaran sus pies (para poder restaurar su dignidad). Cuando el hijo comienza a pronunciar su confesión cuidadosamente ensayada, el padre lo interrumpe y convoca a una celebración general, porque "mi hijo estaba muerto y ha vuelto a la vida, estaba perdido y fue encontrado" (Lc. 15:24). Este es el retrato radiante y profundamente conmovedor que Jesús hace del Padre celestial, quien no se orienta por las reglas del cálculo y la recompensa, sino que "hace salir el sol sobre malos y buenos" (Mt. 5:45), el Padre que no sabe hacer otra cosa sino amar.

Mientras tanto, el hermano mayor está "en el campo", lo que equivale a decir que estaba viviendo su propio tipo de exilio. A pesar de que se ha mantenido relativamente cercano a su padre en el sentido físico, nos damos cuenta inmediatamente de cuán alejado sicológica y espiritualmente se encuentra de él. Este hijo escucha el alboroto de la celebración y, al enterarse de que la fiesta es en honor de su hermano perdido hace tanto tiempo, arde en resentimiento y rehúsa entrar. Su padre, imposible de desalentar, sale a buscarlo tal y como fue a recibir a su otro hijo. Pero el hijo mayor se resiste a la invitación de su padre: "Mira", le dice, "hace tantos años que te sirvo como esclavo sin haber desobedecido jamás ni una sola de tus órdenes, y nunca me diste ni un cabrito para hacer una fiesta con mis amigos. Pero vuelve ese hijo tuyo después de haber gastado tus bienes en prostitutas y haces matar para él el ternero gordo" (Lc. 15:29-30). Estas palabras delatan al hijo mayor, al igual que en su momento habían delatado a su hermano menor. Durante todos estos años este hijo ha estado "*sirviendo* como *esclavo*" a su padre, "*obedeciendo* todas sus *órdenes*". Estas palabras no hablan en lo absoluto de dar y recibir, ni de la alegría que acompaña al amor recíproco. Están completamente marcadas por un cálculo mercantil. El padre intenta llevarlo de regreso al círculo de la celebración con unas palabras que se sitúan entre las más importantes de todo el Nuevo Testamento: "Hijo mío, tú estás siempre conmigo, y todo lo mío es tuyo" (Lc. 15:31). No conozco una descripción más sucinta en toda la literatura espiritual del mundo sobre el modo en que Dios se relaciona con nosotros. Siempre estamos con Dios, pues Dios es el mismísimo fundamento de nuestro ser, más cercano a nosotros que nosotros mismos. No podríamos existir ni un momento sin la intervención amorosa de Dios. Y Dios nos da todo lo que tiene. Todo su ser es para ser dado. Ambos hijos, aunque de manera distinta, abandonan esta relación con la forma divina de existir y, consecuentemente, caen presa de una profunda tristeza. Cuando, por el contrario, nos abandonamos en el círculo de la gracia —dando el amor que nos fue dado a través del amor—, la celebración comienza.

MATEO 25

En una ocasión un rabino le preguntó a Jesús cuál de todas las leyes (pues había más de seiscientas) que orientaban la vida de los judíos era la más importante. Con una simplicidad y claridad absolutas Jesús los desarmó diciendo: "Amarás al Señor, tu Dios, con todo tu corazón, con toda tu alma y con toda tu mente. Este es el más grande y el primer mandamiento. El segundo es semejante a este: amarás a tu prójimo como a ti mismo" (Mt. 22:37-39). La relación mutua entre estos dos amores queda implícita a lo largo de toda la enseñanza de Jesús. En el siguiente capítulo revisaremos con mayor detalle metafísico por qué esto es así, pero baste por ahora decir que el amor absoluto de Dios no rivaliza con el mandamiento radical de amar a nuestro prójimo, a los demás seres humanos, precisamente porque Dios no es uno entre muchos, sino el fundamento mismo de la existencia del mundo finito. Tomás de Aquino lo diría de la siguiente manera: amar a Dios implica amar, necesariamente, todo aquello que participe en Dios, es decir, el mundo entero. En su magnífica primera Carta, san Juan expresa la misma idea de la siguiente manera: "El que dice: 'Amo a Dios', y no ama a su hermano, es un mentiroso. ¿Cómo puede amar a Dios, a quien no ve, el que no ama a su hermano, a quien sí ve?" (1 Jn. 4:20).

Quizás la evocación más poderosa de este principio en las enseñanzas de Jesús sea la fascinante parábola de las ovejas y los cabritos, que se encuentra en el capítulo 25 del Evangelio de Mateo. Jesús le dice a la muchedumbre que "cuando el Hijo del Hombre regrese en su gloria a juzgar a los vivos y a los muertos, separará a unos de otros, como el pastor separa las ovejas de los cabritos" (Mt. 25:31-32). Y a aquellos a su derecha les dirá: "Vengan, benditos de mi Padre, y reciban en herencia el reino que les fue preparado desde el comienzo del mundo, porque tuve hambre, y ustedes me dieron de comer; tuve sed, y me dieron de beber; estaba de paso, y me alojaron; desnudo, y me vistieron; enfermo, y me visitaron; preso, y me vinieron a ver" (Mt. 25:34-36). En medio de su asombro, los justos le preguntarán cuándo hicieron ellos todos estos actos de amor por el Señor, y él les contestará: "Les aseguro que cada vez que lo hicieron con el más pequeño de mis hermanos, lo hicieron conmigo" (Mt. 25:40). Luego vendrá la contraparte. A aquellos a su izquierda, el Señor les dirá: "Aléjense de mí, malditos; vayan al fuego eterno que fue preparado para el demonio y sus ángeles, porque tuve hambre, y ustedes no me dieron de comer; tuve sed, y no me dieron de beber; estaba de paso, y no me alojaron; desnudo, y no me vistieron; enfermo y preso, y no me visitaron" (Mt. 25:41-43). Ellos, asombrados, se preguntarán cuándo fueron tan negligentes con el Señor, y esta es la respuesta: "Les aseguro que cada vez que no lo hicieron con el más pequeño de mis hermanos, tampoco lo hicieron conmigo" (Mt. 25:45). Amar a Cristo *es* amar a aquellos a los que ama Cristo. El drama de esta parábola en realidad pretende sacarnos de nuestra complacencia y alejarnos de cualquier confusión a este respecto.

Un hombre que comprendió profundamente la teología y la ética contenidas en Mateo 25 fue Peter Maurin, el cofundador del Movimiento del Trabajador Católico. Maurin nació en Francia en 1877, y fue uno de entre veintitrés hijos. Durante su educación más temprana, que fue supervisada por los Hermanos Cristianos de la Salle, quedó profundamente inspirado por el ejemplo de san Francisco de Asís. En 1909, cuando el gobierno francés se volvió agresivamente contra la Iglesia, Peter dejó su país nativo y se estableció en Canadá, donde vivió una especie de radical vida franciscana durante casi veinte años, adoptando la pobreza por amor al Evangelio, trabajando como un sencillo peón durante el día y pasando las noches en una zona de chabolas. Durante aquellos años como vagabundo, se esforzó por desarrollar una filosofía social católica coherente, una teoría de la economía y de la política que se basara totalmente en Mateo 25. Sabía que la Iglesia había codificado esa sección del Evangelio de Mateo como las "obras de misericordia corporales y espirituales", entre las que se encuentran dar de comer a los hambrientos, vestir a los desnudos, visitar a los presos, dar sepultura a los muertos, dar consejo a los aquejados por las dudas, y orar por los vivos y los muertos. Se preguntó cómo sería la sociedad si dichos ideales llegaran a convertirse en la base del orden político y social. También leyó con sumo cuidado la doctrina social de la Iglesia, en especial las aportaciones del Papa León XIII en *Rerum Novarum* de 1891, y las del Papa Pío XI en *Quadragesimo anno* de 1931. En el texto del Papa León XIII, Maurin se topó con una frase particular: "Pero cuando se ha atendido suficientemente a la necesidad y al decoro, es un deber socorrer a los indigentes con lo que sobra", y descubrió un principio que el Papa había tomado de Tomás de Aquino: a saber, que si bien la posesión de propiedad privada es permitida, el uso de esa propiedad privada siempre debería estar dirigida al bien común. En la encíclica del Papa Pío XI, Maurin descubrió lo que se ha caracterizado como el elemento estructural de toda la doctrina social de la Iglesia: el principio de la subsidiariedad, que estipula que en cuestiones políticas y económicas siempre debería haber una opción preferencial para el nivel más local de autoridad y operación. Una aplicación concreta de este principio, como observaba Maurin, evitaría que los individuos y las comunidades abdicaran su responsabilidad directa de practicar las obras de misericordia corporales. Quería construir una sociedad en la que, en sus propias palabras, "resultara más fácil a los hombres ser buenos".

Maurin descubrió que Mateo 25 era pura "dinamita", una palabra que proviene del término griego *dynamis* (poder) que, por cierto, era una de las palabras favoritas de san Pablo. Pero Maurin estaba preocupado, como dejan entrever estas palabras: "hemos tomado la dinamita de la Iglesia, la hemos guardado en un recipiente hermético y nos hemos sentado encima de la tapa". En otras palabras, denuncia que nuestra tendencia ha sido considerar los preceptos de los Evangelios como si se trataran de una cuestión de espiritualidad privada y carecieran de un verdadero poder transformador de la sociedad. Maurin concluye que "¡hay que hacer explotar la dinamita de la Iglesia!". Dado que su idioma nativo no era el inglés, Maurin percibió algunos sentidos muy peculiares de algunas frases de los angloparlantes, matices que generalmente se pasaban por alto. Por ejemplo, si bien a Maurin le encantaba la

Dorothy Day y Peter Maurin. MARQUETTE
UNIVERSITY ARCHIVES

expresión *"go-getters"* —personas emprendedoras y deseosas
de alcanzar el éxito—, también pretendía transformar esta
expresión: "¡Deberíamos convertir a una nación de *'go-getters'*
en una nación de *'go-givers'*!", en una nación de personas ge-
nerosas y deseosas de dar.

En 1932, justo en medio de la Gran Depresión, Peter
Maurin llegó a la ciudad de Nueva York. Ahí conoció a una
joven activista que buscaba una vía espiritual satisfactoria, y
quien recientemente se había convertido al catolicismo. Su
nombre era Dorothy Day. Dorothy había sido una radical, y
era amiga de algunos de los líderes de la vanguardia cultural y política de los años veinte, como el dramaturgo Eugene
O'Neill y el agitador político John Reed. Pero también había
quedado fascinada por la Iglesia católica, especialmente tras

el nacimiento de su primer hijo, cuando dijo haber experimentado una gratitud tan grande que no podía igualarse con nada en el mundo. Cuando conoció a Peter Maurin, estaba buscando un modo de combinar su compromiso político radical con su reciente hallazgo de la fe católica. Este filósofo vagabundo era la respuesta a sus oraciones. Cuando se conocieron, Peter habló sin detenerse durante aproximadamente ¡siete horas! A pesar de esta apabullante locuacidad, Dorothy quedó cautivada por la visión que Peter tenía de una renovación de la sociedad estadounidense, y su sugerencia de que la revolución comenzara con el lanzamiento de un periódico que presentara la doctrina social católica, junto al establecimiento de "casas de hospitalidad" que pudieran acoger a los pobres y donde se practicaran las obras de misericordia corporales y espirituales. El 1 de mayo de 1933, Dorothy Day se dirigió al Washington Square Park en Greenwich Village y ahí distribuyó la primera edición del periódico *Catholic Worker* (*Periódico del Trabajador Católico*), vendiendo cada ejemplar a un centavo (cuyo precio actual sigue siendo el mismo). Poco después ella y Maurin abrieron la primera Casa de Hospitalidad del Trabajador Católico en la zona más pobre del este de Manhattan, y empezaron a atender a los pobres. Hoy en día existen muchas más casas como esta en todo el país y, de hecho, en todo el mundo. Es importante resaltar que no debería considerarse a estos personajes como simples "trabajadores sociales". Durante sus vidas fueron a misa, asistieron a bendiciones con el Santísimo, participaron en retiros, rezaron el rosario y realizaron otras actividades similares, pues consideraban que la devoción radical a los pobres estaba conectada de modo ineludible con el amor todavía más radical a Cristo.

Otro personaje que también actuaba siguiendo un espíritu muy similar al de Dorothy Day era la Madre Teresa de Calcuta, a la que ya hemos aludido, y a la que considera-

Dorothy Day, 1934. MARQUETTE UNIVERSITY ARCHIVES

remos con mayor detalle más adelante en este libro. Gran parte del día de la Madre Teresa estaba dedicado a la oración, la meditación, la misa, la adoración eucarística y al rezo del rosario. Pero el resto del tiempo, como es bien sabido, lo empleaba trabajando intensamente entre los más pobres de los pobres, practicando obras de misericordia corporales y espirituales, haciendo explotar la dinamita de la Iglesia. El padre Paul Murray, un dominico irlandés y escritor espiritual, y que en algunas ocasiones fungió como consejero de la Madre Teresa, nos relata la siguiente historia. Se encontraba un día enfrascado en una profunda conversación con la Madre Teresa, buscando cuáles eran las fuentes de su espiritualidad y su misión. Al final de su larga conversación, ella le pidió que extendiera su mano sobre la mesa y, conforme tocaba cada uno de sus dedos, pronunció cinco palabras: "A mí me lo hiciste".

IR MÁS ALLÁ

En su primer discurso, como reporta el Evangelio de Marcos, Jesús anunció la llegada del Reino de Dios y acto seguido instó a las personas a que cambiaran: "Conviértanse y crean en el Evangelio" (Mc. 1:15). La palabra que generalmente traducimos como "conviértanse" es *metanoeiete*, un término que se deriva y compone de dos palabras griegas, *meta* (más allá) y *nous* (mente). Con la llegada del Reino de Dios debemos cambiar nuestra actitud, nuestro modo de pensar, nuestra perspectiva frente a las cosas, el modo en que vemos las cosas. Tenemos que *ver* el mundo de una manera diferente y a la luz de esa nueva visión debemos cambiar el modo en que actuamos. Una vez que concebimos nuestra existencia —y, de hecho, el ser de todo el universo— como el regalo de un Dios misericordioso, podemos entonces decidirnos a entregar nuestras vidas como un regalo de amor. Y haciendo esto, nos percatamos de que el flujo de la vida divina en nosotros aumenta treinta, cuarenta, cien veces más. Cuando entendemos que Dios *es* amor, ya no tenemos miedo de recorrer el camino del amor. Las enseñanzas de Jesús se reducen a esta nueva visión y a esta invitación al cambio.

Capítulo 3

EL INEFABLE MISTERIO DE DIOS: "AQUELLO MAYOR QUE LO CUAL NADA PUEDE PENSARSE"

DESPUÉS DE MUCHOS AÑOS DE EXILIO DE LA CORTE DE EGIPTO EN donde se había criado, un hebreo llamado Moisés cuidaba del rebaño de su suegro en las laderas del Monte Sinaí cuando observó algo extraordinario: una zarza en llamas que no se consumía. Decidió acercarse para verla más de cerca, y mientras se aproximaba escuchó una voz que le decía: "¡Moisés! ¡Moisés! (...) No te acerques más. Quítate las sandalias, pues el suelo que pisas es sagrado" (Ex. 3:5). Luego, el que hablaba se identificó a sí mismo como "el Dios de tus padres, el Dios de Abraham, de Isaac y de Jacob" (Ex. 3:6), y le dio a Moisés la misión de liberar a su pueblo esclavo en Egipto. Cuando Moisés le preguntó su nombre a la misteriosa voz que le había hablado, recibió la siguiente respuesta: "Yo soy el que soy" (Ex. 3:14). Su pregunta era muy razonable, pues de entre todas las deidades, del río, de la montaña y de las naciones, Moisés quería saber quién era este dios. Deseaba definir y especificar la naturaleza de este singular poder celestial. Sin embargo, la respuesta que recibió lo dejó perplejo, pues su interlocutor divino insinuaba que Él no era uno entre muchos, ni esta o aquella deidad, ni tampoco que fuera una realidad captable o definible a través de un nombre. En este sentido, la respuesta de Dios minaba precisamente el tipo de pregunta que Moisés acababa de hacer. Su nombre simplemente era "ser", "el que es" y, por tanto, nunca podría ser definido o delimitado. Los antiguos israelitas honraban este carácter esencialmente misterioso de Dios al darle el impronunciable nombre de YHWH.

A raíz de esta conversación que sostuvieron Dios y Moisés, la mayor parte de la tradición teológica católica no se ha referido a Dios como *un* ser entre muchos, ni tampoco como el mayor entre todos los seres. Tomás de Aquino, probablemente el más grande teólogo de la tradición católica, en contadas ocasiones se refiere a Dios como *ens summum* (el mayor ser) y opta en cambio por llamarlo *ipsum esse* (el ser en sí mismo) o *qui est* (aquel que es). Tomás de Aquino también sostiene que Dios escapa a toda definición y no puede ser incluido en ningún género, ni siquiera dentro del género del "ser". Esto significa que estaríamos equivocados si afirmáramos que los árboles, los planetas, los automóviles, las computadoras y Dios —a pesar de las obvias diferencias que existen entre ellos— comparten al menos el estatus de seres. Tomás de Aquino expresa esta distinción entre Dios y

Catedral de San José, detalle, Wheeling, West Virginia.
DENIS R. MCNAMARA

sus criaturas a través del lenguaje técnico de la esencia y la existencia. En todo aquello que no es Dios encontramos una verdadera distinción entre la esencia (*lo que algo es*), y la existencia (*el hecho de que algo sea*); pero en Dios no se da esta diferencia, pues su acto de existir no es algo que Él reciba ni tampoco algo que sea delimitado o definido por algo diferente a Él mismo. Por decirlo de algún modo, el ser humano es el acto de existir vertido en un molde humano, la "humanidad". De manera similar, una plataforma existe gracias a que comparte la forma propia de las plataformas, la "plataformeidad". Pero Dios no puede ser vertido en molde alguno. Dios simplemente *es* el que *es* en sí mismo.

San Anselmo de Canterbury, uno de los más grandes

teólogos de la Alta Edad Media, describió a Dios como "aquello mayor que lo cual nada puede pensarse". A primera vista, esto podría parecer bastante claro: Dios es el mayor ser que podemos concebir. Sin embargo, cuanto más meditamos sobre esta descripción de Anselmo, esta va tornándose más extraña. Si Dios fuera simplemente el ser supremo —la mayor realidad entre una multitud de realidades—, entonces Dios y el mundo sumados resultarían en algo mayor que Dios mismo. Pero si este fuera el caso, entonces ya no sería aquello mayor que lo cual nada puede pensarse. Por ejemplo, Zeus era considerado el dios supremo dentro de la mitología antigua, pero claramente si sumados a Zeus consideramos a los demás dioses o al mundo natural, obtendríamos como resultado algo mayor que el propio Zeus. No obstante, esto no ocurre con el Dios del que habla Anselmo: por paradójico que parezca, dicho Dios sumado al mundo tal y como lo conocemos no resulta en algo más grande que Dios mismo.

Esto significa que el verdadero Dios rebasa todos nuestros conceptos, todo nuestro lenguaje y nuestras más osadas ideas. Dios (YHWH) es esencialmente misterioso, un término que, por cierto, proviene de la palabra griega *muein* (cerrar la boca). En múltiples ocasiones observamos en el Antiguo Testamento cómo los profetas y los místicos condenan la idolatría, que no es otra cosa sino reducir al verdadero Dios a una criatura, cuando en realidad a Dios no podemos captarlo ni ejercer control sobre Él. El teólogo del siglo XX Karl Rahner mencionaba que "Dios" debería ser el último sonido que pronunciáramos antes de guardar silencio, y san Agustín hace mucho tiempo dijo *"si comprehendis non est Deus"* (si lo comprendes, no es Dios). Toda esta exposición a través de términos teológicos no es sino un mero comentario a las palabras de aquella voz elusiva y desconcertante que salía de la zarza: "Soy el que soy".

ARGUMENTOS PARA LA
EXISTENCIA DE DIOS

He rechazado firmemente la tendencia a convertir a Dios en un ídolo, pero ¿hemos alcanzado así un límite intelectual que nos hace enmudecer ante Dios? Si Dios no puede definirse de manera alguna, ¿cómo explicamos entonces la plétora de libros y argumentos teológicos que existen? Después de todo, el propio Tomás de Aquino, quien había afirmado que Dios no podía ser incluido en ningún género, escribió miles de palabras sobre Dios. El capítulo 33 del Éxodo nos da una clave para resolver este dilema. Moisés le ruega a Dios apasionadamente que le muestre su gloria, y Yahvé accede. Pero el Señor es muy específico: "Haré pasar mi belleza frente a ti (...), pero mi rostro no lo verás, porque nadie puede verme y seguir viviendo" (Ex. 33:19-20). A continuación Dios le dice a Moisés que mientras su gloria divina pase frente a él, lo colocará en la grieta de una roca y le cubrirá los ojos. "Solo entonces retiraré mi mano y podrás ver mi espalda, pero mi rostro no habrás de verlo" (Ex. 33:22-23). En efecto, Dios puede ser

Santa Sabina, Roma. WORD ON FIRE

visto en esta vida, pero solo de manera indirecta, a través de las criaturas y sus efectos. Podemos conocer a Dios solo hasta cierto grado, de manera oblicua, atisbarlo como quien ve algo con el rabillo del ojo. Podemos ver su "espalda" revelada en la belleza, la inteligibilidad y la contingencia del mundo que ha creado.

Siguiendo este principio indirecto, Tomás de Aquino formuló cinco argumentos a favor de la existencia de Dios, cada uno de los cuales se desprende de alguna de las características del orden creado. Desarrollaré aquí el que considero más elemental, a saber, la demostración que parte de la contingencia del mundo. Aunque este término sea un tecnicismo filosófico, la "contingencia" realmente se refiere a algo con lo que estamos muy familiarizados, es decir, al hecho de que las cosas sean y luego dejen de ser. Imaginémonos una majestuosa nube de verano que se desliza por el cielo y que termina desapareciendo durante una perezosa tarde de agosto, que aparece para después desvanecerse. O pensemos en todas las plantas y las flores que han brotado y que posteriormente se han marchitado, o en todos los animales que han nacido y habitado la tierra para luego morir y convertirse en polvo. Pensemos en la enorme cantidad de seres humanos que han venido al mundo para luego morir y abandonarlo, confirmando las intuiciones del Salmista cuando afirma que "nuestros años se acaban como un suspiro" (Sal. 90:9). Incluso todo lo que parece permanente —las cadenas montañosas, los propios continentes, los océanos— también ha surgido en el tiempo y en cierto momento desaparecerá. Si pudiéramos captar con una cámara de *time-lapse* la vida completa de las Montañas Rocosas, desde el momento en que surgieron hasta que queden completamente erosionadas, entonces podríamos apreciar a través de su proyección a gran velocidad que también estas montañas se asemejan mucho a la nube de verano de la que hablábamos.

La prueba de Tomás de Aquino parte de la contingencia de las cosas terrenales y destaca algo de gran importancia, a saber, que estas realidades no poseen en sí mismas la razón de su propia existencia. De hacerlo, podrían existir simple y absolutamente, y no vendrían y se irían tan fugazmente. Por lo tanto, al considerar las realidades contingentes hemos de buscar una causa o una serie de causas extrínsecas a ellas que puedan explicar o dar razón de su existencia. Regresemos al ejemplo de la nube de verano. Instintivamente sabemos que esta nube no existe a través de su propia esencia, y por tanto debe haber algo que explique su presencia. Podríamos decir que es causada por el vapor de la atmósfera, por la temperatura, por la intensidad de los vientos y otras razones y, en efecto, todas estas parecen por ahora una explicación adecuada. Pero como cualquier meteorólogo podría decirnos, todos esos factores son a fin de cuentas también contingentes, van y vienen, son y dejan de ser. Por ello tenemos que dar otro paso adelante y decir que estos factores a su vez son causados por una corriente en chorro que surge por el movimiento del planeta. Pero si lo pensamos un momento descubrimos que también la corriente en chorro va y viene cambiando su flujo, y que el propio planeta Tierra es contingente, puesto que habría empezado a existir hace aproximadamente unos cuatro mil millones de años, y está destinado a desparecer algún día incinerado por el creciente sol. Y así podemos seguir avanzando, considerando el sistema solar y todos los eventos que ocurren dentro de la galaxia, hasta llegar a las estructuras inherentes del universo. Pero los astrofísicos contemporáneos nos han revelado la contingencia fundamental de todas esas realidades y afirman que el propio universo surgió con el Big Bang hace aproximadamente trece mil millones de años. A través de nuestros intentos por explicar la realidad contingente —esa efímera nube de verano— nos hemos referido a toda una serie de realidades igualmente contingentes que en conjunto requieren mayor explicación. Tomás de Aquino sostenía que si queremos evitar una regresión al infinito de causas contingentes, algo que a fin de cuentas no explicaría nada, hemos de llegar a alguna realidad "necesaria", algo que exista simplemente a través del poder de su propia esencia. Él concluye que esto es lo que la gente llama "Dios". Con la demostración de Tomás de Aquino en mente, reconsideremos la extraña respuesta que Moisés recibió de Dios: "Soy el que soy". El Dios bíblico no es simplemente una realidad contingente entre todas las demás; más bien Él es aquel cuya naturaleza misma es existir, el poder a través del cual y por el cual todas las cosas son.

Algunos teólogos contemporáneos han traducido el lenguaje abstracto y metafísico de Tomás de Aquino a un lenguaje más cercano a nuestra propia experiencia. El teólogo protestante Paul Tillich decía que "darse cuenta de la finitud es ansiedad". A lo que se refería es a que cuando nos percatamos en lo más profundo de nosotros mismos de cuán contingentes somos, entonces nos invade el miedo. Existimos en el tiempo, lo que significa que nos estamos dirigiendo irremediablemente hacia la muerte; hemos sido "arrojados" al ser, lo que implica que un día seremos lanzados fuera del ser, y es esta situación la que nos aterra y nos pone a temblar. Atrapados en esta ansiedad, continúa Tillich, tendemos a retorcernos buscando dónde afianzarnos, tratando de encontrar algo firme a lo cual podamos asirnos. Buscamos disminuir nuestros miedos acumulando placeres, riqueza, poder y honor, pero muy pronto descubrimos que todas estas realidades mundanas son tan contingentes como nosotros mismos y que por tanto no podrán aplacarnos. Llegado este punto es cuando las palabras de la Escritura, "Solo en Dios descansa mi alma" (Sal. 62:2) adquieren su más profunda resonancia. Nuestro miedo —nacido de la contingencia— solo desaparecerá con aquello que no sea contingente. Nuestra existencia frágil y tambaleante solo se estabilizará cuando se disponga en relación con la existencia eterna y necesaria de Dios. En cierta manera Tillich es un discípulo contemporáneo de san Agustín, quien dijo, "Señor, nos hiciste para Ti, y nuestro corazón está inquieto hasta que descanse en Ti".

En 1968, un joven profesor de teología de la Universidad de Tubinga formuló un ingenioso argumento para demostrar la existencia de Dios, un argumento que le debe mucho a Tomás de Aquino, si bien también retoma otras fuentes más contemporáneas. El nombre de aquel teólogo era Joseph Ratzinger, el Papa Benedicto XVI. Ratzinger comienza observando que el ser finito al modo en que lo experimentamos está completamente marcado por la inteligibilidad, es decir, por la estructura formal que lo hace comprensible para una mente inquisitiva. De hecho, todas las ciencias —Física, Química, Sicología, Astronomía, Biología y demás— se basan en el presupuesto de que en todos los niveles, microscópicos o macroscópicos, el ser puede ser conocido. Este mismo principio fue reconocido en la antigüedad por Pitágoras, quien sostuvo que a todas las cosas existentes corresponde un valor numérico, y por los filósofos escolásticos de la Edad Media que acuñaron el dicho *omne ens est scibile* (todo ser es cognoscible).

Ratzinger sostiene que la única explicación realmente satisfactoria para esta inteligibilidad objetiva universal es una gran Inteligencia que haya pensado el universo y lo haya traído a la existencia. Nuestro lenguaje ofrece una fascinante clave a este respecto, pues cuando hablamos de nuestros

Imagen del Hubble de la galaxia M101. NASA, ESA,
K. KUNTZ (JHU), F. BRESOLIN (UNIVERSITY OF HAWAII),
J. TRAUGER (JET PROPULSION LAB), J. MOULD (NOAO),
Y.-H. CHU (UNIVERSITY OF ILLINOIS, URBANA), & STSCI.

actos de conocimiento nos referimos a estos como momentos de "reconocimiento", literalmente de re-conocimiento, un
volver a pensar aquello que ya ha sido pensado. Ratzinger cita
a Einstein para fortalecer esta conexión: "en las leyes de la
naturaleza se manifiesta una razón tan superior que toda ra-
cionalidad del pensamiento y del querer humano parecen ser,
si se le comparan, un reflejo absolutamente insignificante". El
prólogo del Evangelio de Juan dice que "en el principio era el
Verbo", y especifica que todas las cosas vinieron a ser a través
de su Logos divino, implicando así que el universo no existe
como algo carente de inteligencia sino de manera inteligente,
imbuido en una mente creativa y con una estructura inteligible. El argumento presentado por Joseph Ratzinger no es sino

una especificación de esta gran revelación. Un punto fuerte particular de este argumento es que muestra la profunda compatibilidad entre la religión y la ciencia, dos disciplinas que hoy en día suelen percibirse como enemigos implacables. Ratzinger muestra que las ciencias físicas se funden en una intuición, a fin de cuentas mística, de que la realidad ha sido pensada y llevada a la existencia y que, por tanto, puede ser conocida. Digo que es mística porque no puede ser producto de la investigación empírica o experimental, sino que se trata de la propia condición de posibilidad para el análisis y la experimentación. Es por esto que muchos teóricos han sugerido que el surgimiento de las ciencias modernas en el contexto intelectual cristiano —que afirma la doctrina de la creación a través del poder de un Creador inteligente— no es en lo absoluto accidental.

NOMBRANDO A DIOS

El Dios que hemos venido describiendo —el ser en sí mismo, y por tanto el principio que posibilita la existencia e inteligibilidad del mundo— se caracteriza por ser a un tiempo radicalmente inmanente y radicalmente trascendente. El ser mismo, Aquel que es, no puede ser un objeto del mundo, pues el mundo está constituido exclusivamente por seres particulares. En una ocasión, un cosmonauta ruso que se encontraba en el espacio llamó por radio a la Tierra para notificar que no había encontrado ningún rastro de Dios. Menuda tontería. Dios no permanece secuestrado en ningún espacio particular ni puede ser descubierto entre la serie de objetos cósmicos. Es por esto que el profeta Isaías, transmitiendo las palabras de Yahvé, pudo decir, "Como el cielo se alza por encima de la tierra, así sobrepasan mis caminos y mis pensamientos a los caminos y a los pensamientos de ustedes" (Is. 55:9). Al mismo tiempo, el Ser mismo, Aquel que es, alcanza todo rincón y recoveco de la existencia finita, pues Él es la fuente de todo lo que existe en el cosmos. De esta manera, el mismo Isaías que habló de la trascendencia radical de Dios puede transmitirnos estas palabras divinas: "¿Se olvida una madre de su criatura, no se compadece del hijo de sus entrañas? ¡Pero aunque ella se olvide, yo no te olvidaré! Yo te llevo grabada en las palmas de mis manos" (Is. 49:15-16). También el Salmista puede decirle a Dios con asombro: "Señor, tú me sondeas y me conoces, tú sabes si me siento o me levanto; (...) Antes de que la palabra esté en mi lengua, tú, Señor, la conoces plenamente" (Sal. 139:1-4). San Agustín captura este modo divino tan único de ser cuando afirma que Dios es simultáneamente *"intimior intimo meo et superior summo meo"*, que a grandes rasgos puede traducirse por "más cercano a mí que yo mismo, y superior a cualquier cosa que pudiese llegar a imaginar". Mantener la relación correcta con Dios, por tanto, no significa tratar de aferrarlo ni esconderse de Él (pues ambas opciones en definitiva son imposibles), sino que significa entregarse a Él en amor.

A la luz de este análisis, la historia de Adán y Eva cobra una nueva resonancia. Descubrimos en esta narración rica en simbolismo la dinámica espiritual negativa por la que nuestros primeros padres, tras intentar sin resultado manipular a Yahvé, terminan huyendo de Él. De acuerdo con el autor del libro del Génesis, Dios puso a nuestros primeros padres en un jardín y mantenía con ellos una relación muy cercana. Esto expresa el deseo de Dios de que las criaturas humanas estén plenamente vivas, de que se den cuenta de sus propias capacidades y encuentren su felicidad precisamente a través de la relación con Él. Pero incitados por la serpiente, Adán y Eva comen del árbol del conocimiento del bien y del mal, cuyo fruto Dios les había prohibido comer. Esto representa nuestra tentación de apropiarnos de la divinidad, pues en realidad la prerrogativa de determinar lo que es bueno y malo corresponde solo a Dios y no incumbe a la elección humana. Resulta fascinante analizar el razonamiento de la serpiente: "No, no morirán. Dios sabe muy bien que cuando ustedes coman de ese árbol, se les abrirán los ojos y serán como dioses, conocedores del bien y del mal" (Gén. 3:4-5). La serpiente, que posteriormente es identificada como el padre de la mentira, los convence de que Dios es su rival y de que consecuentemente está tratando de ocultarles algo. De hecho, el Ser mismo no tiene nada que obtener de las criaturas y por tanto de ninguna manera está compitiendo con ellas; en realidad, lo que Dios desea es impedir que asuman una actitud espiritual imposible y contraproducente. Al no lograr apropiarse Dios, como era de esperarse, Adán y Eva intentan

Adán y Eva, Notre Dame, París. DENIS R. MCNAMARA

el otro movimiento clásico de los pecadores: se esconden de
Dios, ocultándose entre la maleza del Edén. Claro está, Dios
los descubre de inmediato pues, siendo el fundamento de
todo ser, Él es ineludiblemente íntimo a todas sus criaturas.
Muchas de las narraciones de las Escrituras tras este suceso
recogen la historia de los seres humanos que repiten los movimientos erráticos de nuestros primeros padres, intentando
apropiarse de Dios y escondiéndose de Él, intentando mani-
pularlo o bien huyendo de él. Ambas tácticas son imposibles
y, por tanto, resultan moral, sicológica y espiritualmente frus-
trantes. A lo largo de toda la Biblia Dios intenta alejarnos de
estas actitudes desesperantes y conducirnos hacia la amistad
con Él.

El lenguaje teológico de la tradición no solo clarifica nuestras mentes en referencia a Dios, sino que también ordena
nuestros espíritus de manera apropiada. Parte del genio de
la teología católica es que emplea una serie de palabras para
designar la trascendencia de Dios para así evitar la tentación
de apropiarnos de Él, y también emplea una variedad de palabras para designar la inmanencia de Dios para contrarrestar
así nuestra tendencia a escondernos de Él. Revisemos en primer lugar algunos de los nombres de Dios que se contrapo-
nen a nuestra tendencia de apropiación. Los grandes teólogos
hablan de la infinitud de Dios, refiriéndose a que Dios no
es definible y que no se parece a las cosas particulares de
este mundo; de manera similar, hablan de la inmensidad de
Dios, que sencillamente se refiere a la inconmensurabilidad
de Dios. También afirman que Dios es eterno, indicando
así no que Dios persiste eternamente, sino que Dios existe
fuera del tiempo. También aseveran que Dios es inmutable,
lo que equivale a decir que no se caracteriza por la muta-
bilidad propia de las criaturas. Es importante remarcar que
todas estas atribuciones poseen muy poco contenido positivo.

Puedo afirmar que Dios es indefinible, pero eso solo significa que Él es distinto a cualquier otro objeto de mi experiencia; puedo afirmar que Dios está fuera del tiempo, pero eso significa que no tengo ni idea de qué es Dios en un sentido positivo, pues todas mis experiencias son necesariamente temporales; puedo afirmar que Dios no cambia, pero si trato de imaginármelo resultará imposible puesto que nunca he experimentado algo que no esté sujeto al cambio. Me gustaría profundizar un momento en este último ejemplo, pues ha sido el origen de bastante controversia en años recientes. Algunos pensadores objetaron la afirmación de que Dios es inmutable, sosteniendo que este atributo haría de Él algo frío e incapaz de responder, un Dios muy distinto al que aparece descrito en la Biblia. Pero el hecho es que no podemos llegar a esta conclusión a partir de la aserción de la inmutabilidad de Dios, pues lo único que se nos está diciendo es que Dios no cambia al modo de las criaturas, es decir, pasando de la potencialidad a la actualidad. En realidad no nos dice absolutamente nada sobre el modo de ser divino en sí mismo. En definitiva, todas las cualidades que hemos considerado hasta el momento sirven para contrarrestar la tendencia a intentar apropiarnos de Dios. Tomás de Aquino observaba que en esta vida realmente no conocemos lo que Dios es, sino solo aquello que Dios no es.

Por otro lado, si enfatizamos exclusivamente la trascendencia de Dios, podemos caer en la trampa espiritual de escondernos de Dios, y nos encontraríamos junto con Adán y Eva en la maleza del Jardín. Por cierto, el secularismo moderno puede en gran parte ser interpretado en este sentido: por primera vez en la historia se está gestando una cultura en la que la indiferencia hacia Dios parece normativa. Ahora bien, los teólogos recurren a otra serie de nombres para designar el carácter ineludible de Dios. Hablan, por ejemplo, de la omnipotencia de Dios. Con esto no quieren decir que Dios sea el ser más poderoso que existe, sino que Dios, al ser el fundamento de toda existencia, no deja de estar presente en todas las cosas con un poder incondicionado. De manera similar, afirman que Dios es omnisciente. De nuevo, esto no quiere decir que Dios sea el ser más inteligente que exista, sino que Dios conoce la totalidad del universo y lo ha llevado a la existencia y, por tanto, está personal e ineludiblemente presente en cada uno de sus aspectos. Mientras que para nosotros la existencia precede al conocimiento (conocemos las cosas porque son), para Dios el conocimiento precede a la existencia (las cosas son porque Él las conoce). Los teólogos hablan también de la omnipresencia de Dios, pero esta nunca debe entenderse como si Dios fuese una especie de vaga "fuerza" o "energía" como la referida por los seguidores de la Nueva Era. Más bien significa que Dios trasciende cualquier espacio particular y que, por tanto, podemos considerarlo estando presente en todo espacio. Estos atributos sagrados contrarrestan nuestros intentos por evadir a Dios, ya sea cuando afirmamos nuestro poder (pues Él es más poderoso), cuando nos recluimos en nuestro interior (pues Él nos conoce mejor que nosotros mismos), o cuando intentamos huir de Él (pues no hay lugar en el que Dios no se encuentre).

Las catedrales góticas de la Edad Media expresaron en piedra y vidrio la elocuente ambigüedad que surge al asignarle atributos a Dios. Me gustaría dirigir su atención —por dar un ejemplo— a la gigantesca catedral que se alza sobre el río Rin en Colonia, Alemania, y que domina hasta nuestros días el horizonte de la ciudad. Cada línea exterior del edificio apunta dramáticamente hacia el cielo, pues la lógica de toda la estructura obliga al espectador a dirigir su mirada a las alturas, mientras resulta difícil captarla por las enormes dimensiones del edificio. Personalmente puedo dar testimo-

Catedral de Colonia, Alemania.
DENIS R. MCNAMARA

nio de que cuando se intenta abarcar sus dimensiones se experimenta vértigo. Todo esto nos habla de la trascendencia, extrañeza y radical otredad de Dios. El edificio nos hace ver que cualquier idea que tengamos de Dios ha de ser desechada por inadecuada; la catedral nos invita a que siempre veamos aún más alto. Pero la misma Catedral de Colonia que tan sugestivamente nos hablaba de la trascendencia de Dios también revela de manera fascinante la inmanencia divina. A lo largo y ancho de toda la superficie de la estructura —pero especialmente en torno a los pórticos— el espectador observa plantas, animales, árboles, planetas, el sol y la luna, ángeles, demonios y santos: toda la colección de la creación tanto natural como sobrenatural vivamente representada. Todas estas

Catedral de Colonia, detalle, Alemania. DENIS R. MCNAMARA

criaturas tienen que ver con Dios, y Dios tiene que ver con todas ellas. "Los cielos proclaman la gloria de Dios", al igual que las cosas que se deslizan bajo la tierra y los espíritus invisibles. Dios está sacramentalmente presente en toda la complejidad de la creación. En pocas palabras, la Catedral nos indica a un tiempo que Dios "está" y "no está" ahí. Cuando comprendemos esta tensión alcanzamos un entendimiento más adecuado de Aquel que es.

EL CREADOR PROVIDENTE

Una de las ideas bíblicas más básicas es que Dios es el Hacedor de todas las cosas. Las primeras líneas del libro del Génesis hablan no tanto de la naturaleza de Dios, sino de la acción creadora de Dios: "Al principio Dios creó el cielo y la tierra" (Gén. 1:1). Ahora bien, surge una interrogante sobre esta acción primordial de Dios: ¿por qué lo hizo? Si Dios es Dios, es decir, si es el acto perfecto de ser y está absolutamente satisfecho por su propia naturaleza, ¿por qué hubo de molestarse en crear las cosas? Contestar esta pregunta implica acercarnos de una manera mucho más espiritual al fondo de la cuestión. Precisamente por el hecho de que Dios no necesita del mundo, la existencia de este es un signo de que ha sido amado y así llevado a la existencia. Recordemos que amar es desear el bien del otro como otro. Como Dios no necesita de nada, todas sus intenciones y actividades están dirigidas absolutamente hacia el bien del otro. El Dios perfecto *no* sigue intereses egoístas, por tanto, la manera en que se relaciona con el universo que ha creado es amándolo. Siguiendo a Platón, un teólogo cristiano de la antigüedad llamado Dionisio el Areopagita afirmaba que el bien es difusivo de sí mismo; por ello Dios, quien es infinitamente bueno, expresa su bondad al mundo de manera natural y copiosa. Los padres del Concilio Vaticano Primero repitieron las palabras de Dionisio al decir que Dios hizo el mundo no por necesidad, sino para "manifestar su gloria" y para compartir su vida y perfección. Lo que observamos en las vidas de los santos es una representación de esta forma divina completamente generosa de relacionarse con el otro.

Si Dios es el acto de *ser* mismo, entonces la creación de Dios debe ser *ex nihilo*, de la nada. Para comprender esta idea tal vez resulte útil proponer un contraste. Cuando un artista esculpe una escultura, empieza con mármol o arcilla y luego le da forma a esa sustancia para convertirla en algo estéticamente atractivo. Cuando un *chef* prepara un platillo, combina agua, carne, vegetales, especias y salsas hasta hacer un guiso sabroso. Ambos agentes están haciendo algo *a partir de* algo; están reordenando de un modo creativo un sustrato preexistente. Pero Dios, la plenitud misma del ser, no opera de esta manera; Él no da forma a otra sustancia o materia, sino que lleva al ser absolutamente todo lo que existe fuera de Él enteramente a partir de la nada. Hay muchas consideraciones que hacer en torno a esta verdad. Primero, no es que las criaturas *tengan* una relación con Dios, sino que más bien las criaturas *son* una relación con Dios. Nada de la criatura puede existir independientemente o antes del acto creativo de Dios, y por tanto ninguna criatura puede estar por encima o en oposición a Dios, sino solo *en* una relación con Él. Por el contrario, todo aspecto del ser de la criatura ya está constituido en la voluntad creativa de Dios. Es por esto que Meister Eckhart, el gran místico medieval, afirmaba que la mejor metáfora para la vida espiritual no es la de subir una montaña sagrada para llegar hasta un Dios distante, sino más bien "sumergirse en" Dios.

Segundo, todas las criaturas están vinculadas entre sí por los nexos más profundos, precisamente porque toda criatura surge, aquí y ahora, del acto creativo de Dios. Cuando uno encuentra su núcleo más profundo en Dios, necesariamente descubre lo más radical del otro y de cualquier criatura, incluyendo al "hermano sol y la hermana luna", como los llamó san Francisco.

Tercero, la creación a partir de la nada es un acto no violento. En gran parte de la tradición mitológica, la creación ocurre a través de un acto primitivo de violencia, donde un dios vence a otro, o una serie de dioses luchan contra sus rivales. En muchas ocasiones el universo físico es descrito como las ruinas que quedan tras vencer al enemigo. Incluso en los relatos filosóficos más refinados de Platón y Aristóteles, el universo se forma a partir de la imposición de la forma en una materia indómita. Pero no encontramos nada de esto en la concepción cristiana. Dios no lucha con un rival hasta someterlo, pues no tiene rival alguno; tampoco interviene dando forma a la materia de acuerdo a sus designios agresivos, pues no hay materia que se oponga a Él. Más bien, a través de la acción de su palabra, que no es intrusiva, represiva ni violenta, Dios engendra toda la realidad finita: "Hágase la luz, y se hizo la luz (...) que se reúnan en un solo lugar las aguas que están bajo el cielo, y que aparezca el suelo firme (...) que la tierra produzca vegetación, hierbas que den semilla y árboles frutales (...) y así sucedió" (Gén. 1:3, 9, 11). Ahora podemos apreciar las raíces más profundas de la ética de la no violencia proclamada por Jesús en el Sermón de la Montaña. Aunque podría resultarle absurdo a nuestras mentes pecadoras, el precepto de amar a nuestros enemigos y oponer resistencia al mal a través de la no violencia implica seguir el ritmo metafísico más fundamental del mundo. Este Dios que continuamente crea el universo a partir de la nada también debe ser descrito como providente. El punto de vista deísta —que ha estado presente tanto en tiempos clásicos como modernos y que prevalece especialmente en nuestros días— indica que Dios es el ordenador del universo, pero sólo de un modo distante, como origen de las leyes y la estructura básica del universo. Pero la teología cristiana no tiene nada que ver con el deísmo. En cambio, sigue lo que se sostiene en el libro de la Sabiduría, donde se habla del poder de Dios "que despliega su fuerza de un extremo a otro y todo lo ordena con dulzura" (Sb. 8:1). Dios no es un director de empresa celestial que se dedica a administrar los asuntos terrenales desde una distancia antiséptica; Él mantiene al mundo en la palma de su mano, involucrándose en asuntos de mucha y poca monta. Tomás de Aquino sintetizó esta perspectiva bíblica cuando dijo que la providencia de Dios "se extiende a los particulares". Ahora bien, para dar a los deístas el crédito que se merecen, la insistencia puesta en la particularidad de la providencia de Dios parece amenazar la independencia e integridad del orden creado, pues si Dios se cierne meticulosamente sobre toda la realidad y observa cada detalle, ¿cómo podemos entonces hablar siquiera de la libertad o del azar? Un tratamiento completo de esta cuestión teológica —una de las más espinosas— requeriría de un libro completo, pero para nuestros propósitos solo quiero dirigir la atención del lector nuevamente hacia la relación no competitiva que Dios mantiene con el mundo. La creatividad de Dios y su providencia son expresiones necesarias del amor divino y, por tanto, del "dejar ser" al otro. El Dios providencial no es una gran causa entre muchas, algo que interfiere con el nexo de las causas condicionadas. Recordemos el lenguaje empleado en el libro de la Sabiduría, acerca de con cuánta "dulzura" Dios ejerce su poder, operando precisamente *a través* del ámbito de las causas secundarias. Tal vez logre ilustrar esto con un ejemplo sencillo: si se nos preguntara cómo hacer un pastel de cereza, tal vez podríamos decir, "mezcla cerezas, azúcar, harina, agua, mantequilla, la habilidad del cocinero y el calor del horno". Ni siquiera el creyente religioso respondería "mezcla cerezas, azúcar, harina, *Dios*, agua, mantequilla, la habilidad del cocinero, y el calor del horno". Dios no es una causa entre muchas, sino la razón de que en primer lugar existan cerezas, harina, agua, mantequilla, cocineros y demás. Por tanto, es precisamente a través de estas causas, y no compitiendo con ellas, que Dios providente ejerce sus designios.

EL PROBLEMA DEL MAL

Me doy cuenta perfectamente de que, tanto aquellos que simpatizan conmigo y han seguido hasta ahora la lógica de mi argumentación, como aquellos que están predispuestos a creer en Dios y su providencia, ciertamente podrían objetarme a partir de la abrumadora presencia del mal. Para plantear el problema de manera simple, si Dios realmente existe, ¿cómo es entonces posible que haya tanta maldad, corrupción y sufrimiento en el mundo? En el siglo XIX, el filósofo británico John Stuart Mill formuló esta objeción de la siguiente manera: si existe un Dios omnisciente, omnipotente y omnibenevolente, entonces no cabría el mal, pues en su omnisciencia lo conocería, en su omnipotencia podría hacer algo para evitarlo y en su omnibenevolencia querría hacer algo al respecto. Por tanto, si existe el mal (y claramente existe), entonces un Dios con estas características simplemente no existe. En el siglo XIII, Tomás de Aquino estableció este mismo dilema de forma más concisa. Si uno de dos contrarios es infinito, argumentaba Tomás, el otro debe quedar absolutamente destruido; sin embargo, Dios es llamado el bien infinito. Por tanto, si Dios existe no debería haber mal. Para poner en juego y poder comprender el sentido de esas observaciones abstractas, comencemos por traer a la mente las imágenes espectrales de Hiroshima, los campos de matanzas de Cambodia, los cientos de miles de personas asesinadas en las masacres de Rwanda, un niño que muere de leucemia y los horrores de Auschwitz-Birkenau. ¿Cómo puede siquiera plantearse la reconciliación entre todo ese sufrimiento —que, desde luego, es solo una pequeña muestra de toda la agonía sufrida por los miembros de la raza humana a lo largo de la historia— con la existencia de un Dios amoroso y providente? Todos estos son argumentos extremadamente poderosos y que a mi parecer constituyen el único reto realmente serio que pondría en entredicho la existencia de Dios.

Hay tres posibles caminos no tanto para resolver el problema, sino para "disolverlo". El primero es el del ateísmo: si no hay un Dios, entonces el dilema del mal simplemente desaparece y no hay nada que explicar. El segundo es un teísmo mitigado, que afirmaría que Dios realmente no es Dios. Siguiendo la guía de algunos teólogos populares, hoy en día son

Auschwitz. WORD ON FIRE

muchos los que afirman que Dios en efecto es bueno y que todo lo sabe, pero que no es todopoderoso. Por tanto, a pesar de que conoce nuestro dolor y simpatiza profundamente con lo que nos ocurre, en definitiva no puede hacer mucho por evitarlo. Y el tercer camino para disolver la cuestión consiste en afirmar que el mal realmente no es mal, como se puede apreciar en las afirmaciones budistas de que el sufrimiento es una ilusión nacida de nuestro enojoso egoísmo. Todas estas "disoluciones" son, a mi juicio, salidas demasiado fáciles, pues no toman con suficiente seriedad los dos extremos del dilema: por un lado, la existencia de un Dios merecedor de dicho nombre y, por el otro, la presencia objetiva del mal. Hemos de esforzarnos para encontrar una respuesta más profunda.

Cierto es que toda "respuesta" que cualquier teólogo pudiera dar a estas cuestiones existenciales tan fundamentales necesariamente será inadecuada, pero creo que es posible al menos comenzar a encaminarnos hacia una solución. La primera observación por hacer es que el mal, estrictamente hablando, no existe, ya que el mal es siempre una especie de privación del bien, una falta de la perfección que debería estar presente. Así, por ejemplo, hablamos de la cavidad en un diente, o de un cáncer que altera el funcionamiento correcto de un órgano, o de la desviación de la voluntad que conduce al mal. Por lo tanto, nunca resulta acertado considerar a Dios como si estuviera "causando" o "creando" el mal, o imaginarse el mal al modo de los maniqueos, es decir, como si el mal fuera una especie de oponente que se interpusiera entre Dios y sus designios. Debemos hablar más bien de Dios permitiendo o dejando que ciertos males surjan. Pero esta afirmación parece posponer la pregunta más que responderla. ¿Por qué Dios "permitiría" un nivel tal de corrupción en su creación? La respuesta clásica, articulada por Agustín, Tomás de Aquino y todo un batallón de seguidores, es que Dios permite el mal para obtener de ahí mayores bienes. Ciertamente podemos ver cómo este principio se verifica en muchos casos. Una gran desgracia —una enfermedad grave, un fracaso en los negocios, la pérdida de un ser amado— puede convertirse con el tiempo en un bien que nunca hubiera surgido de no haber sido por y a través de aquella desgracia. Como reza el dicho popular, Dios escribe derecho con renglones torcidos. Sin embargo, cuando nos enfrentamos a las formas más profundas del mal, ¿no resulta esta explicación un tanto superficial?

Los autores bíblicos defienden este argumento clásico al

tiempo que comprenden su ambivalencia, algo particularmente evidente en el libro de Job. Leemos sobre Job, un hombre absolutamente honrado que, en un abrir y cerrar de ojos
pierde todo lo que ama: familia, profesión, riqueza y salud.
Tras el desastre, tres amigos suyos se sientan solidariamente
en silencio con él y lo acompañan durante siete días. Pero
luego comienzan a teologizar. Al seguir los señalamientos de
la tradición bíblica, intentan convencer a Job de que, para
haber merecido semejante castigo divino, él tuvo que haber
pecado de alguna manera. Y, de acuerdo con el principio
que hemos estado defendiendo, suponen que Dios está permitiendo el terrible mal del sufrimiento de Job para obtener
el bien mayor del arrepentimiento. Pero Job sabe (y nosotros
como lectores lo sabemos) que de hecho él es inocente, y por
tanto rechaza las especulaciones teológicas de sus amigos y,
con una osadía inaudita, exige a Dios Creador que dé la cara
y le ofrezca una explicación. En ese momento Job habla por
todo creyente que haya sufrido alguna vez injustamente.

En una de las escenas más dramáticas de la Biblia, Dios
habla desde un torbellino en el desierto. "¿Quién es este que
oscurece mis designios con palabras sin sentido? ¡Ajústate el
cinturón como un guerrero: yo te preguntaré, y tú me instrui-
rás!" (Job 38:2-3). Dios toma luego a Job y lo transporta en
un viaje por el cosmos, mostrándole a su interlocutor humano
misterio tras misterio, maravilla tras maravilla, fenómeno
tras fenómeno. "¿Dónde estabas cuando fundé la tierra? (...)
¿Quién determinó su tamaño, lo sabes? (...) ¿Y quién cerró con
dos puertas el mar cuándo desbordaba del seno materno (...)?
¿Cuál es el camino hacia el lugar donde habita la luz y dónde
está la morada de las tinieblas?" (Job 38:4-5, 8, 19). El discurso de Dios culmina con una evocación de dos grandes
bestias, Leviatán y Behemoth, tal vez refiriéndose a la ba-
llena y al hipopótamo. Deleitándose como un artista, Dios

describe el poder y la belleza de estos animales. En referencia a Leviatán, dice que "Cualquier esperanza de capturarlo quedaría defraudada (...) ¿No es demasiado feroz para excitarlo? ¿Quién podría resistir ante él?" (Job 41:1-2); y en referencia a Behemoth, se regocija exclamando "¡Cuánta fuerza hay en su lomo, qué vigor en los músculos de su vientre! (...) Vino al comienzo de las obras de Dios" (Job 40:16, 19). Dios hizo estas criaturas tal y como hizo a Job, y aunque Job probablemente nunca antes en su vida había considerado siquiera a Behemoth y a Leviatán, estos, al igual que Job, son elementos del intrincado tejido de la providencia divina. El punto central del discurso de Dios parece ser este: el sufrimiento de cualquier persona debe ser visto en el contexto del sutil despliegue de los designios divinos a lo largo de todo el tiempo y todo el espacio. En un universo de incontables individuos, eventos y relaciones, ciertos bienes solo pueden emerger cuando están en equilibrio con ciertos males, o para decirlo de una manera un poco más precisa: tanto el bien como el mal son términos relativos dentro de este ambiente extremadamente complejo. Como lo expresó Tomás de Aquino, no habría vida en el león de no ser por la muerte de un enorme número de otros animales, y no habría virtud para el mártir sin la crueldad del tirano.

Una de las pinturas más admirables de la colección del Instituto de Arte de Chicago es la obra maestra puntillista *Una tarde de domingo en la isla de La Grande Jatte* de Georges Seurat. La pintura está compuesta por millones de pequeños puntos de color que Seurat aplicó en el lienzo con largos pinceles mientras se sentaba en lo alto de un banco. Si viéramos la pintura con nuestra nariz pegada al lienzo, solo percibiríamos una serie de manchas sin sentido, pero conforme uno se aleja del cuadro los puntos empiezan a mezclarse formando figuras, grupos y patrones. Solo cuando se observa desde el

Una tarde de domingo en la isla de La Grande Jatte *de Georges Seurat (Art Institute of Chicago).* WORD ON FIRE

lado opuesto de la sala puede apreciarse la pintura como una unidad en magnífica armonía. Dios es semejante a un pintor, y su lienzo es la totalidad del espacio y del tiempo. La mayoría de nosotros contempla su obra maestra con la nariz pegada contra el lienzo, viendo por tanto solo una diminuta franja de todo el conjunto, y nos preguntamos cómo es que esos escasos puntos —algunos luminosos y muchos oscuros— pueden siquiera tener sentido. El discurso que Dios dirige a Job podría ser interpretado como la súplica de un artista que pide que su obra se contemple desde la perspectiva adecuada. Quisiera proponer otra analogía entre estas líneas, aludiendo a William James y su perro. En un ensayo que escribió al final de su vida, este gran filósofo norteamericano mencionaba a su perro, que al final de la jornada solía entrar a la oficina de su dueño para recibir una palmadita en la cabeza. El animal, como explica James, miraba alrededor de la habitación atiborrada con miles de libros en las estanterías, montones de papeles que cubrían el escritorio y un globo terráqueo colocado en una esquina. El perro seguramente vería todo aquello, pero entendería muy poco. Y si James se hubiera puesto a explicar el significado de todas esas cosas —que los libros eran colecciones de símbolos que evocaban ideas, que los papeles, siguiendo un sistema semiótico similar, transmitían mensajes inteligentes, que el globo terráqueo era una representación del planeta esférico que ambos habitaban—, el animal simplemente lo miraría con una expresión de absoluta falta de comprensión. Pero luego se le ocurrió a James que nosotros mantenemos una relación similar con una mente superior. ¿Es posible que, como el perro, miremos todo lo que puede verse, pero que en realidad solo lo *comprendamos* de una forma muy superficial? Y, ¿no sería posible que, dada la limitada capacidad de la mente humana, esta inteligencia superior comenzara a explicarnos el significado más profundo de las cosas?

¿Todavía insatisfechos? Bien. A pesar de que todas estas imágenes, perspectivas y reflexiones son iluminadoras, ninguna "resuelve" en su totalidad el problema de cómo reconciliar a un Dios de amor con un universo atormentado por el mal. Para la fe cristiana, la única "solución" adecuada a este dilema es aquella efectuada por Dios mismo en la Cruz de Jesucristo. En esa Cruz, la oscuridad de la condición humana se encontró con la plenitud del amor divino y fue transfigurada en vida. En esa Cruz, Dios llegó a los límites del abandono de sí mismo, e hizo de la misma muerte un lugar de esperanza. Dios, en su amor, *se convierte* en la respuesta al problema del mal.

LA TRINIDAD

Hasta ahora casi todo lo que hemos dicho sobre Dios en este capítulo podría ser repetido por un fiel judío o musulmán, quienes comparten con nosotros la creencia en un único Dios. Entonces, ¿qué es exactamente lo que distingue a la doctrina cristiana de Dios? La respuesta se encuentra cada vez que hacemos la señal de la cruz e invocamos a las tres Divinas Personas, el Padre, el Hijo y el Espíritu Santo. Estamos indicando que Dios es uno, pero no de manera monolítica, sino que en su unidad es una comunión, una familia de amor.

¿De dónde proviene esta doctrina? Como siempre ocurre con las enseñanzas cristianas, tenemos que remontarnos a Jesús. Jesús conscientemente se refería a sí mismo como alguien que había sido enviado por su Padre; y a este respecto no habría sido muy diferente de, digamos, Abraham o Moisés o Isaías. Pero como ya se explicó en el primer capítulo, hay algo que distingue a Jesús de estas figuras: en definitiva, que habló y actuó en la persona misma de Dios. Por lo tanto, Jesús fue enviado por otro a quien él reconocía como divino, siendo él mismo divino. El Padre era claramente otro, distinto del Hijo al que había enviado; sin embargo, el Hijo podía decir, "Yo y el Padre somos uno" (Jn. 10:30). Y todo parece complicarse más cuando, durante la Última Cena, Jesús prometió a sus discípulos que él y su Padre enviarían a un "abogado", un Espíritu que dirigiría a la Iglesia hasta la plenitud de la Verdad. Fue este "aliento" (*pneuma*) el que durante el primer Pentecostés sopló sobre su Iglesia, sostuvo a las primeras comunidades cristianas y trajo vida deificante a los que creían en Jesús: "nadie puede decir 'Jesús es el Señor' si no es impulsado por el Espíritu Santo" (1 Cor 12:3). Ahora bien, los primeros creyentes eran todos judíos, formados estrictamente en el monoteísmo de Israel y eran también defensores apasionados del gran Shemá, la declaración de fe judía del capítulo sexto del libro del Deuteronomio: "Escucha, Israel: el Señor, nuestro Dios, es el único Señor". Sin embargo sabían que el único Dios había revelado algo nuevo sobre sí mismo mediante Jesús y el Espíritu Santo. San Juan resumió esta novedad mejor que ningún otro pionero de la fe cristiana en una sencilla declaración en su primera Carta al afirmar que "Dios es amor". Con ello no estaba defendiendo la proposición de que Dios *tiene* amor, o que el amor *es uno* de los atributos divinos; lo que sostenía era que el amor da nombre a la esencia misma de Dios. Y esto significa que Dios es, en su propia vida, una interrelación entre amante (el Padre), amado (el Hijo) y el amor compartido entre ellos (el Espíritu Santo).

La Biblia de esta forma legó a la gran tradición una tensión, un dilema: ¿cómo integrar al Shemá con la afirmación de que Dios *es* amor? Durante los primeros siglos de la vida de la Iglesia, algunas de las mentes mayores tanto de Oriente como de Occidente se esforzaron por dilucidar el balance correcto entre ambas aseveraciones. La discusión osciló entre los polos del triteísmo (la creencia en tres dioses), y el monarquianismo (la creencia en la suprema unidad de Dios), y no se alcanzó una resolución satisfactoria hasta el siglo IV, cuando tres brillantes teólogos de Asia Menor —Basilio, Gregorio Nacianceno y Gregorio de Nisa— y un gran genio del norte de África —Agustín de Hipona— unieron su poder de reflexión en torno a esta cuestión. Por razones de extensión del presente capítulo, sólo podré considerar someramente las meditaciones de Agustín.

A lo largo de veinte años, durante su auge intelectual, Agustín escribió *De Trinitate* (Sobre la Trinidad), un texto con el que buscaba clarificar y explicar la doctrina de la Iglesia que sostiene la existencia de un solo Dios en tres personas distintas. En el libro noveno de ese texto, Agustín ofrece una analogía sorprendentemente iluminadora de la Trinidad, que durante siglos ha tenido gran influencia en otros teólogos. Inspirado por el libro del Génesis, Agustín especuló que, a pesar de que todas las cosas reflejan a la Trinidad en distinto

Iglesia de Santa Mónica & San Jorge, detalle, Cincinnati.
DENIS R. MCNAMARA

grado, su mejor modelo es la propia persona humana, hecha "a imagen y semejanza de Dios". Cuando nos volcamos en nuestro interior —y Agustín era uno de los grandes maestros de la introspección— nos encontramos, como él decía, con un espejo de la Trinidad en la propia dinámica de la conciencia humana. Los cimientos del intelecto, la misteriosa fuente de la que toda la actividad intelectual emana, es lo que Agustín llamó *mens*. Sería erróneo traducir esto simplemente como "mente", pues su significado se reduce drásticamente. *Mens* es más cercano al francés *esprit*, o al alemán *Geist*, que designan todo un espectro de energía espiritual. La *mens* es capaz de duplicar o reflejar su actividad, disponiéndose de esta manera a sí misma como su propio objeto de contemplación. Esto es lo que Agustín llama *notitia sui* o autoconocimiento. A pesar de que suena bastante abstracto, todos podemos reconocer la *notitia sui* cuando decimos, "¿Qué estaba pensando?", o cuando hacemos algún ejercicio de introspección dirigidos por un terapeuta o consejero, buscando nuestros motivos y haciendo conscientes nuestros impulsos, que en muchas ocasiones permanecen inconscientes. Así, la *mens* se enamora cuando llega a su autoconciencia a través de la *notitia sui*. Nuevamente, esto lo percibimos cada vez que, a través de la introspección o la consejería alcanzamos una comprensión más rica de nosotros mismos y experimentamos de esta manera un nivel más profundo de aceptación de nosotros mismos. Lo que resulta fascinante para Agustín sobre esta dinámica es que a pesar de que sus componentes están separados unos de otros, a pesar de que pueden ser claramente distinguidos entre sí, no constituyen un desdoblamiento o división de la mente en tres. Por ejemplo, cuando digo "¿Qué estaba pensando?", ciertamente puedo distinguir la *mens* de la *notitia sui*, pero no por ello estaré cayendo en la esquizofrenia.

Esta tensión entre distintos elementos es lo que hace apropiada la analogía. El Padre, sostenía Agustín, es la *mens* de Dios, el fundamento más elemental y misterioso de la vida divina. El Padre es capaz de un perfecto y absoluto acto de darse al otro. El espejo o la Palabra del Padre, su *notitia sui*, es el Hijo. Cuando Padre e Hijo se contemplan uno al otro, cuando intercambian recíprocamente su amor mutuo, entonces hablamos del *amor sui* de Dios, o del Espíritu Santo. De esta manera tenemos tres dinamismos, pero no tres Dioses; tenemos a un amante, un amado y un amor compartido, dentro de la unidad de una única sustancia, no una suma de uno más uno más uno que da por resultado tres, sino una multiplicación de uno por uno por uno que resulta en uno.

El Dios único de Israel —"Yo soy el que soy"— es un juego de relaciones subsistentes —"Dios *es* amor"—, y así descubrimos que el significado más profundo del verbo "ser" es "amar". Fue el Hijo, el amado del Padre, quien se encarnó en Jesús, mientras que el Espíritu Santo, el amor intercambiado recíprocamente entre Padre e Hijo, fue el que vino a habitar en la Iglesia. Por tanto, la misión de la Iglesia es hacer realidad en el mundo el amor que Dios es.

Iglesia del Gesù, detalle, Roma. WORD ON FIRE

Capítulo 4

LA SOLITARIA PRESUNCIÓN DE NUESTRA NATURALEZA CAÍDA: MARÍA, LA MADRE DE DIOS

A PRINCIPIOS DEL SIGLO I, EN UNA HUMILDE CASA DEL PEQUEÑO pueblo galileo de Nazaret, un ángel se apareció a una joven israelita de entre catorce y quince años de edad y sostuvieron una conversación extraordinaria. El ángel la saludó diciendo: "¡Alégrate!, llena de gracia, el Señor está contigo". (Lc. 1:28). Como suele ocurrir cuando un ángel se aparece, esta joven estaba sobresaltada. "No temas", le dijo el ángel, "porque has

La Anunciación *de Fra Angélico* (*Prado, Madrid*). WORD ON FIRE

hallado gracia delante de Dios. Concebirás y darás a luz un hijo, y le pondrás por nombre Jesús" (Lc. 1:30-31). Cuando ella preguntó cómo sería esto posible, dado que no había tenido encuentro sexual alguno, el ángel le explicó, "El Espíritu Santo descenderá sobre ti y el poder del Altísimo te cubrirá con su sombra. Por eso el niño será Santo y será llamado Hijo de Dios" (Lc. 1:35). Y la joven respondió a este asombroso mensaje con absoluta sencillez: "He aquí la esclava del Señor, hágase en mí según tu palabra" (Lc. 1:38). Y con esto el ángel se marchó.

Esta joven israelita ha cautivado a los más sobresalientes poetas de Occidente, desde Dante hasta T. S. Eliot; también ha sido motivo de las pinturas de los grandes maestros, desde Fra Angélico y Miguel Ángel, hasta Rembrandt y El Greco; millones de personas han visitado sus santuarios a lo largo de los siglos pidiéndole ayuda, acudiendo a ella como su madre. La han llamado Reina de todos los santos, Reina de los ángeles y Reina de los Cielos. Y una y otra vez ha sido invocada con las palabras de la oración más hermosa y sencilla de la tradición católica: el Ave María.

¿Por qué ha tenido este impacto tan asombroso? La mejor respuesta se halla en el encuentro angélico donde la esencia del drama bíblico se destila. Presenciamos la naturaleza de Dios manifestándose por medio de una invitación delicada y no violenta. En las historias de la tradición mitológica observamos en repetidas ocasiones cómo los dioses intervienen en los asuntos humanos de manera enérgica, irrumpiendo al modo de una violación. Pero en la dulce invitación del ángel de la Anunciación presenciamos algo absolutamente diferente. La libertad y la dignidad de María fueron respetadas, y se le invitó a satisfacer su curiosidad; ella fue, por así decirlo, cortejada por el mensajero celestial. También observamos en la Virgen María a un ser humano completo. A los Padres de la Iglesia les gustaba comparar a María, la Madre de Dios, con Eva, la madre de los hombres. En el momento decisivo, Eva tomó el fruto del árbol del conocimiento del bien y del mal y sucumbió a la tentación de apropiarse de la divinidad, cometiendo así el pecado original. ¿Por qué Dios había prohibido comer de ese fruto? La serpiente presenta a Dios como un

La Anunciación *de Leonardo da Vinci (Museo de Uffizi, Florencia).*

rival competitivo que envidia a sus criaturas y que no desea que los hombres "sean como Él al conocer el bien y el mal"; sin embargo, sabemos que el demonio es el padre de la mentira. De hecho, Dios prácticamente había dado a nuestros primeros padres rienda suelta en el Jardín, y los había invitado a comer de todos los árboles excepto de uno. Este generoso permiso es una expresión simbólica del deseo de Dios de que ejerzamos nuestras capacidades al máximo. Los Padres de la Iglesia vieron en el Jardín del Edén y su gran belleza un signo de todas las posibilidades y oportunidades disponibles para nosotros: política, filosofía, arte, ciencia, amistades y demás. Entonces, ¿por qué la prohibición? Dios prohibió comer de ese árbol particular no porque Él fuera nuestro rival, sino precisamente porque quería que nos enamoráramos de Él.

Cuando dos personas se conocen y se sienten mutuamente atraídas, emplean su razón y sus facultades perceptivas y analíticas para valorarse mutuamente. No hacerlo sería irresponsable. Sin embargo, su relación solo crecerá en la medida en que finalmente se entreguen uno al otro; como dice la frase, deben "caer enamorados". Observamos algo similar en las artes. John Coltrane, Eric Clapton y Daniel Barenboim —grandes maestros de sus respectivos instrumentos— han comentado que interpretan mejor cuando permiten que los instrumentos "se interpreten" a ellos mismos, cuando ceden el control y dejan que la música se apodere de ellos. Dios no tiene ningún interés en dominarnos. Más bien, Dios quiere que entablemos con Él una relación en la que empleemos toda nuestras energías intelectuales y morales; en definitiva, Dios desea que nos dejemos llevar y que nos enamoremos de Él. Esta es la razón por la que se le prohibió a Adán y a Eva apropiarse de la prerrogativa exclusivamente divina del conocimiento del bien y del mal: Dios no deseaba que sus vidas fueran pobres, sino precisamente que alcanzaran su plenitud.

Con esta aclaración en mente, volvamos con aquella joven de Nazaret. Ni la integridad, ni la libertad ni la inteligencia de María fueron negadas durante la conversación que sostuvo con el ángel, pero cuando reconoció que su entendimiento había llegado al límite, libremente se entregó al poder cautivador de Dios. A pesar de que apenas comprendía todo lo que implicaría esta rendición, dijo, "He aquí la esclava del Señor". Y al añadir obedientemente "Hágase en mí según tu palabra", revirtió la desobediencia de Eva cuando esta intentó apropiarse de la divinidad. Por esta razón muchos ilustradores y comentadores medievales —quienes amaban tanto los paralelismos, las rimas y los ecos en la Biblia— imaginaron que el *Ave* ("alégrate") del ángel era el reverso del nombre de Eva. Con base en este saludo del ángel, *"Kecharitomene"*, María ha sido llamada "llena de gracia", (*charis* es la palabra griega para "gracia"), lo que significa básicamente que ella es alguien profundamente dispuesta a recibir dones. De esta manera, se convirtió en la nueva Eva, la madre de todos aquellos que volverían a nacer por haber ella permanecido abierta a recibir la vida de Dios como un don.

LA VERDADERA ISRAELITA

Pasemos ahora de la humilde casa de Nazaret donde ocurrió la Anunciación, a uno de los recintos más suntuosos y hermosos del mundo, la Catedral de Chartres. Como casi todas las otras catedrales góticas que surgieron en Francia entre los siglos XII y XIII, Chartres está dedicada a *Notre Dame* (Nuestra Señora). En su magistral obra *Mont-Saint-Michel & Chartres*, Henry Adams sostiene que en la Edad Media se veía a Chartres no solo como un edificio dedicado a María, sino que se percibía en un sentido real como el lugar en el que María habitaba e, incluso, como el propio cuerpo de María. De acuerdo con esta última sugerencia, podríamos imaginar que el ábside de la iglesia corresponde a la cabeza de la Virgen, mientras que el crucero coincide con sus pechos y brazos, y el laberinto con su vientre. El laberinto de Chartres está compuesto por un sendero circular cuidadosamente diseñado que se encuentra aproximadamente a un tercio de distancia de la nave, y que se devana enroscándose sobre sí mismo como si fueran intestinos. Se cree que los peregrinos que visitaban la catedral recorrían la senda sobre sus rodillas, avanzando simbólicamente hasta la Jerusalén celestial, representada en bronce en el punto donde confluían estos senderos. Tanto el laberinto como el rosetón de la fachada de la catedral poseen la misma circunferencia; así, cuando la luz del sol se alinea correctamente, se proyectan suaves colores de modo perfecto sobre el laberinto. Esta conjunción de elementos nos habla de la Encarnación que fue posible gracias al consentimiento de María, quien permitió que su vientre virginal quedara fecundado por la luz celestial. Así como el laberinto no es opacado por la luz del rosetón, sino que se ilumina y embellece, así tampoco la humanidad de María quedó anulada por la proximidad de Dios, sino que se volvió fructífera y quedó transfigurada.

Este edificio dedicado a la Santísima Madre está totalmente cubierto con representaciones de personajes del Antiguo Testamento —Adán, Job, David, Moisés, Aarón—, algo apropiado dado que María, la Madre de Dios, es la plenitud de Sión. Ella resume todas esas grandes figuras del pueblo santo que Dios había preparado, a lo largo de muchos siglos, para recibir su Verbo hecho carne. Consecuentemente, ella es hija de Abraham, el primero que escuchó a Dios desde la fe; ella es como Sara, Ana y la madre de Sansón, pues dio a luz contra toda esperanza al poner su confianza en Dios; tam-

Pórtico de la Catedral de Chartres, Francia.
DENIS R. MCNAMARA

bién es el Arca verdadera de la Alianza y el verdadero Templo, pues llevó en su seno la presencia divina de la manera más íntima posible; ella es como los autores de los Salmos y de los libros de la Sabiduría y de los Proverbios, pues se convirtió en el Asiento de la Sabiduría. También es como Isaías, Jeremías y Ezequiel, los profetas que anhelaban la llegada del Mesías. Esta última conexión puede apreciarse claramente en el relato de la fiesta en las bodas de Canaán que encontramos en el Evangelio de Juan. A media celebración (los banquetes de boda duraban varios días en la Palestina del siglo I), a la joven pareja se le acaba el vino, y María se dirige a Jesús para hacerle saber del problema. Podemos leer esta historia de manera literal y ver a María como si estuviera actuando con delicadeza para evitarle a estos jóvenes el bochorno, pero también podemos interpretarla de una manera más simbólica, como si María estuviera expresando el anhelo profético de Israel. El vino— delicioso, refrescante, embriagante— sirve a lo largo de todo el Antiguo Testamento como un signo de la vida divina. Quedarse sin vino, por tanto, es una descripción aguda de la condición espiritual de Israel, apartada por su pecado de la gracia de Dios. Al pedirle María a Jesús que actúe, ella está hablando con el ritmo y la cadencia característicos de los grandes profetas que continuamente clamaban a Yahvé para que atendiera a su pueblo, y cuando ella se vuelve a los servidores y les dice, "Hagan lo que él les diga", está resumiendo las enseñanzas de todos los maestros, patriarcas y profetas de Israel. San Ireneo afirma que a lo largo de toda la historia de la salvación, Dios había estado, por así decirlo, poniendo a prueba a la humanidad, gradualmente acoplando la divinidad y la humanidad; en una palabra, disponiendo todo para la Encarnación. Toda esta preparación fue un preludio para que esta joven israelita, llena de gracia, dijera que sí a la invitación de ser la madre de Dios. Un detalle revelador: justo después de la Anunciación, se nos dice que María "partió y se dirigió presurosa a un pueblo de la montaña de Judá. Entró en la casa de Zacarías y saludó a Isabel" (Lc. 1:39-40). Durante siglos, Israel había escuchado las palabras de Yahvé, pero la mayoría de las veces había sido lento en responder. En cuanto escuchó la palabra del Señor, esta verdadera israelita se puso en marcha sin demora.

THEOTOKOS

Poco antes de morir en la cruz Jesús miró a su madre y al discípulo que amaba y le dijo a María, "Mujer, ahí tienes a

Theotokos, Iglesia de San Salvador en Chora, Estambul.
WORD ON FIRE.

tu hijo", y luego se dirigió a Juan diciéndole, "Ahí tienes a tu madre" (Jn. 19:26-27). Se nos dice que "desde aquel momento, el discípulo la recibió en su casa" (Jn. 19:27). Este texto respalda una antigua tradición que sostiene que el apóstol Juan llevó con él a María cuando viajó a Éfeso en Asia Menor, y que ambos llegaron al final de sus días en esa ciudad. En efecto, en la cima de un alto monte que se yergue frente al Mar Egeo, justo a las afueras de Éfeso, se encuentra una vivienda modesta que según la tradición fue la casa de María. En el año 431 se llevó a cabo un gran concilio de la Iglesia en la Catedral de Éfeso, con la intención de resolver una amarga disputa sobre la identidad de Jesús; sin embargo, el debate se concentró más en una pregunta técnica sobre María: a saber, si podía ser llamada legítimamente *Theotokos*, o la Madre de Dios. Los padres del concilio estaban tratando de comprender a Jesús de una manera más precisa, justo a partir de las implicaciones de la conversación que mantuvieron aquella joven de Nazaret y el ángel de la Anunciación.

Los eventos que antecedieron a la reunión del Concilio en Éfeso son fascinantes. Comencemos remontándonos una vez más a la conversación de Cesarea de Filipo, cuando Jesús le preguntó a sus discípulos, "¿Quién dice la gente que soy yo?". Esa pregunta, especialmente a la luz de la resurrección, cautivó la mente de los miembros de la antigua Iglesia, y las mentes más brillantes de aquellos tiempos se esforzaron por darle una respuesta acertada. Ya se habían dado pasos importantes en el Concilio de Nicea en el año 325, cuando Jesús fue declarado *homoousios* (uno en ser) con el Padre, y en el Concilio de Constantinopla en el año 381, cuando se reiteró esta doctrina. Pero alrededor del año 420 surgió una nueva controversia debido a las enseñanzas de Nestorio, quien en aquel tiempo era el patriarca de Constantinopla y una figura muy renombrada en el campo de la teología. Influenciado por la escuela de Antioquía, la cual había puesto gran énfasis en la humanidad de Jesús, Nestorio afirmaba que en Cristo confluían dos personas distintas —una humana y otra divina— en una especie de unión moral. Esto significaba que María, siendo responsable solo del elemento humano de Jesús, podía ser llamada *Christotokos* (Madre de Cristo), mas no *Theotokos* (Madre de Dios). De hecho, como defendía Nestorio, el uso de este término debía ser considerado una blasfemia, pues implicaría que un simple ser humano tendría una especie de primacía sobre Dios. Cirilo, obispo de Alejandría, quien también era renombrado en el ámbito teológico, se indignó tanto con la postura de Nestorio que calificó al obispo de Constantinopla de hereje. Se convocó el Concilio Ecuménico de Éfeso para poder resolver esta controversia.

Tras una larga deliberación durante el verano del año 431, los padres del concilio llegaron a la conclusión doctrinal de que Jesús no debía ser entendido como una persona humana que mantenía una relación particularmente intensa con la persona de Dios, pues esto haría de él algo así como el mayor de los santos, pero no el Hijo de Dios encarnado. Por otro lado, si no fuera él mismo divino, entonces requeriría de un salvador como todos los demás. Por ello se decidió que en la unidad de su persona confluían tanto la divinidad como la humanidad. Concluyeron que esto significaba que Nestorio se equivocaba al negar a María el título de *Theotokos*, pues si Jesús era divino y María era la madre de Jesús, entonces María podía y debía ser llamada Madre de Dios. Respecto a lo que Nestorio señaló sobre la naturaleza blasfema de esta descripción, los padres del concilio sostuvieron que María no es la madre de la divinidad de Jesús, sino la madre de Jesús que, de hecho, es divino. Los historiadores reportan que cuando esta resolución fue declarada públicamente, los habitantes de Éfeso respondieron con un gran desfile iluminado por antorchas a través de las calles de la ciudad. Seguramente estos cristianos sencillos no comprendían las sutilezas teológicas de la definición conciliar, pero celebraban su resultado porque entendían de manera visceral que aquella declaración glorificaba a la Virgen María, quien había vivido con ellos y a la que ellos amaban.

Me gustaría detenerme solo un momento más en aquellos efesios que celebraban el hecho de que María fuera *Theotokos*, pues algunos han llegado a sugerir que la causa de su celebración se encontraba profundamente anclada en su ADN cultural. Durante siglos Éfeso había sido un animado centro religioso dedicado al culto de Artemisa, la gran diosa madre. De hecho, el templo de Artemisa, que se encontraba justo a las afueras de la ciudad, era considerado una de las maravillas del mundo antiguo y, como afirmaba Herodoto, era todavía más espléndido que las pirámides de Egipto o los jardines de Babilonia. Las estatuas de Artemisa —cubiertas con un gran número de senos que simbolizaban su maternidad

Theotokos. DENIS R. MCNAMARA

nutricia— eran fabricadas en Éfeso y de ahí distribuidas a todo el mundo mediterráneo. Por estas razones algunos han insinuado que María simplemente reemplazó a Artemisa en la imaginación de las personas sencillas de Éfeso, como si fuera una mera repetición del arquetipo de la diosa madre. Sin negar que esto pudo haber confundido las mentes de unos cuantos, el hecho es que sigue habiendo un enorme abismo entre hablar de una diosa madre y la Madre de Dios. Los padres del Concilio de Éfeso no estaban declarando la divinidad de María, pues definitivamente no estaban convirtiendo a la humilde sierva del Señor en una diosa. Pero en cierto modo lo que estaban diciendo era que María era más grande que Artemisa, pues ella había tenido el privilegio, a través de la gracia, de traer al mundo al Dios que salvaría al mundo. La declaración de María como Madre de Dios es un ejemplo del principio general que indica que todo lo que se diga sobre María no busca tanto dirigir la atención hacia ella, sino arrojar luz sobre Cristo. Decir que María es la Madre de Dios es insistir en la solidez de la afirmación de que Dios realmente se hizo humano, que en verdad se hizo uno de nosotros y por tanto es huesos de nuestros huesos y carne de nuestra carne. Como el arzobispo Fulton J. Sheen escribía, "María es como la luna, pues su luz siempre es el reflejo de una luz superior".

La teología católica ha sacado más implicaciones del estatus de María como Madre de Dios, específicamente, su papel como Madre de la Iglesia. Si Cristo nació a través de ella y la Iglesia es el cuerpo místico de Cristo, entonces ella debe ser en un sentido real la madre de la Iglesia. A través de ella Jesús sigue naciendo en los corazones de los que creen. Pero no por ello debemos confundirla con el Salvador, sino que solo estamos insistiendo en su misión como mediadora e intercesora. Al terminar la oración del Ave María, los católicos le pedimos a María que ruegue por nosotros "ahora y en la hora de nuestra muerte", señalando así que a lo largo de nuestra vida María es un canal privilegiado a través del cual fluye la gracia de Cristo hacia su cuerpo místico. Nuevamente resulta apropiado recordar que Dios no compite, ni está amenazado por su creación. Todo lo contrario, goza entretejiendo causas secundarias en la densa complejidad de su plan providencial, otorgándoles el honor de cooperar con Él y sus designios. La sierva del Señor, la Madre de la Iglesia, es el más humilde de entre estos modestos instrumentos y, por tanto, el más efectivo. Hans Urs von Balthasar ha afirmado que la forma mariana es la matriz para toda la vida y ministerio de la Iglesia. Esto quiere decir que su *fiat* (hágase en mí según tu palabra) abre en ella como criatura el espacio para que Dios pueda obrar. La libertad de María, rendida completamente a Dios,

Retablo de Isenheim, *detalle, de Matthias
Grünewald (Museo Unterlinden, Colmar,
Francia).* WORD ON FIRE

se convierte en la condición de posibilidad de todas las formas de misión y alcance de la Iglesia. El ministerio petrino
de gobierno, el ministerio juanino de oración y contemplación, el ministerio paulino teológico y de evangelización— las
funciones de reyes, sacerdotes y profetas, por así decirlo— se
pueden reducir a fin de cuentas a la forma mariana. Es por
esto que una parte considerable del arte cristiano medieval
y moderno dedicado a María suele representarla reuniendo
todas las formas de vida bajo su manto protector. Esto no es

mera piedad sentimental, sino una robusta representación de María, la madre de la Iglesia.

LA INMACULADA CONCEPCIÓN
Y LA ASUNCIÓN DE MARÍA

Las doctrinas de la Inmaculada Concepción y la Asunción de María fueron declaradas formalmente solo en años recientes (la primera en 1854 y la segunda en 1950), pero su origen es mucho más antiguo. Podemos rastrear indicios de la doctrina de la Inmaculada Concepción que se remontan hasta el Nuevo Testamento, cuando el ángel saluda a María, y las raíces de la segunda doctrina se remontan hasta la liturgia y teología de los Padres de la Iglesia. Quizá lo primero que notamos sobre estos dogmas es cuán *físicos* son, incluso perturbadores: cómo nos instan a ver la actividad de Dios en las funciones y el destino del modesto cuerpo humano. El novelista católico David Lodge ha observado que al escuchar sobre estas doctrinas y otras similares, sus amigos protestantes en la escuela se avergonzaban al hablar sobre ellas con sus padres. De nuevo, la intención final de estas enseñanzas es hablar de Cristo y su Encarnación.

En 1854, el Papa Pío IX declaró el dogma de la Inmaculada Concepción de María, es decir, la verdad de que María por una gracia especial fue preservada del pecado original desde el primer momento de su concepción. De no ser este el caso, el ángel no se hubiera dirigido a ella en la Anunciación llamándola *Kecharitomene* (llena de gracia). Surgen naturalmente dos preguntas cuando se presenta esta doctrina: ¿por qué haría Dios algo así?, y ¿esto no implicaría acaso que María no necesita ser redimida? La respuesta tradicional a la primera pregunta es que Dios quería preparar un receptáculo digno para acoger a su Verbo. De la misma manera que el *Sanctum Sanctorum* en el Templo se mantenía puro e inviolado, así también el templo definitivo, el Arca verdadera de la Alianza, que es María misma, debía con mayor razón estar libre de toda mancha. En este contexto, si bien los relatos que vinculan a la joven María con el Templo (por ejemplo, el Protoevangelio de Santiago, un texto del siglo III) no gozan de precisión histórica, no dejan por ello de ser teológicamente sugestivos. Incluso para algunas de las mentes más penetrantes de la Iglesia ha resultado difícil contestar a la segunda pregunta. Aunque las liturgias que conmemoran la Inmaculada Concepción se remontan al siglo VII, teólogos tan importantes como Alejandro de Hales, san Buenaventura y el propio santo Tomás de Aquino no pudieron encontrar una respuesta satisfactoria para esta doctrina. Opinaban que declarar a María libre de pecado original desde el momento de su concepción, descartaría la universalidad del acto redentor de Cristo, que ocurrió muchos años después de que María fuera concebida. Pero a principios del siglo XIV el Beato Juan Duns Escoto mostró una posible salida. Sostuvo que, en efecto, María es semejante al resto de la raza humana al haber sido redimida por la gracia de su Hijo, pero que, dado que esa gracia existe, propiamente hablando, fuera del tiempo, entonces puede ser aplicada de tal forma que trascienda los ritmos ordinarios del tiempo. Por tanto, María fue liberada del pecado original de manera preferente por la gracia de Cristo. Con el típico laconismo escolástico, Duns Escoto dijo refiriéndose a esta acción liberadora de Dios: "*potuit, decuit, ergo fecit*" (podía, convenía, luego lo hizo).

Esta doctrina de la Iglesia fue ratificada de la manera más extraña y sorprendente tan solo cuatro años después de haber sido promulgada. Esto ocurrió en el contexto de un pueblo localizado en el sur de Francia, en los Pirineos y bastante cercano a la frontera con España. En aquellos tiempos este lugar era prácticamente desconocido pero hoy en día es famoso en todo el mundo. Y esto ocurrió gracias a la ayuda de una pastora llamada Bernadette Soubirous.

En febrero de 1858, los seis miembros de la familia Soubirous habitaban en una humilde casa de un solo cuarto en la sección pobre de Lourdes. Los originarios de aquel lugar se referían a aquel sitio como *Cachot*, "el Calabozo", porque se trataba de una prisión adaptada.

Los oficiales de la ciudad de Lourdes evidentemente se habían percatado de que las condiciones de ese lugar eran demasiado duras y primitivas para los prisioneros, así que la habían puesto a la venta. Con una única chimenea, un techo bajo y una diminuta ventana, realmente no era mucho más que una cueva. El 11 de febrero, Bernadette, la hija mayor de la familia, salió del *Cachot* y se dirigió a Massabielle, un vertedero a las afueras de Lourdes, el lugar donde se acumulaba la basura del pueblo y los desechos del hospital local en una pila para ser quemados. Había salido con una de sus hermanas y

Lugar de la Aparición, Lourdes, Francia. WORD ON FIRE

una amiga para buscar leña para calentar la diminuta casa de la familia. Mientras las otras dos niñas se alejaron correteando para buscar leña, Bernadette, debido a su asma, se detuvo un momento junto al Gave, un río de corriente rápida. Sintió un golpe de viento y escuchó un sonido. Cuando se volteó para ver qué era lo que había causado aquel movimiento, divisó a una hermosa mujer, vestida de blanco, con una rosa amarilla sobre cada pie, en un nicho de la enorme roca de Massabielle. Asustada, Bernadette instintivamente tomó su rosario e hizo el signo de la cruz. La Señora solo le sonrío y empezó a rezar en silencio siguiendo a Bernadette con su propio rosario de perlas. Cuando la joven terminó su oración, la mujer volvió a sonreír y desapareció.

Bernadette se sintió empujada a regresar a Massabielle, así que al día siguiente fue al lugar con unos cuantos amigos. Nuevamente vio a la Señora, pero en esta ocasión la misteriosa visitante habló: "¿Me harías el favor de regresar aquí durante los próximos quince días?". Ella también tenía un mensaje para que Bernadette se lo transmitiera al sacerdote de aquel lugar: "Construyan un templo en este sitio para que vengan a visitarlo en procesión". Cuando la joven llevó este mensaje al sacerdote, el padre Peyramale, él respondió con desprecio y le advirtió duramente que no regresara a ese lugar. Pero la joven Bernadette siguió yendo a Massabielle a pesar de la oposición y las burlas de muchos. Durante uno de sus encuentros, la Señora le pidió a Bernadette que hiciera un agujero en el suelo para encontrar una fuente de agua. Bernadette escarbó y escarbó, pero solo encontró un poco de tierra húmeda. Por petición de la Señora, la joven embadurnó su rostro con un poco de aquel lodo y también comió unas cuantas raíces y hierbas que ahí había. Los que presenciaron estos extraños sucesos pensaron que la joven había perdido la razón. Pero, en efecto, pasado el tiempo, comenzó a brotar agua del lugar en el que Bernadette había escarbado, y poco después un niño tullido se curó al bañarse en sus aguas.

Bernadette siguió frecuentando aquel lugar durante aquellos quince días e intimó con la Señora, cayendo en una especie de trance durante el cual permanecía insensible al dolor y ajena a lo que ocurría a su alrededor. Incluso los observadores más escépticos se retiraban impresionados por la extraña y sobrenatural concentración de la joven. Sin embargo, a pesar de lo que muchos suponían, Bernadette nunca afirmó que supiera quién era aquella extraña visitante. Se refería a ella siempre como "la Señora" o, en el dialecto local, *Aquero* (aquella).

El 24 de marzo, en la víspera de la fiesta de la Anunciación, Bernadette sintió un impulso interno por ir a la gruta. La Señora estaba ahí esperándola, y en esta ocasión Bernadette le preguntó a su interlocutora por su nombre. Tres veces se lo pidió, y finalmente la Señora la vio con una expresión seria y, con una voz que temblaba de emoción le dijo, "Yo soy la Inmaculada Concepción". La iletrada Bernadette jamás había escuchado aquella expresión y no tenía idea de lo que significaba. Mientras se encaminaba a la residencia del padre Peyramale repitió estas palabras para asegurarse de poder recordarlas. Tengamos en cuenta que las apariciones ocurrieron tan solo cuatro años después de la declaración del dogma por el Papa Pío IX. Cuando le repitió al sacerdote lo que la Señora había dicho, en un primer momento él lo rechazó, insistiendo que la Señora seguramente habría dicho "Yo soy el fruto de la Inmaculada Concepción", y no "Yo soy la Inmaculada Concepción". Pero Bernadette insistió que ella había transmitido fielmente las palabras de la Señora, y finalmente Peyramale y todo el pueblo se rindieron ante la sinceridad de la joven y el sorprendente contenido de las palabras de la Señora.

¿Por qué quiso la Madre de Dios revelar este peculiar nombre a Bernadette en Lourdes? Obviamente, la cronología tenía algo que ver con ello, pero también creo que hay una importante correlación entre el dogma de la Inmaculada Concepción y este regalo particular que nos fue dado en Lourdes a través de Bernadette. Al día de hoy, la gente sigue visitando Lourdes para bañarse y beber de las aguas que Bernadette descubrió, con la esperanza de encontrar salud para sus cuerpos, sus almas y sus mentes, y todas las noches miles de peregrinos llevan a cabo una magnífica procesión con velas frente al "templo" construido siguiendo las indicaciones de la Señora. ¿Qué es la Inmaculada Concepción sino un gran acto de sanación por parte de Cristo, una acción preferencial con la que removió la mancha del pecado original del alma de su Madre? Y, por tanto, cuán apropiado fue que María ratificara aquel título para que siempre acompañara y fuera asociado con la sanación de los enfermos. Finalmente, cuán maravilloso y típico de María fue que se apareciera a dicha persona en semejante lugar. En su gran Magnificat, contenido en el Evangelio de Lucas, María le canta alabanzas al Dios que "derribó a los poderosos de su trono y elevó a los humildes" (Lc. 1:52). Bernadette, que era algo así como una joven de las cavernas, fue visitada en el vertedero de basura por la Inmaculada Concepción, por la Reina de los Cielos, quien también había recibido el mensaje de un ángel en una humilde casa y quien había dado a luz al Hijo de Dios en una cueva.

Pasemos ahora al dogma de la Asunción de la Virgen, declarado como tal por el Papa Pío XII en el año 1950. Antes de la promulgación formal de esta doctrina, Pío auspició una encuesta mundial entre los católicos, una consulta a los fieles, para observar si reprobaban esta enseñanza, pero la respuesta fue asombrosamente positiva. También, como ya hemos sugerido, este dogma tiene raíces profundas y antiguas en la tradición de la Iglesia. Pero, ¿qué es exactamente lo que este dogma enseña? Que María, al momento de dejar esta vida, fue tomada en cuerpo y alma y llevada al cielo. Me doy cuenta perfectamente de que esta afirmación choca con nuestra mente contemporánea y podría parecer extraña, mitológica, un vestigio de un mundo ingenuo y precientífico. En primer lugar hemos de ubicarnos en el contexto bíblico y su radical perspectiva no dualista del cuerpo y del alma. La filosofía griega tiende a identificar la salvación con un escape del alma de la prisión del cuerpo. Se puede observar esta postura de manera muy clara en el diálogo del *Fedón* de Platón, en el que Sócrates indica a sus amigos que no lloren por su muerte, sino que la vean más bien como una liberación durante mucho tiempo deseada. Esta filosofía sobre la muerte difiere completamente de la concepción bíblica, que no entiende la salvación como la separación del alma del cuerpo, sino como la transfiguración total de la persona. Por dar solo dos ejemplos de esta actitud generalizada, los autores del libro del Apocalipsis y de la segunda Carta de Pedro no sueñan

Asunción de María *de El Greco (Art Institute of Chicago).*
WORD ON FIRE

con escapar del mundo, sino que esperan "un cielo nuevo y una tierra nueva" (2 Ped. 3:13). El dogma de la Asunción de María describe la salvación plena de la primera discípula de Jesús: la entrada de María, en la plenitud de su persona, en la presencia de Dios. Al final del Credo de los Apóstoles, proclamamos nuestra esperanza en la "resurrección de la carne". María, asunta en cuerpo y alma a los Cielos, ha experimentado precisamente esta amable resurrección y, por tanto, se convierte en un signo de esperanza para el resto de la raza humana.

Para responder adecuadamente a los escépticos hemos de hacer una segunda observación. Cuando hablamos de la Asunción del cuerpo de la Santísima Madre, no es que lo estemos concibiendo como un viaje a través del espacio, como si María se hubiera elevado por los Cielos. "Los Cielos" son un símbolo rico y consistente de la trascendencia, de una manera de existencia que se encuentra más allá de nuestras dimensiones familiares de tiempo y espacio. La Asunción de María significa más bien que la Santísima Madre fue "trasladada" en la totalidad de su ser desde este sistema dimensional hasta uno más alto para el que empleamos el término simbólicamente sugestivo de "los Cielos". Tal vez una comparación podría ayudarnos. Piensen en un cuadrado, un círculo y un triángulo trazados en un plano bidimensional. Ahora imaginen esas mismas figuras elevadas a través de la introducción de una tercera dimensión para convertirse en un cubo, una esfera y una pirámide. No es que hayan perdido su identidad previa, sino que esta ha sido elevada, profundizada y perfeccionada. Ahora bien, ¿qué pasaría si hubiera un sujeto consciente que viviera exclusivamente en un mundo bidimensional? Seguramente conocería de cuadrados, círculos, triángulos y demás, pero si le habláramos de cubos, esferas y pirámides, este lenguaje le resultaría absolutamente

Coronación de la Virgen, *detalle, de Botticellli (Museo de Uffizi, Florencia)*. WORD ON FIRE

impenetrable e incomprensible. Los Cielos son un símbolo de un sistema dimensional superior que contiene las dimensiones con las que estamos familiarizados pero que también las eleva y las sitúa en un contexto más rico. María, que ahora se encuentra en este otro mundo, más que ubicarse en *un lugar distinto*, realmente *existe de una forma diferente*, lo que explica por qué desde su estado celestial nos ayuda, intercede y ruega por nosotros de manera especial. Nuevamente, a la gente que solo ha conocido este mundo, un concepto como este le resultará oscuro e incluso ridículo. Sin embargo, la doctrina de la Asunción de María nos invita a meditar y despierta nuestro apetito por este mundo superior.

Llegado este punto, me gustaría reflexionar sobre una idea que está relacionada con el dogma de la Asunción pero que no es una doctrina formal de la Iglesia: la enseñanza en torno a la "dormición" o el "adormecimiento" de María. Según esta

noción, al final de sus días María no murió en el sentido ordinario sino que se quedó dormida en el Señor. Nuevamente,
aunque esto podría parecernos extraño, en realidad transmite
algo de gran importancia espiritual. La muerte puede ser tomada en un sentido puramente biológico o fisiológico para
expresar el cese de la actividad corporal: los latidos del corazón, la respiración, las ondas cerebrales y demás. O también
puede interpretarse desde un sentido psicológico y espiritual
más amplio para significar toda la serie de sentimientos, reacciones y miedos que acompañan a esta disolución biológica.
Cuando nos enfrentamos a la inminencia de la muerte, la
mayoría de nosotros huimos aterrorizados, ya sea por el misterio que representa (lo desconocido es lo que más tememos)
o debido al juicio que nos espera. Cualquiera que sea el caso,
nuestro horror se suscita por el pecado, una falta de confianza
en el amor de Dios. ¿Cómo experimentaría una persona sin
pecado la cercanía de la muerte? ¿No lo haría con una absoluta calma de espíritu, el modo en que la mayoría de nosotros
nos entregamos sin esfuerzo al sueño cada noche, convenci-
dos de que despertaremos a la mañana siguiente? El hecho

Estatua de María y el Niño, Panteón, Roma. WORD ON FIRE

de que María no "murió" en todo el sentido de la palabra, sino que "se quedó dormida", esperando confiadamente la transición a la dimensión divina, me resulta un modo bastante razonable de referirse al final de la vida terrenal de María.

MARÍA EN LA VIDA DE LA IGLESIA

María Inmaculada, la Madre de Dios, asunta en cuerpo y alma a los Cielos, no es alguien que despierte exclusivamente interés teórico e histórico. Tampoco se trata de un mero ejemplo espiritual. En lugar de ser "Reina de todos los santos" (otro de sus títulos), María es una presencia permanente, un actor en la vida de la Iglesia. Al serle encomendada María a Juan ("He ahí a tu madre"), Jesús, en un sentido real, está encomendando a María a todos los que serán amigos de Jesús a lo largo de los tiempos. La tarea básica de la Santísima Madre siempre ha sido llevar a la gente a entablar una relación más cercana con su Hijo. La convicción de la Iglesia es que la Santa Madre continúa diciéndole que sí a Dios y sigue haciendo "presurosa" su misión en todo el mundo. Lo hace generalmente de maneras silenciosas y ocultas, respondiendo a las oraciones e intercediendo por la Iglesia, pero algunas veces lo hace de un modo sorprendente, ingresando en nuestro mundo de manera asombrosa y visible. Literalmente ha habido decenas de miles de reportes de apariciones de la Santísima Madre a lo largo de los siglos del catolicismo. Muchas, si no es que la mayoría, han probado ser muestras de la subjetividad sobreexcitada de algunos creyentes, pero hay algunas que son mucho más difíciles de descartar. Ya hemos considerado una de ellas, la aparición a Bernadette en Lourdes; me gustaría que nos detuviéramos en otra aparición que está marcada de manera similar por su simplicidad, su credibilidad y su rica eficacia. Se trata del extraordinario encuentro, como suele ocurrir, entre la Reina de los Cielos y uno de sus pequeños. Sin duda ha sido la aparición de María que ha tenido mayor impacto en el mundo. Me refiero al Tepeyac y a Nuestra Señora de Guadalupe.

El 9 de diciembre de 1531, aproximadamente diez años después de que los españoles llevaran la fe a México, un indio llamado Juan Diego, un reciente converso al cristianismo, se encontraba de camino por el monte del Tepeyac, justo a las afueras de la ciudad de Tenochtitlan que posteriormente se convertiría en la Ciudad de México. Se dirigía a la Misa matutina, cuando escuchó un estallido de cantos de pájaros y giró para ver de dónde provenía. Lo que vio le quitó el aliento, pues delante de él se encontraba una mujer envuelta en luz celestial. La Señora se presentó como "La Madre de Dios Altísimo", y le hizo una petición a Juan Diego: "¿Le pedirías al obispo que construya aquí un templo en mi honor?". Como hombre sencillo que era, Juan Diego obedeció. Fue llevado ante la presencia del obispo Juan de Zumárraga, un fraile franciscano y un buen hombre, constructor del primer hospital y la primera universidad de América, y también un protector de los nativos. El obispo Zumárraga escuchó pacientemente la historia de Juan Diego pero, como era de esperarse, le indicó a Juan Diego que le pidiera un signo de confirmación a la Señora celestial. El 12 de diciembre Juan Diego se dirigió nuevamente al Tepeyac y se encontró ahí con la Virgen. Ella le pidió que se quitara la tilma que traía puesta, una prenda simple y áspera semejante a un poncho, y luego, con su ayuda, recogió un montón de rosas que habían florecido a pesar de lo avanzado del año. Ella le dijo que ésa sería la señal para el obispo. Juan Diego se dirigió presuroso con aquel bulto a la oficina del obispo pero se lo hizo esperar. Se cuenta que los ayudantes de Zumárraga intentaron sin éxito descubrir qué era lo que el indio cargaba en su tilma. Finalmente Juan Diego fue llevado ante el obispo. Abrió su manto y las rosas se desparramaron, pero luego, para sorpresa de Juan Diego, el obispo y sus asistentes se arrodillaron, pues en el interior de la tilma había algo extraordinario: la imagen de una mujer ataviada de luz. Zumárraga prometió construir en aquel lugar el templo que la Señora solicitaba, y este todavía sigue en pie cerca del monte del Tepeyac.

Uno podría sentirse tentado a rechazar esta encantadora historia por haber sucedido en tiempos más simples y crédulos, pero la mejor prueba en contra de este tipo de escepticismo es la propia tilma, que se expone en la enorme basílica de Nuestra Señora de Guadalupe en la Ciudad de México. Estudios cuidadosos han revelado que, en efecto, la tilma data del siglo XVI y que está tejida de fibras de cactus. Este hecho en sí mismo es sorprendente, pues este tipo de atuendo bajo las mejores condiciones suele durar entre veinte y veinticinco años. Y ahí también tenemos la imagen, la extraña y hermosa imagen que ha cautivado a millones durante los últimos quinientos años. Los análisis científicos han revelado que en su elaboración se emplearon pigmentos desconocidos y que no pueden discernirse trazos de algún dibujo subyacente. Por tanto, el hecho de *cómo* fueron transferidos estos colores a la tilma ya de hecho es algo misterioso. Además, el poder simbólico de la imagen es extraordinario. La Virgen en la tilma no es ni europea ni india, sino mestiza, la mezcla de dos razas. Los mexicanos hoy en día se refieren a ella cariñosamente como la "Virgen Morena" (La Morenita). Es como si la Santísima Madre hubiera querido identificarse humildemente con la nueva gente que estaba surgiendo en aquel tiempo y lugar. El cinto que lleva puesto es un signo azteca de embarazo, y por tanto es claro que la Virgen Morena trae nueva vida y un renacer para la gente de México. Está de pie

Nuestra Señora de Guadalupe. WORD ON FIRE

delante del sol, cuyos rayos pueden apreciarse detrás de ella, y a sus pies se encuentra la luna, mientras su manto está cuajado de estrellas. El sol, la luna y las estrellas eran deidades de los antiguos aztecas y, por tanto, la Señora se está declarando a sí misma como más poderosa que todos los dioses de los indios. Al mismo tiempo, sus ojos están dirigidos al suelo y mantiene las manos juntas en una actitud de oración, reconociendo que solo hay uno que es mayor que ella. En años recientes, los astrónomos han hecho notar que la disposición de las estrellas en su manto corresponde precisamente a la posición de las constelaciones del día 12 de diciembre de 1531. Otro dato todavía más sorprendente es el que han arrojado las investigaciones de oftalmólogos que han descubierto imágenes de figuras humanas en el ojo de La Morenita y que corresponden con la posición que dichas imágenes tendrían en un ojo vivo, y cómo estos reflejos muy probablemente sean los de Zumárraga y sus hermanos en el momento en que se desenvolvió la tilma. Su nombre, "Guadalupe", es probablemente una deformación de la palabra náhuatl *coatlaxopeuh*, (que se pronuncia *quatlasupe*), que significa "la que aplasta a la serpiente". Este nombre tiene un doble sentido, pues la serpiente era otra de las principales divinidades de los aztecas y, en el contexto cristiano, el libro del Génesis nos habla de la serpiente (el tentador) que estaría "acechando el talón" de la estirpe de la mujer arquetípica.

Lo que nadie puede disputar, incluso los escépticos más empedernidos, es que durante los diez años que siguieron a la aparición a Juan Diego casi toda la nación mexicana —nueve millones de personas— se convirtió al cristianismo. Eso representa aproximadamente tres mil personas por día durante diez años, un pequeño Pentecostés cada día durante toda una década. Y la imagen sigue cautivando, fascinando y atrayendo. El santuario de Nuestra Señora de Guadalupe es el recinto cristiano más visitado del mundo, rebasando a Lourdes, a la iglesia del Santo Sepulcro y a la propia Basílica de San Pedro. Millones de personas siguen visitándolo cada año para poder encontrarse con la Virgen Morena, e incluso muchos recorren una gran cantidad de kilómetros de rodillas. Se cuenta la historia de un carismático predicador evangélico de California que estaba intentando alejar a los hispanos de lo que él consideraba 'herejías del catolicismo'. Reunió a una gran multitud en la región central de Los Ángeles y empezó a sermonearlos por los escándalos de los papas, la superstición del Rosario y la locura de invocar a los santos. Tras cada sección de su discurso, la gente lo aclamaba animadamente. Luego el predicador sacó una gran reproducción de la imagen de Nuestra Señora de Guadalupe y la rasgó en dos. Hubo un momento de impactante silencio, y luego la gente se abalanzó hacia el escenario, ¡y el pobre predicador tuvo que ser rescatado por la policía!

El que la Virgen Morena haya cautivado totalmente los corazones de los mexicanos por casi quinientos años, no es sino una dimensión de su impacto. Gracias a ella se logró otro gran cambio cultural, a saber, el final de los sacrificios humanos en el Nuevo Mundo. Las divinidades aztecas —los dioses de las estrellas, el sol y la luna, así como el gran dios serpiente— eran aplacadas regularmente a través de sacrificios humanos, ofreciendo las cabezas y los corazones de víctimas inocentes. El antropólogo y filósofo René Girard nos ayuda a comprender lo extendida que era esta práctica en el mundo antiguo, así como su presencia actual en formas mitigadas y más sutiles. Cuando surgen tensiones dentro de una sociedad, afirma Girard, se dispara el mecanismo del chivo expiatorio. Siguiendo este impulso en gran parte inconsciente señalamos a alguien en particular o a un grupo al cual culpar y, juntos, descargamos nuestra ansiedad en ese individuo o grupo. Al hacerlo experimentamos alivio y tenemos la sensación de que compartimos una meta común, por fugaz que esta sea. Es por esta razón que tendemos a sentir que los dioses se complacen en los mecanismos del chivo expiatorio. El sacrificio humano es la expresión extrema de este mecanismo, y es por ello que ha sido tan extensamente practicado, especialmente en aquellas sociedades que se sentían más agudamente amenazadas por sus enemigos o por los caprichosos elementos de la naturaleza. Las grandes pirámides de Teotihuacan a las afueras de la Ciudad de México son obras maestras de la arquitectura, pero también fueron el escenario de miles de sacrificios humanos ofrecidos a los dioses sedientos de sangre. Como he sugerido, Girard piensa que en distintos grados todas las agrupaciones humanas —desde las reuniones en un café, en los salones de una facultad y hasta la nación-estado— tienden a organizarse en torno al mecanismo del chivo expiatorio, la culpa y la recriminación.

Cuando se apareció a Juan Diego, María le dijo que ella era la Madre de Dios Altísimo, aquella que había traído al mundo al hombre-Dios. Cuando su hijo creció, dominó la violencia con el poder no violento del amor. Convirtiéndose en víctima de la violencia a través de su sacrificio en la Cruz, Jesús ocupó el lugar del chivo expiatorio para desenmascarar este mecanismo humano violento —y que usualmente permanece oculto— que dirige y ordena a la mayor parte de las sociedades humanas. La Cruz de Jesús socavó cualquier afirmación de que el verdadero Dios se complace en los sacrificios humanos, y marcó la vía hacia una cultura afianzada en el amor, lo que Jesús llamó el Reino de Dios. Por tanto, no es de sorprenderse que el anuncio del Hijo de María al Nuevo Mundo representara la muerte de una religión centrada en el sacrificio humano. No obstante, soy consciente de las atrocidades perpetradas por los españoles en los siglos XVI y XVII. Soy consciente de que no eran unos ángeles. Pero a través de Dios, el Hijo de Nuestra Señora de Guadalupe llegó a México y los sacrificios humanos terminaron. En el siglo XVI, conforme el cristianismo se iba introduciendo en este mundo completamente nuevo, María tenía una misión. La Iglesia está convencida de que ella "se dirigirá presurosa" realizando su obra hasta que su Hijo regrese.

CONCLUSIÓN

En el primer capítulo del Evangelio de Lucas se encuentra el gran himno de alabanza de María a Yahvé. Comienza con una sencilla declaración, "Mi alma canta la grandeza del Señor". María está anunciando de esta manera que todo su ser está dirigido a la glorificación de Dios. Su ego no desea nada para ella; solo quiere ser una ocasión para dar honor a Dios. No obstante, como hemos visto, dado que Dios no necesita nada, toda la gloria que María le dirija no hará sino regresar a ella en su beneficio, y es por esto que ella es magnificada con

La Madonna de la granada *de Botticelli*
(Museo de Uffizi, Florencia). WORD ON FIRE

cada acto de magnificación dirigido a Él. Al entregarse completamente a Dios, María se convierte en una fuente superabundante de vida; de hecho, queda encinta con Dios. Este extraño y maravilloso ritmo de magnificar y ser magnificado es la clave para comprender todo sobre María, desde su maternidad divina, su Asunción y su Inmaculada Concepción, hasta su misión en la vida de la Iglesia.

El gran poeta jesuita del siglo XIX Gerard Manley Hopkins captó esto en su balada titulada "Magnificat de mayo". Él se pregunta en los primeros versos por qué mayo debería ser el mes dedicado a María, y nos da la respuesta de la propia María al escribir:

"Pídele a ella,
la gran Madre".
Tras esta respuesta
emerge otra pregunta:
"¿Qué es la primavera?"
Donde todo crece.

Luego, con su destreza verbal y entusiasmo características, Hopkins describe los modos en que todo crece en la primavera:

Carne y lana, pelo y plumas,
pasto y mundo verde crecen.
Ojos estrellados,
pecho encarnado,
dentro del nido
huevos azulados,
forman y entibian,
con vida crecen,
mientras pájaros y capullos explotan
en vainas, semillas y guijarros.

Y se imagina a María, la Madre de Dios, observando toda esta vida con un placer ilimitado:

Todo creciendo muda de tamaño.
María observa todo con cariño grato,
pues ama el mundo de bondad,
de la naturaleza maternal.

La total disposición de María para glorificar al Señor hizo de ella el propio seno de la vida. La primavera misma, con toda su salvaje fecundidad, no es sino un atisbo de la vitalidad que ella desencadena.

Capítulo 5

LOS HOMBRES INDISPENSABLES: PEDRO, PABLO Y LA AVENTURA MISIONERA

HAY UN GRAN NÚMERO DE PROTAGONISTAS CLAVE EN LOS COmienzos del movimiento cristiano. Uno piensa en Timoteo y Tito, en Mateo, Marcos y María Magdalena, en Bernabé, Silas, Lucas, Santiago, Felipe y Juan. Pero los dos personajes indispensables, sin los cuales la Iglesia nunca hubiera surgido ni sobrevivido fueron Pedro y Pablo. ¿Por qué ellos dos? Pedro era la cabeza de los Apóstoles, aquel a quien el propio Jesús había designado para que dirigiera la Nueva Israel, para que fuera un testigo directo de la resurrección, la roca. Por su parte, Pablo fue el primer teólogo cristiano, aquel que captó plenamente las implicaciones de la resurrección de Jesús de

San Pedro, Basílica de San Juan de Letrán, Roma. WORD ON FIRE

entre los muertos y contribuyó a que el movimiento cristiano se convirtiera en un fenómeno de escala mundial. Debido a su protagonismo, Pedro y Pablo no solo despiertan interés histórico, sino que prevalecen como arquetipos determinantes de la comunidad de Jesús hasta nuestros días. Cada cinco años, todo obispo católico en el mundo debe hacer una visita a Roma llamada *ad limina*. Durante dicha peregrinación, el obispo visita al Papa, pero el propósito principal de la visita es orar ante las tumbas de los dos grandes apóstoles Pedro y Pablo para obtener fuerza de ellos. La Iglesia ha sostenido que, aun dos mil años después de su muerte, estos dos santos siguen siendo los hombres indispensables.

San Pedro, cuyo nombre original era Shimon Bar Ionnah, Simón hijo de Juan, nació en el pueblo de Betsaida en la costa norte del Mar de Galilea. Al igual que su padre, era pescador (de hecho, "Betsaida" es una palabra aramea que significa "casa de pesca"), y gracias al comercio, si bien no era aristócrata tampoco era pobre. Contamos con evidencia de que los pescadores de Galilea enviaban su mercancía por todo el mundo romano. Simón no había recibido una buena educación, pero probablemente hablaba un poco de griego, en ese entonces necesario para los negocios, además de su nativo arameo y tal vez algo de hebreo para la oración litúrgica. Sabemos que estaba casado, pues los Evangelios nos hablan de su suegra, y algunas tradiciones (probablemente basadas en leyendas) incluso nombran a un hijo y una hija. El Evangelio de Marcos nos narra que Jesús de Nazaret se encontraba un día caminando por la orilla del Mar de Galilea cuando divisó a Simón y a su hermano Andrés "echando las redes en el mar" (Mc. 1:16). Jesús les dijo, "Síganme, y yo los haré pescadores de hombres", y "dejando sus redes lo siguieron" (Mc. 1:17-18). Marcos ciertamente desea comunicarnos el atrayente, incluso hipnotizante carisma de Jesús —que también se deja ver en muchos otros pasajes de los Evangelios—, pero también nos dice algo sobre aquellos dos hermanos. Aunque se encontraban bien establecidos en sus carreras, estuvieron dispuestos a abandonarlo *todo* para seguir a un predicador itinerante al cual acababan de conocer.

Observamos esta misma disposición casi imprudente para responder al llamado divino en muchas otras narraciones de Simón, incluyendo una contenida en el capítulo quinto del Evangelio de Lucas. Debido a la presión de la muchedumbre, Jesús se subió en la barca de Simón para alejarse un poco de la costa y comenzó a predicar desde ahí. Cuando terminó de hablar, se dirigió a Simón y le dijo: "Rema mar adentro y echen las redes para pescar" (Lc. 5:4). Este pescador experimentado le respondió que habían pasado toda la noche anterior esforzándose y no habían logrado pescar nada, pero hubo algo en aquella orden de Jesús que le parecía irresistible, así que Simón añadió, "pero si tú lo dices, echaré las redes" (Lc. 5:5). Lo que siguió fue la pesca milagrosa, una pesca tan impresionante que las dos barcas amenazaban con hundirse. La reacción inmediata de Simón fue caer de rodillas a los pies de Jesús y declarar que era indigno: "¡Señor, apártate de mí, que soy un pecador!" (Lc. 5:8). En este pasaje se insinúan algunos paralelismos con la llamada de Isaías. Este profeta del Antiguo Testamento vio la gloria del Señor en el Templo, pero luego admitió su gran imperfección: "Porque soy un hombre de labios impuros, y habito en medio de un pueblo de labios impuros" (Is. 6:5). La proximidad de la luz divina no disminuye nuestra sensación de pecado sino que la hace más patente, al modo en que la luz brillante que atraviesa una ventana resalta las marcas y manchas que de otra manera permanecerían ocultas. Cuando Isaías admitió su pecado, Dios lo purificó y lo envió con una misión. Del mismo modo, el penitente Simón fue perdonado y se le encomendó una tarea: "No temas; de ahora en adelante serás pescador de hombres" (Lc. 5:10). En este pasaje, donde Lucas relata la misión de Pedro, este se nos presenta como el arquetipo de la Iglesia, que siempre será una comunidad de pecadores perdonados y fortalecidos.

Simón, a quién Jesús diera el nuevo nombre de Pedro, dejó su hogar y la actividad con la que se ganaba la vida para integrarse al grupo de los seguidores íntimos de Jesús, y acompañó al Señor en algunos de los momentos clave de su vida. Estuvo presente en el Monte Tabor, junto a Juan y Santiago, cuando Jesús se transfiguró e intercambió palabras con Elías y Moisés. Pedro fue quien dijo, "Maestro, ¡qué bien estamos aquí! Hagamos tres tiendas, una para ti, otra para Moisés y otra para Elías" (Mc. 9:5). Tomás de Aquino se preguntaba por qué fueron estos tres discípulos en particular los que tuvieron el privilegio de presenciar aquel evento, y concluyó que Santiago estuvo ahí porque fue el primer apóstol en ser martirizado, mientras que Juan era el discípulo especialmente amado por Jesús, y Pedro estuvo presente en el Monte porque era el apóstol que más amaba a Jesús. Aquí nos topamos con una lección espiritual muy importante: debido precisamente a que la persona de Jesús es lo que yace en el corazón del cristianismo y no una serie de convicciones o ideas, enamorarse de él es una condición indispensable, algo *sine qua non*. Pedro estaba en la barca con los demás discípulos cuando Jesús se les acercó caminando sobre las aguas del mar embravecido. Pensando que estaban viendo un fantasma, los discípulos gritaban aterrorizados, pero Jesús los calmó diciéndoles: "Tranquilícense, soy yo; no teman" (Mt. 14:27). Pedro dijo entonces, "Señor, si eres tú, mándame ir a tu encuentro sobre el agua" y Jesús le dijo, "Ven" (Mt. 14:28-29). Mientras los ojos de Pedro se mantuvieron fijos en el Señor, no hubo ningún peligro y avanzó sobre las olas, pero en cuanto se dio cuenta de su precaria situación empezó a hundirse. Nuevamente Pedro funge como un símbolo de la Iglesia, pues solo enfocándose en Cristo, cuenta con el valor y la claridad para abrirse camino a través de las embravecidas aguas de la historia.

Tras el arresto de Jesús, cuando las fuerzas oscuras comenzaron a juntarse en torno a él, Pedro se encontraba en el patio de la casa del sumo sacerdote. Mientras se calentaba al lado del fuego, una mujer lo confrontó diciéndole: "Tú también estabas con Jesús, el Nazareno" (Mc. 14:67). Pero Pedro lo negó, "No sé nada ni entiendo de qué estás hablando" (Mc. 14:68). Luego cantó un gallo. Pedro se alejó de su acusadora y se dirigió al patio delantero, donde una sirvienta lo reconoció y le dijo a los que ahí estaban, "Este es uno de ellos" (Mc. 14:69), pero nuevamente Pedro lo negó. Luego otra persona se sumó a la turba que lo acosaba y dijo, "Seguro que eres uno de ellos, porque tú también eres galileo" (Mc. 14:70). Con un juramento Pedro exclamó, "Yo no conozco a ese hombre" (Mc. 14:71). En ese momento, un gallo cantó por segunda vez, y Pedro recordó las palabras proféticas

Éxtasis de Santa Teresa. BIBLIOTECA DE ARTE BRIDGEMAN

Iglesia de San Salvador de Cora (ábside). WORD ON FIRE

Santa Sofía (interior). AYSE TOPBAS

Catedral de Colonia. ROBERT HARDING

Plaza de San Pedro y Basílica. WORD ON FIRE

Pietà de Miguel Ángel. NINO H. PHOTOGRAPHY

El Juicio Final (Capilla Sixtina, Ciudad del Vaticano). WORD ON FIRE

Nuestra Señora de Guadalupe. BASÍLICA DE GUADALUPE, CIUDAD DE MÉXICO

La Anunciación (Leonardo da Vinci). WORD ON FIRE

Retablo de Isenheim (detalle). WORD ON FIRE

Basílica de Santa María en Trastévere. WORD ON FIRE

Iglesia del Santo Sepulcro, Capilla del Gólgota. MEDIOIMAGES/PHOTODISC

de Jesús: "Antes que cante el gallo por segunda vez, tú me habrás negado tres veces" (Mc. 14:72). El líder de los apóstoles se desmoronó y comenzó a llorar. Tras la resurrección, Pedro y los otros discípulos regresaron a Galilea para ejercer nuevamente su actividad comercial como pescadores. Mientras pescaban, vieron a Jesús en la orilla opuesta. Curiosamente, el Evangelio nos relata que Pedro estaba desnudo, (*gymnos* en griego), y que se vistió rápidamente antes de ir al encuentro del Señor. Este detalle nos recuerda a la historia de Adán en el libro del Génesis. Antes de la caída, Adán se movía tranquilamente desnudo frente a Dios, sin ser consciente de ello, pero tras el pecado original se escondió de él, avergonzado por su desnudez. De la misma manera Pedro, todavía dolido por haber negado a Cristo, cubre su desnudez ante la presencia de Jesús. Luego observamos un hermoso acto de rectificación espiritual, mientras Jesús recibe nuevamente a Pedro en su círculo íntimo. El Señor le pregunta tres veces a Pedro si lo ama, y tres veces Pedro le contesta: "Señor, tú sabes que te amo" (Jn. 21:15, 16, 17). San Agustín fue el primero en comentar cómo estas tres afirmaciones de amor tenían por finalidad contrarrestar sus tres negaciones. De manera todavía más reveladora Pedro aparece aquí como el arquetipo de la Iglesia perdonada, a la que además encomienda una misión, pues tras cada afirmación de Pedro, Jesús le indica, "Apacienta mis ovejas". Una vez renovada nuestra amistad con Jesús, estamos llamados a amar a quienes él ama.

En el primer capítulo enfaticé cuán peculiar era la pregunta que Jesús formuló en los alrededores de Cesarea de Filipo, "¿Quién dice la gente que soy yo?". Sin embargo, ahora me gustaría regresar a aquel evento para examinar las respuestas que Jesús recibió y, de manera especial, la respuesta de Simón. Respondiendo a la pregunta extraordinaria de Jesús, los discípulos dijeron: "Algunos dicen que eres Juan el

Bautista; otros, Elías; y otros, alguno de los profetas". Podemos imaginarnos fácilmente que Jesús como cualquier celebridad había despertado mucho interés, y que seguramente habría por doquier una variedad de opiniones e interpretaciones en torno a él. Pero lo que todas estas interpretaciones —que reflejaban el consenso popular— tenían en común era que todas ellas estaban equivocadas. Tras escuchar las respuestas a esta encuesta de opinión popular, Jesús les preguntó: "Y ustedes, ¿quién dicen que soy yo?" (Mc. 8:29; Lc. 9:20; Mt. 16:15). El silencio que siguió fue aleccionador. Ni siguiera los compañeros más íntimos del Señor conocían la respuesta. Finalmente, Pedro tomó la palabra y dijo: "Tú eres el Mesías, el Hijo de Dios vivo" (Mt. 16:16). Probablemente habrá usado la palabra *Mashíaj* "el Ungido", aquel que reuniría a las tribus y purificaría el Templo y derrotaría a los enemigos de Israel, pero luego añadió una frase sorprendente, "el Hijo de Dios vivo" (Mt. 16:16). De cierta manera, incluso en esta etapa relativamente temprana del ministerio de Jesús, Pedro ya intuía que Jesús era mucho más que un profeta, un rabino o un vidente, por importante que fuera. Sabía que había algo cualitativamente diferente en su Señor.

Jesús respondió a esta confesión de Pedro con algunas de las palabras más extraordinarias del Nuevo Testamento: "Bienaventurado eres, Simón, hijo de Juan, porque no te ha revelado eso ni la carne ni la sangre, sino mi Padre que está en los Cielos. Y yo te digo que tú eres Pedro, y sobre esta piedra edificaré mi Iglesia, y las puertas del infierno no prevalecerán contra ella" (Mt. 16:17-18). Ni la muchedumbre ni el círculo más allegado de los seguidores de Jesús sabían quién era; sólo Pedro lo sabía. Y este reconocimiento no provino de la propia inteligencia de Pedro ni de una educación extraordinaria (pues no la tenía) o de su habilidad para evaluar la opinión popular. Provino de un regalo de Dios, como un carisma

San Pedro, Iglesia de San Salvador en Chora, Estambul.
WORD ON FIRE

especial del Espíritu Santo. Por este don, que fue concedido sólo al líder de los doce, Jesús dio a Simón un nuevo nombre, que en arameo es *Kephas* (roca o rocoso), que se tradujo al griego como *Petros* y al castellano como Pedro. Jesús declaró que sobre la base de esta roca él levantaría su *ekklesia*, su Iglesia. Aunque hace algunos años los estudiosos solían negar que Jesús realmente pretendiera fundar una Iglesia, la mayoría de los expertos en la actualidad sostienen que es difícil imaginar a un Mesías sin una comunidad mesiánica, es decir, sin una Israel renovada. Y Jesús insiste en que esta sociedad, fundada sobre la confesión de Pedro, constituiría un ejército tan poderoso que ni siquiera la capital fortificada del reino de las tinieblas podría resistírsele. Me asombra con qué frecuencia interpretamos estas palabras de Jesús como si fueran una garantía de seguridad de la Iglesia ante los embates del infierno. Pero, de hecho, Jesús está sugiriendo una imagen mucho más agresiva: su Iglesia asediaría el reino de los infiernos, derribaría sus puertas y destruiría sus murallas. También démonos cuenta del modo en que Jesús emplea el tiempo futuro: *"edificaré* mi Iglesia" (Mt. 16:18). Por tanto, no puede estar sencillamente hablando sobre el propio Pedro, sino en nombre de todos aquellos que participarán de este carisma a lo largo de los siglos, una cuestión a la que regresaremos en un capítulo posterior. La integridad de su *ekklesia* se garantizará a lo largo de los siglos, no a través de la atracción que ejerza sobre la opinión popular (por aleccionadora que fuera), ni a través de la asistencia de una élite institucional o teológica (por necesarias que estas sean), sino a través del conocimiento carismático del Papa sobre quién es Jesús.

Una de las afirmaciones más consistentes del Nuevo Testamento es que Pedro fue el testigo definitivo de Cristo resucitado. Una y otra vez escuchamos, "¡El Señor ha resucitado realmente y se ha aparecido a Simón!" (Lc. 24:34). Después de Pentecostés, este apóstol vacilante se convirtió en una torre fuerte y decidida, y su predicación se centró constantemente en la resurrección. Su discurso en Jerusalén tras el primer Pentecostés es una obra maestra de elocuente evangelización y tal vez una muestra típica de su predicación kerigmática. Dirigiéndose a las multitudes de diversas naciones que habían venido a Jerusalén para la Fiesta de los Tabernáculos, Pedro citó al profeta Joel: "Sucederá en los últimos días, dice Dios, que derramaré mi Espíritu sobre toda carne, y profetizarán vuestros hijos y vuestras hijas, y vuestros jóvenes tendrán visiones, y vuestros ancianos soñarán sueños" (Hch. 2:17). Pedro sabía precisamente dónde se situaba su propia generación en el contexto de la historia de Israel: estaban viviendo el tiempo del cumplimiento, el tiempo en que las promesas de los profetas se estaban realizando precisamente a través de la resurrección de Jesús de entre los muertos. Continúa: "Israelitas, escuchad estas palabras: a Jesús Nazareno, hombre acreditado por Dios ante vosotros con milagros, prodigios y señales, (...) a este, que fue entregado según el designio establecido y la presencia de Dios, lo matasteis (...) Pero Dios lo resucitó (...) Por tanto, sepa con seguridad toda la casa de Israel que Dios ha constituido Señor y Cristo a este Jesús" (Hch. 2:22-36). Su discurso fue tan poderoso que, como nos narra Lucas, su audiencia quedó "dolida de corazón" (Hch. 2:37). Los sucesores de Pedro siempre han tenido la tarea fundamental de testificar de esta misma forma la resurrección de Jesús.

Aproximadamente dos décadas después de Pentecostés, alrededor de los años cincuenta y sesenta del siglo I, Pedro se dirigió a Roma. Las razones exactas por las que fue ahí nos son desconocidas, pero podemos suponer que se dirigía a este centro mundial porque era el lugar indicado para declarar que todo el mundo tenía un nuevo Señor. Tal vez se instaló en la sección judía de Roma, hoy conocida como Trastévere, y en el vecindario que se encuentra en la misma zona cruzando el Tíber. Fuentes antiguas nos indican que Marcos, el autor del primer Evangelio, fue secretario y traductor de Pedro; en efecto, el Evangelio de Marcos incluye un extraordinario número de historias referentes al líder de los após-

Santa María, Trastévere, Roma. WORD ON FIRE

toles. Pedro murió alrededor del año 65, convirtiéndose así en la víctima más prominente de la persecución de los cristianos encabezada por Nerón en Roma. La tradición cuenta que Pedro, considerándose indigno de morir de la misma manera que su Señor, fue crucificado de cabeza en el Circo de Nerón, situado entre las Colinas Vaticana y del Janículo a las afueras de la ciudad. Al centro de la *spina*, la estructura que corría a lo largo del centro del circo, se encontraba un gran obelisco que el emperador Augusto había hecho traer desde Egipto. Seguramente fue una de las últimas cosas que Pedro vio mientras moría colgado. Tras la muerte de Pedro, cortaron su cuerpo y lo enterraron en un pequeño cementerio en la Colina Vaticana. Durante los primeros tres siglos de la vida de la Iglesia aquel lugar fue recordado y venerado por los cristianos locales. En el siglo IV, el primer emperador cristiano, Constantino, construyó en ese sitio una magnífica basílica, que perduró hasta el final del siglo XV, cuando fue demolida y reemplazada por la actual Basílica de San Pedro. A mediados del siglo XX, el Papa Pío XI mandó que se realizaran excavaciones debajo del altar mayor de la Basílica de San Pedro y los arqueólogos desenterraron un cementerio del siglo I en un notable estado de conservación. Entre las inscripciones de las tumbas y los monumentos encontraron una piedra sobre la que se encontraba la siguiente inscripción: *Petros eni* (Pedro está aquí adentro). Cuando abrieron la tumba, encontraron huesos de un hombre de constitución robusta de entre sesenta y setenta años de edad. Lo que los huesos de Pedro nos comunican es algo sobre lo que he estado insistiendo a lo largo de este libro: a saber, que el cristianismo no es ni una filosofía ni una serie de convicciones abstractas. Trata de Jesús, el amigo de Simón Pedro y los otros discípulos, estos hombres del siglo I que conocieron al Señor. En su primera Carta, san Juan nos dice: "Lo que existía desde el principio,

Basílica de San Pedro, Ciudad del Vaticano. WORD ON FIRE

lo que hemos oído, lo que hemos visto con nuestros ojos, lo que hemos contemplado y lo que hemos tocado con nuestras manos acerca de la Palabra de Vida, es lo que les anunciamos. Porque la Vida se hizo visible, y nosotros la vimos y somos testigos, y les anunciamos la Vida eterna, que existía junto al Padre y que se nos ha manifestado" (1 Jn. 1:1-2). Simón Pedro, cuyos huesos yacen en Roma bajo la basílica que lleva su nombre, verdaderamente tocó a Jesús resucitado. De igual manera, la Iglesia se asienta sobre este testigo, sobre esta roca sólida y segura.

EL APÓSTOL DE LOS GENTILES

El segundo de los protagonistas indispensables en los primeros momentos de la Iglesia fue Pablo, cuyo nombre original era Shaol (Saulo), nacido en el pueblo de Tarso en el cuadrante sureste de Asia Menor alrededor del año 10, siendo un contemporáneo de Jesús unos años más joven. Al tratarse de un hijo de los judíos de la Diáspora, Saulo nació en una cultura mixta —judía y griega— y en cierto momento de su juventud se convirtió en ciudadano romano. Por tanto, combinaba en su persona las tres grandes culturas de su tiempo y lugar, lo que llegado su momento hizo de él un predicador particularmente apto del mensaje del Dios de Israel para el resto del mundo. El joven Saulo probablemente recibió una educación clásica bastante completa, con lecturas de Platón, Aristóteles, Esquilo, Sófocles y Homero. A partir de sus Cartas, por ejemplo, descubrimos que conocía bien las normas de la retórica griega. Pero la formación intelectual más significativa de Saulo provino de su inmersión en el mundo de las Escrituras hebreas, la cual inició desde muy joven y se intensificó cuando fue enviado a Jerusalén, probablemente cuando era todavía un adolescente, para estudiar ahí a los pies de Gamaliel, uno de los rabinos más destacados de su tiempo. En Jerusalén, bajo la instrucción de Gamaliel, Saulo estudió las Escrituras y participó de las liturgias y rituales del Templo. A pesar de que Gamaliel era conocido por su mente relativamente abierta para la interpretación del judaísmo clásico, Saulo se movía en la dirección opuesta hasta conver-

San Pablo, Basílica de san Juan de Letrán, Roma. WORD ON FIRE

tirse, como él luego afirmaría, en "un ferviente seguidor de las tradiciones de sus ancestros" (Gal. 1:14).

Mientras transcurría la segunda década de su vida, lo que más molestaba a este joven zelote judío era el emergente movimiento cristiano y, en efecto, ¿cómo no iba a molestarlo? La afirmación de que un carpintero crucificado era el Mesías de Israel contradecía totalmente todas las expectativas de los judíos piadosos. No podía haber evidencia más convincente en contra de esta pretensión mesiánica que la ejecución a manos de los enemigos de Israel. Por tanto, Saulo empezó a perseguir a la primera comunidad cristiana con pasión fanática, pues sin duda la percibía como un grupo de judíos renegados e infieles. Hay un pasaje escalofriante en los Hechos de los Apóstoles en el que se describe a Saulo "respirando aún amenazas y muerte" (Hch. 9:1) contra los cristianos mientras irrumpía en sus casas para apresarlos y conducirlos encadenados a prisión. La primera referencia que se hace de Saulo en el Nuevo Testamento está relacionada con la lapidación de Esteban, el primer mártir cristiano. Mientras una multitud arroja piedras y da muerte a Esteban, se describe a Saulo observándolo todo con aprobación.

Conversión y misión

Saulo obtuvo permiso de sus superiores para erradicar a los cristianos en la lejana ciudad de Damasco, y se dirigió hacia allá con esta firme intención. En el camino ocurrió algo que transformó a Saulo pero también transformó al mundo. Lo que ocurrió camino a Damasco fascinó tanto a los primeros cristianos que encontramos cinco narraciones separadas al respecto en el Nuevo Testamento. Este es el lacónico relato de Lucas sobre este hecho, contenido en el capítulo 9 de los Hechos de los Apóstoles: "Y mientras [Saulo] iba caminando, al acercarse a Damasco, una luz que venía del cielo lo envolvió de improviso con su resplandor. Y cayendo en tierra, oyó una voz que le decía: "'Saulo, Saulo, ¿por qué me persigues?'. Él preguntó: '¿Quién eres tú Señor?'. 'Yo soy Jesús, a quien tú persigues', le respondió la voz" (Hch. 9:3-5).

En la Capilla Cerasi de la iglesia de Santa María del Popolo en Roma, se encuentra una obra maestra de Caravaggio, *La conversión de San Pablo*, colocada en un lateral de la capilla. Debido a la influencia de miles de pinturas, tendemos a imaginarnos a san Pablo como un hombre viejo y barbado, pero Caravaggio lo retrata acertadamente en su pintura como un hombre de unos veintitantos años. Los brazos de Saulo son fuertes y musculosos; lleva puesta la armadura de un guerrero, blande una espada amenazadora y sobre sus hombros porta una fina capa roja al estilo romano. Podemos fácilmente imaginarlo —armado y peligroso—, galopando con la confianza propia de un soldado hacia Damasco. Caravaggio captura magníficamente el momento de su transformación. Este soldado yace boca arriba, indefenso, manoteando y tratando de aferrarse a algo en un gesto de desamparo total mientras sus ojos permanecen cerrados. Ha perdido la confianza y está desorientado, al tiempo que física e intelectualmente intenta encontrar su camino a tientas. Caravaggio nos muestra el instante en el que la gracia invisible derriba a Saulo al suelo, desprovisto de su espada y con los ojos cerrados; está así preparado para un nuevo viaje, para un nuevo tipo de lucha y una nueva forma de ver.

Ciego e indefenso, Saulo fue conducido a Damasco donde unos cuantos días después fue bautizado por un discípulo cristiano llamado Ananías. Cuando Ananías puso sus manos sobre Saulo, cayeron de los ojos del otrora perseguidor "una especie de escamas" (Hch. 9:18) y recobró la vista: fue una manifestación física de una transformación interna. Tras esta

La Conversión de San Pablo *de Caravaggio, Santa María del Popolo,*
Roma. WORD ON FIRE

experiencia que alteró la vida de Saulo —recogemos aquí su
narración en la Carta a los Gálatas— se dirigió nuevamente
a Arabia y luego regresó a Damasco. Sólo tres años después
regresó a Jerusalén para visitar a Pedro, el otro "pilar" de la
Iglesia. ¿Qué hizo durante todo ese tiempo? Algunos suponen que estaba predicando y que se encontraba en plena obra
misionera, pero pienso que es más plausible que simplemente
estuviera tratando de comprender qué le había ocurrido y
cómo podía reconciliar su encuentro con el Jesús vivo con las
tradiciones de Israel que él amaba. Estaba esforzándose por
repensar la antigua Israel en relación con la figura de Jesús o,
mejor dicho, comprender a Jesús como el clímax de la historia
de Israel. De estas meditaciones surgió la primera teología
cristiana.

En cierto momento, al culminar esos tres años, Pablo
comprendió que su misión era proclamar a todos —judíos y
gentiles por igual— que tenían un nuevo rey. A través del
poder de la resurrección, Jesús había sido revelado como el
cumplimento de todas las promesas que Dios había hecho a

Israel y que, por tanto, él era la luz de las naciones. Pablo se sintió comisionado por el propio Cristo para ser el portador de este mensaje. La segunda mitad de los Hechos de los Apóstoles nos narra la historia de Saulo (ahora llamado Pablo), recorriendo frenéticamente Asia Menor, Palestina, Grecia e Italia durante aproximadamente veinte años proclamando el Señorío de Jesús. Si analizamos minuciosamente estas páginas llenas de pasión, advertimos la energía ilimitada y el esmero implacable de este hombre. En su primer viaje misionero predicó hasta la isla de Chipre, donde finalmente se encontró con Sergius Paulus, el procónsul romano, quien se convirtió a la fe. Posteriormente se dirigió a Antioquía de Pisidia, donde predicó en la sinagoga, dando un magnífico discurso en el que resumía la historia de los israelitas e identificaba a Jesús resucitado como la culminación de las promesas de Dios al Pueblo Elegido: "Y nosotros les anunciamos a ustedes esta Buena Nueva: la promesa que Dios hizo a nuestros padres, fue cumplida por él en favor de sus hijos, que somos nosotros, resucitando a Jesús" (Hch. 13:32-33). Y luego siguió la estrategia teológica que repetiría a lo largo de todo su ministerio, es decir, se sumergió en las profundidades de la tradición judía para encontrar la promesa que indicaba que, en los últimos días, la revelación dada a Israel debía convertirse en un mensaje de liberación para todo el mundo: "Yo te he establecido para ser la luz de las naciones, para llevar la salvación hasta los confines de la tierra" (Hch. 13:47).

Después viajó a Listra, otra población en Asia Menor, y ahí curó a un hombre que había sido incapaz de caminar desde su nacimiento, demostrando así que Cristo estaba ahora actuando en su Iglesia, renovando su creación. Al momento de este milagro, la gente del pueblo estaba convencida de que Pablo y su compañero Bernabé eran dioses, y estaban dispuestos a ofrecerles sacrificios. Al oír esto, los dos cristianos rasgaron sus vestiduras y confrontaron a la muchedumbre, "Hombres (...) nosotros somos seres humanos como ustedes, y hemos venido a anunciarles que deben abandonar esos ídolos para convertirse al Dios viviente que hizo el cielo y la tierra, el mar y todo lo que hay en ellos" (Hch. 14:15). Esta réplica muestra claramente que todo el propósito de la predicación y las curaciones de Pablo era proclamar al Dios verdadero, dando a conocer cómo las promesas de Dios habían alcanzado su culminación con la muerte y resurrección de Jesús. Creo que se puede afirmar que el fruto de estos esfuerzos de Pablo fue más bien modesto, pues pocos días después llegaron algunos judíos a Listra e hicieron que el pueblo se volviera en contra de ambos evangelistas cristianos. La muchedumbre que poco antes lo había tomado por una divinidad apedreó a Pablo, y "creyéndolo muerto, lo arrastraron fuera de la ciudad" (Hch. 14:19). Cuando algunos de los discípulos cristianos de Pablo rodearon su cuerpo tendido, este se levantó tranquilamente y sin inmutarse regresó al pueblo.

Uno de los eventos más decisivos de la historia del cristianismo tuvo lugar poco después de este suceso. Pablo, Bernabé y algunos de los líderes del movimiento cristiano temprano se reunieron en Jerusalén para discutir una cuestión potencialmente explosiva, a saber, si los nuevos conversos a la fe que Pablo y otros habían atraído entre los gentiles debían o no seguir las demandas de la Ley de Moisés, incluyendo la circuncisión, abstenerse de alimentos impuros y demás. El asunto era álgido, pues si bien el cristianismo era profundamente judío, también se trataba de algo completamente nuevo. Separadas de la historia de la creación, la caída, la conformación del Pueblo de Israel y las promesas hechas a través de los patriarcas y los profetas, la proclamación de Jesús y su resurrección tenían poco sentido. No obstante, bajo la brillante luz de la resurrección, Pablo y otros observaron que ciertas

San Pablo, Iglesia de San Salvador en Chora, Estambul.
WORD ON FIRE

formas de la vida judía, aunque habían servido como indicadores de la verdad que habría de venir, eran ahora obsoletas y
ya no eran estrictamente necesarias.

Tras "mucha discusión", y tras haber escuchado las historias que Pablo y Bernabé expusieron sobre las conversio-
nes de los gentiles, Pedro tomó la palabra y dijo: "Hermanos,
ustedes saben que Dios, desde los primeros días, me eligió
entre todos ustedes para anunciar a los paganos la Palabra
del Evangelio, a fin de que ellos abracen la fe. Y Dios (...) dio
testimonio en favor de ellos, enviándoles el Espíritu Santo, lo
mismo que a nosotros" (Hch. 15:7-8). Lo que resulta claro de
esta intervención es que Pedro había llegado a comprender
algunos aspectos entre las líneas del discurso de Pablo: mientras los gentiles hubieran recibido el espíritu de Cristo resucitado, ¿por qué habría de imponérseles todas las regulaciones
y normativas que los propios judíos jamás habían sido capaces
de cumplir? Luego se decidió que los nuevos conversos no
debían ser "agobiados" con la Ley de Moisés, excepto en el
caso de la prohibición de la idolatría (que es esencial en la

proclamación cristiana del Señorío de Jesús) y la fornicación (que faltaba al respeto a la dignidad del cuerpo). Los gentiles serían, empleando las palabras del propio Pablo, "injertados" a Israel (Rom. 11:17), pero no habría de obligárseles a seguir las prácticas que diferenciaban étnicamente a los judíos del resto del mundo. De esta manera, Pablo se dio cuenta de que la misión que Cristo resucitado le había encomendado era convertirse en un apóstol para las naciones que ahora habían sido formalmente ratificadas por la Iglesia. Y desde aquel momento la ambición del evangelización cristiana no conoció fronteras.

Tras este primer "concilio" en Jerusalén, Pablo y Bernabé regresaron a Asia Menor para alentar a las iglesias que habían establecido. Mientras estaba en Troas, un pueblo costero, Pablo tuvo un sueño en el que un hombre de Macedonia, la tierra de Alejandro Magno, le solicitaba que fuera a predicar la Palabra. Consecuentemente Pablo realizó un corto viaje de Asia a Grecia. El historiador católico Christopher Dawson ha afirmado que la entrada de Pablo en Macedonia, aunque ciertamente pasó inadvertida para los comentadores más eruditos de aquel tiempo, de hecho fue uno de los eventos más cruciales en los últimos dos mil años, ya que representó el comienzo del cristianismo europeo y, por tanto, una revolución en la cultura que terminaría por afectar a todo el mundo.

La primera escala importante que Pablo hizo en Europa fue en la colonia romana de Filipo, llamada así en honor al padre de Alejandro Magno, Filipo de Macedonia, y que también fue el lugar donde ocurrió la batalla decisiva entre Antonio y Octavio contra sus enemigos Bruto y Casio, los asesinos de Julio César. A las afueras de Filipo, Pablo se encontró con una mujer llamada Lidia, una comerciante de púrpura (lo que para nosotros equivaldría a una comerciante de vestidos lujosos) y, como se nos narra, "El Señor le tocó el corazón para que aceptara las palabras de Pablo" (Hch. 16:14). Lidia era una "adoradora de Dios", lo que significaba que era una gentil que, sin embargo, estaba afiliada a la sinagoga y era conocedora de la historia de Israel. Durante su ministerio, Pablo tuvo que tratar en algunas ocasiones con judíos y con gentiles, pero también muchas veces trataba con gente como Lidia, empleando diferentes métodos de persuasión y argumentación adecuados para cada grupo, mostrando así la flexibilidad propia de un evangelista efectivo. Después de que bautizara a Lidia y a su familia, Pablo se encaminaba a orar cuando fue abordado por una joven esclava que tenía un "espíritu de adivinación" y a quien sus amos empleaban para ganar grandes cantidades de dinero. Pablo expulsó al demonio en ella, con lo que seguramente benefició a la joven pero hizo enfurecer a sus dueños que acababan de perder su principal fuente de ingresos. Condujeron a Pablo ante el magistrado local y lo acusaron de "predicar ciertas costumbres que nosotros, los romanos, no podemos admitir ni practicar" (Hch. 16:21). El apóstol fue desnudado, golpeado y encadenado en la celda más profunda de la prisión. Aquella noche, mientras cantaba himnos de alabanza con su compañero Silas (algo extraordinario en alguien que acababa de ser molido a palos y encarcelado), un terremoto sacudió la prisión y sus puertas se abrieron de par en par. Suponiendo que los prisioneros habían escapado, el carcelero desenvainó su espada para darse muerte, pero Pablo lo detuvo: "No te hagas ningún mal, estamos todos aquí" (Hch. 16:28). El hombre asombrado preguntó entonces qué debía hacer para salvarse. La simple y magnífica respuesta de Pablo y Silas fue: "Cree en el Señor Jesús y te salvarás tú y toda tu familia" (Hch. 16:31).

Ahí, en muy pocas palabras, está contenido todo el Evangelio que Pablo predicaba: ríndete a la majestad del Señorío del nuevo rey, Cristo crucificado y resucitado. La Carta

Filipo, Grecia. WORD ON FIRE

que Pablo posteriormente escribiría a la comunidad de Filipo —una de las joyas de la tradición cristiana— contiene un himno que Pablo adaptó a sus propósitos y que también nos provee con una síntesis de su enseñanza: "Tengan los mismos sentimientos de Cristo Jesús. Él, que era de condición divina, no consideró esta igualdad con Dios como algo que debía guardar celosamente: al contrario, se anonadó a sí mismo, tomando la condición de esclavo (...) Por eso, Dios lo exaltó y le dio el Nombre que está sobre todo nombre, para que al nombre de Jesús, se doble toda rodilla en el cielo, en la tierra y en los abismos, y toda lengua proclame que Jesucristo es el Señor" (Fil. 2:5-7, 9-11). Primero, nos damos cuenta de que la divinidad de Jesús se afirma claramente: él es de condición divina y tiene el Nombre sobre todo nombre. Y, en segundo lugar, observamos las consecuencias de esta afirmación: Jesús es el *kyrios* (el Señor), a quien se debe toda lealtad dentro de la esfera política y cultural y, de hecho, en todo el cosmos y también en el orden invisible.

Tras dejar Filipo, Pablo viajó a Tesalónica e inmediatamente se dirigió a la sinagoga judía para proclamar la buena nueva. Mientras contaba su historia, algunos fueron persuadidos, pero otros se irritaron con él y provocaron un alboroto, "sembrando la agitación en la ciudad" (Hch. 17:5). El cargo formal que se impuso a Pablo y sus compañeros cristianos es fascinante: "Esos que han revolucionado todo el mundo, han venido también aquí (...) Toda esta gente contraviene los edictos del Emperador, pretendiendo que hay otro rey, llamado Jesús" (Hch. 17:6-7). Bastante acertado, de hecho. El mensaje de Pablo en efecto estaba destinado a revolucionar el mundo, precisamente porque se trataba de la proclamación de un nuevo rey y, por tanto, de una forma completamente nueva de organizar las cosas. Los poderes de las tinieblas —actuando, por ejemplo, en la joven con el "espíritu de adivinación" en Filipo— habían sido derrotados, y tanto judíos como gentiles tenían que ver el mundo de una forma distinta. No creo que sea en lo absoluto accidental que cuando Pablo escribió de regreso a la comunidad de Tesalónica (el documento cristiano más temprano del que disponemos), su tema central haya sido el fin del mundo como actualmente lo conocemos y el deseo de que Cristo viniera a renovar el cosmos entero. Cuando Pablo habla en ese texto de Cristo llegando entre las nubes y los cristianos elevándose por los aires para recibirlo, no está prediciendo un gran escape del mundo de la materia; más bien, se imagina un comité de recibimiento conformado por creyentes que salen a escoltar al nuevo rey del mundo. N. T. Wright nos cuenta la magnífica historia de un obispo anglicano que en una ocasión decía, "cuando Pablo predicaba había disturbios, pero cuando yo predico me sirven el té". Si bien nuestra enseñanza de la fe muchas veces es poco entusiasta y resulta poco inspiradora, la auténtica proclamación cristiana es tan subversiva y explosiva como el terremoto que sacudió las paredes de la prisión en Filipo.

Resurrección

La siguiente escala en el viaje misionero de Pablo fue Atenas, donde pronunció un discurso en el Monte de Marte (el Areópago), el foro público que se encontraba justo a la sombra de la Acrópolis y el Partenón, y que nos permite explorar el tema central de la predicación de Pablo: la resurrección de Jesús de entre los muertos. Tras halagar a los atenienses por su religiosidad, evidente por el gran número de santuarios y altares que ahí había, Pablo dirigió su atención a un altar específico en el que se leía la inscripción "Al dios desconocido" (Hch. 17:23). La naturaleza de este Dios —obviamente desconocida para los filósofos de Atenas— sería el tema de su predicación. Les dijo que el verdadero Dios era el creador del universo y todo lo que hay en él y, por tanto, "él no habita en templos hechos por manos de hombre", ni tampoco es "semejante al oro, la

Partenón, Atenas, Grecia. WORD ON FIRE

plata o la piedra, trabajados por el arte y el genio del hombre" (Hch. 17:24, 29). Al pronunciar estas palabras en aquel lugar, desde el que podía verse el Partenón donde se rendía culto a una magnífica estatua de la diosa Atenea, Pablo estaba siendo provocativo, algo típico en él. Este Dios, además, había "establecido un día para juzgar al universo con justicia, por medio de un hombre que él ha destinado y acreditado delante de todos, haciéndolo resucitar de entre los muertos" (Hch. 17:31). Este es el punto más radical de la cuestión, pues la resurrección de Jesús validaba su afirmación mesiánica y, por tanto, representa el fundamento de la declaración de Pablo, quien afirmaba que Cristo era el *Kyrios* del mundo. Cuando los sabios que debatían en el Areópago escucharon esto, algunos "se burlaban, pero otros decían: 'Otro día te oiremos hablar sobre esto'" (Hch. 17:32).

Si aquellos pocos que se interesaron hubieran escuchado más, ¿qué habrían escuchado? Había diversos puntos de vista entre los pensadores de aquel tiempo en relación a lo que ocurre después de la muerte. El grupo judío de los saduceos, por ejemplo, sostenía una noción que puede encontrarse en muchos textos bíblicos antiguos, según la cual los muertos simplemente regresan al suelo y se descomponen. Otros judíos creían que los muertos entraban en el reino sombrío del *Sheol*, un lugar de tristeza y aburrimiento, semejante al inframundo de la imaginación griega. Otros incluso —por ejemplo, el autor del libro de Daniel— pensaban que los muertos que habían sido justos existirían de alguna manera en estrecha relación con Dios. En tiempos de Jesús, los fariseos habían llegado a creer en la resurrección de los cuerpos de los justos al final de los tiempos, al "final de la era". Desde luego, en el pensamiento griego encontramos por un lado la visión mítica a la que ya hemos aludido arriba, pero también la narración filosófica más sofisticada de Platón, según la cual la energía intelectual del individuo lograba escapar de su prisión corporal al momento de la muerte. Pablo, un judío que contaba con profundas raíces helénicas seguramente estaría familiarizado con todas estas doctrinas, pero su mensaje de resurrección era algo completamente nuevo. No dijo que Jesús hubiera ido al *Sheol* o que se encontrara ahora vagamente "con Dios"; tampoco expresó una mera esperanza de que algún día él resucitaría junto a los demás santos, ni tampoco afirmó que el alma de Jesús hubiera escapado de su cuerpo. Sostuvo en cambio que tras su crucifixión Jesús de Nazaret resucitó en cuerpo de entre los muertos tras su crucifixión, y que ahora existía en un estado físico transfigurado. Cristo resucitado se presentó a sí mismo como una persona con cuerpo y, no obstante, su corporalidad no estaba condicionada por los límites ordinarios del tiempo y el espacio. Tenía carne y huesos y, sin embargo, podía atravesar paredes y aparecer y desaparecer a voluntad. Este era un estado físico que correspondía a un nivel más elevado de perfección y realización.

En el capítulo quince de su primera Carta a los Corintios, Pablo establece esta enseñanza central: "Hermanos, les recuerdo la Buena Noticia que yo les he predicado (...) Les he transmitido en primer lugar, lo que yo mismo recibí: Cristo murió por nuestros pecados (...) Fue sepultado y resucitó al tercer día" (1 Cor. 15:1, 3-4). Pero démonos cuenta de cómo especifica esta afirmación nombrando a algunas personas particulares a las que Jesús se había aparecido después de su resurrección: "Se apareció a Kephas [Pedro] y después a los Doce. Luego se apareció a más de quinientos hermanos al mismo tiempo, la mayor parte de los cuales vive aún (...) Además, se apareció a Santiago y de nuevo a todos los Apóstoles" (1 Cor. 15:5-7). Este no es el modo en que habla alguien que esté vendiendo vagas esperanzas religiosas, mitos o especulaciones filosóficas. Pablo menciona a personas muy reales y específicas a quienes Jesús se apareció y que, en principio, podían ser interrogadas al respecto. ¿Qué tan importante resulta para Pablo la resurrección corporal? Pablo dijo, "Si Cristo no resucitó, vana es nuestra fe" (1 Cor. 15:17), y "Si nosotros hemos puesto nuestra esperanza en Cristo solamente para esta vida, seríamos los hombres más dignos de lástima" (1 Cor. 15:19). Esto es cierto, porque un hombre muerto que hubiera permanecido en su tumba habría sido, necesariamente, un falso mesías y su doctrina, por inspiradora que fuera, nunca habría podido tener poder sobre la muerte.

Participación en Cristo

Pablo estaba convencido de que Jesús resucitado —el portador de las promesas de Dios y el legítimo Rey del mundo— era como un campo de fuerza, como una energía o, para usar una de sus palabras favoritas, un poder. Si la antigua Israel había sido instruida para seguir la Ley, Pablo ahora dice, "entren en Cristo", quien es en sí mismo la encarnación y cumplimiento de la Ley. Si a los judíos se les había enseñado a adentrarse en las alianzas hechas con Abraham, Moisés y David, Pablo ahora dice "vivan en Cristo", quien es en su persona el cumplimiento de las alianzas. Si se le había ordenado al Pueblo Elegido que ofreciera sacrificios a Yahvé en el templo, Pablo ahora afirma, "confíen en Cristo", quien a través de su crucifixión se convirtió en el sacrificio nuevo y definitivo. En el décimo capítulo de la primera Carta a los Corintios, Pablo habla sobre las celebraciones eucarísticas de la primera comunidad cristiana, y hace una observación crucial: "La copa de bendición que bendecimos, ¿no es acaso comunión con la Sangre de Cristo? Y el pan que partimos, ¿no es comunión con el Cuerpo de Cristo?" (1 Cor. 10:16). La palabra griega de donde proviene "compartir" es *koinonia*, que significa, en su uso ordinario, "comunión", pero el modo en que Pablo la emplea alude a la participación mística. La comunidad de Cristo es mucho más que una congregación de personas que piensan de manera similar; más bien es, como sugiere la metáfora del cuerpo que Pablo emplea, un organismo de células interdependientes donde todas tienen vida a partir de la energía primordial de Jesús.

Solo contra este horizonte podemos abordar la famosa y controvertida pregunta de la justificación en los escritos de Pablo. En el siglo XVI, la Iglesia cristiana de Oriente se escindió por esta cuestión, y las heridas que de aquí resultaron están todavía lejos de sanar. A los pies de Gamaliel, Pablo seguramente escuchó con frecuencia el término hebreo *Mispat*, que significa "justicia" u "orden justo". El *Mispat* era, en primer lugar, una cualidad de Dios y, por extensión, una cualidad de aquellos que guardaban una relación apropiada con Dios. Pablo emplea en muchas ocasiones en sus Cartas la traducción griega de este término —*dikaiosyne* (rectitud)—, pero ¿a qué se refiere precisamente? Pablo observó cómo a través de Jesucristo, Yahvé había sido fiel y se había encontrado con la fiel Israel. A pesar de que el templo, la ley y las alianzas estaban diseñadas para acercar a Dios y a su pueblo, el pecado de Israel siempre volvía inefectivos todos estos medios y, por tanto, el *Mispat* de Dios nunca lograba ser transferido con éxito a la humanidad. Pero ahora, a través de la obediencia de Cristo, la justicia divina había llegado plenamente a Israel y, a través de Israel, al resto del mundo. Por tanto, la participación en Jesús, la *koinonia* con él, es el camino de la salvación, un camino que en principio estaba abierto a todos, judíos y griegos por igual. ¿Cómo se logra esta participación? Pablo no podía ser más claro al afirmar que el primer paso es la fe. El término griego que empleó aquí es *pistis*, que significa mucho más que la mera aceptación de ciertas proposiciones intelectuales. Posee más bien la connotación de una confianza profunda y personal. Confiamos en Jesucristo apoyándonos en el poder de su Cruz y su resurrección y, de esta manera, ingresamos en su campo de fuerza, el espacio de la justificación. Pero aún hay más, pues Pablo sabe que una vez que hayamos iniciado la aventura de la fe, estaremos llamados a sumergirnos en la energía y el poder de Cristo, a "revestirnos del Señor Jesucristo" (Rom. 13:14), a conformarnos a él en nuestra inteligencia, voluntad y cuerpo. En una palabra, se nos invita a abrazar el amor que sigue a la fe.

Uno de los mejores resúmenes del pensamiento espiritual y teológico de Pablo a este respecto se encuentra en el versículo 13 de su primera Carta a los Corintios, uno de los textos más hermosos de la tradición literaria de Occidente. Me refiero al "himno del amor". Pablo se está dirigiendo a la comunidad cristiana de Corinto, que había quedado cautivada por las manifestaciones más espectaculares de la vida espiritual, como los dones de lenguas, de sabiduría y de profecía. Quería que regresaran a lo más fundamental, y por esta razón insistió en la superioridad del amor. "Aunque yo hablara todas las lenguas de los hombres y de los ángeles, si no tengo amor, soy como una campana que resuena o un platillo que retiñe. Aunque tuviera el don de la profecía y conociera todos los misterios y toda la ciencia, aunque tuviera toda la fe, una fe capaz de trasladar montañas, si no tengo amor, no soy nada" (1 Cor. 13:1-2). El propio Pablo hablaba en lenguas y afirmaba haber tenido una experiencia mística del "tercer cielo", y ciertamente cantaba alabanzas de fe, pero insiste en que todos estos dones no son *nada* a menos de que estén acompañados de amor y lo hagan surgir. ¿Por qué sería esto cierto? Es cierto porque Dios *es* amor; el amor *es* la vida divina, y el propósito final de la espiritualidad es que esa vida esté en nosotros. Si en mí se encontrara todo lo que acompaña a la vida divina,

Corinto, Grecia. WORD ON FIRE

pero no la poseyera en sí misma, entonces efectivamente no sería nada. Y, ¿qué es el amor? Como lo dije previamente, el amor no es primordialmente un sentimiento o una emoción (aunque el amor puede estar acompañado de sentimientos y emociones); el amor es desear el bien del otro en tanto que es otro. Cuando amamos, escapamos del agujero negro de nuestro profundo egoísmo y vivimos para alguien más; amar es saltar extáticamente fuera de nosotros mismos.

Por eso como explica Pablo, "el amor es paciente, el amor es servicial" (1 Cor. 13:4). Muchos de nosotros somos buenos o justos con los demás esperando que a su vez sean buenos o justos con nosotros. Esto no es amor sino una forma de egoísmo indirecto. Cuando quedamos atrapados en esta dinámica de intercambio recíproco nos impacientamos cuando nuestras acciones por el otro no son correspondidas. Si alguien responde a nuestra amabilidad con hostilidad e incluso

con indiferencia, retiramos inmediatamente nuestra benevolencia. Pero la persona caracterizada por el verdadero amor no
está interesada en el intercambio recíproco, sino simplemente
en el bien del otro y, por tanto, está dispuesto a enfrentarse
a cualquier tipo de resistencia. El amor es capaz de soportar
largos sufrimientos y seguir siendo amable. Por eso Pablo insiste y dice que "[el amor] no es celoso, no hace alarde, no se
envanece" (1 Cor 13:4). Gore Vidal, el novelista norteamericano, describe con admirable honestidad la sensación de la
envidia de la siguiente manera: "cuando un amigo mío tiene
éxito, es como si algo dentro de mí muriera". El verdadero
amor no se parece en nada a este tipo de resentimiento, pues
lo que desea es el éxito del otro. La persona que ama no es
presuntuosa, porque no siente la necesidad de ponerse por
encima de la otra persona. Por el contrario: quiere que la otra
persona sea elevada y consecuentemente ocupa el lugar inferior con alegría. Una vez que comprendemos la naturaleza
del verdadero amor, entendemos por qué "todo lo sufre, todo
lo cree, todo lo espera, todo lo soporta" (1 Cor. 13:7). Porque
aquel que ama no está concentrado en sí mismo sino en el objeto de su amor, no está preocupado por su propio cansancio,
desilusión o frustración. En cambio siempre pone su mirada
más adelante, esperando contra toda esperanza, atendiendo
las necesidades de aquellos a los que ama.

Pablo concluye este encomio con la observación de que "el
amor no pasará jamás" (1 Cor. 13:8). Cuando estemos com-
partiendo la vida divina en el cielo no hará ya falta creer y la
fe no será necesaria, pues estaremos viendo directamente a
Dios. De igual modo la esperanza dejará de existir, pues nuestro deseo más profundo será una realidad. Pero el amor jamás
pasará, porque el cielo es amor. El cielo es aquel estado en el
que reina el amor y donde todo lo que no sea amor se habrá
extinguido. Por eso, Pablo puede afirmar que "ahora existen

tres cosas: la fe, la esperanza y el amor, pero la más grande de todas es el amor" (1 Cor. 13:13). Con estas palabras Pablo no solo ha destacado lo más esencial de su teología, sino que también ha mostrado lo más radical de la vida cristiana. Todo lo demás es complementario.

EL ESPÍRITU DE PEDRO Y PABLO

Hans Urs von Balthasar, uno de los más grandes teólogos del siglo XX, decía que Pedro y Pablo eran los arquetipos permanentes de la Iglesia. Pedro, quien dirigió originalmente al grupo de los doce, representa la sede, la estructura, la jerarquía y la dirección: todos aquellos modos en que la Iglesia está organizada para alcanzar su cometido. Todo sacerdote, obispo, pastor y papa es, en este sentido, un descendiente de Pedro. Y Pablo, quien fue a varias naciones evangelizando a los gentiles representa, como afirma Balthasar, la misión, el compromiso por predicar el Evangelio a todas las culturas. Cada misionero, profesor, predicador y teólogo es, en este sentido, un hijo o hija de Pablo. Sin la dirección petrina, la obra paulina perdería su enfoque y estaría continuamente en peligro de disolverse. Sin la fuerza paulina, la obra petrina se reduciría a fría administración y burocracia eclesiástica. Pero unidas, armonizando tensiones, han impulsado a la Iglesia a través de los siglos en todo el mundo.

El espíritu de Pedro y Pablo condujo a san Francisco Xavier a viajar desde Portugal a India, Goa y Japón, hasta llegar a las mismas fronteras de China; también impulsó a Matteo Ricci, el gran jesuita misionero, a llevar la fe hasta la corte del emperador chino. Este mismo espíritu empujó a los misioneros hasta las Islas Filipinas en el siglo XVI, hasta Paraguay y Brasil en el siglo XVII y hasta Hawai, Australia, Nueva Zelanda y África Subsahariana en el siglo XIX. Uno de los frutos más extraordinarios de la misión en África fue el testimonio de la joven y vibrante Iglesia de Uganda al enfrentarse a una terrible persecución. En 1885, un rey de Uganda particularmente perverso solicitó los favores sexuales de algunos jóvenes cristianos de su corte. Cuando estos jóvenes se negaron fueron brutalmente asesinados y se unieron a la gran compañía de los mártires. Una de las liturgias festivas más importantes en el continente africano hoy en día tiene lugar el día en que se conmemora a estos fieles y valientes testigos.

En 1933, en el aniversario 1900 de la redención, el Papa Pío XI instó a los misioneros cristianos a que literalmente llevaran el Evangelio a todos los rincones del mundo, para asegurar que el mensaje fuera escuchado en todo lugar. Los Misioneros Oblatos de María Inmaculada aceptaron el reto. Un pequeño grupo de ellos fue enviado a los límites del norte de Canadá, donde proclamaron que Jesucristo había resucitado de entre los muertos. Luego preguntaron, "¿queda todavía gente más al norte?". Cuando recibieron una respuesta afirmativa, se dirigieron a una comunidad todavía más alejada y allí proclamaron a Jesús. Este proceso continuó hasta que, finalmente, llegaron a una diminuta comunidad de personas que les dijeron, "No, nosotros somos los últimos". Cuando los oblatos predicaron a este pequeño grupo, regresaron a Roma con el siguiente mensaje: "Hemos anunciado a Jesucristo hasta los confines del mundo". Aparte de Pedro y Pablo, esta clase de garbo evangélico y esta alegre espiritualidad aventurera parecerían impensables.

Capítulo 6

UN CUERPO DOLIENTE Y GLORIOSO: LA UNIÓN MÍSTICA ENTRE CRISTO Y LA IGLESIA

CUÁN EXTRAÑO ES QUE CREAMOS EN LA IGLESIA. EN EL CREDO de Nicea los católicos profesan su fe en el Padre, el Hijo y el Espíritu Santo, las tres personas divinas, y esto parece bastante razonable. Pero luego proceden a declarar su *creencia* "en la Iglesia, que es una, santa, católica y apostólica". ¿No es esto una especie de fusión entre Creador y criatura? ¿No resulta blasfemo afirmar la fe en una institución humana? Responder a estas preguntas equivale a llegar al corazón de la comprensión católica de la Iglesia, pues los católicos

sostienen que la Iglesia no se reduce meramente a una organización humana, una simple reunión de personas con
un mismo modo de pensar, una comunidad de origen y con
propósitos puramente humanos. Más bien, la Iglesia es un
sacramento de Jesús y, como tal, comparte el propio ser, vida
y energía de Cristo. De acuerdo con la inagotable riqueza de
la metáfora propuesta por san Pablo, la Iglesia es el cuerpo
de Jesús, un organismo compuesto por células, moléculas y
órganos interdependientes. Cristo es la cabeza de un cuerpo
místico compuesto por todos aquellos que en todo espacio
y tiempo hayan sido injertados en él a través del bautismo.
Y para que no pensemos que esta comprensión orgánica fue
una invención peculiar de Pablo, traigamos a nuestra mente
el vívido lenguaje que el propio Jesús empleó para poder expresar la relación que se da entre él y sus seguidores: "Yo soy
la vid, ustedes los sarmientos" (Jn. 15:5); "permanezcan en
mí" (Jn. 15:4); "si no comen la carne del Hijo del Hombre y
no beben su sangre, no tendrán vida en ustedes" (Jn. 6:53).
Tal vez yo podría ser un gran admirador de Abraham Lincoln,

Catedral de Chartres, detalle, Francia. WORD ON FIRE

tanto así que me sintiera llamado a formar parte de la sociedad de Abraham Lincoln y asistir regularmente a sus reuniones, pero nunca estaría tentado a hablar de comer el cuerpo
de Lincoln y beber su sangre. Podría admirar la vida y las
obras de Mahatma Gandhi con tanto entusiasmo que sentiría
el impulso de fundar la sociedad de Gandhi, pero nunca se
me ocurriría hablar de ser injertado a Gandhi. Pero nosotros,
los católicos, decimos cosas tan radicales como estas cuando
describimos nuestra relación con Jesús.

Vienen al caso dos grandes pasajes del Nuevo Testamento,
mismos que ya hemos considerado en otros contextos. El primero es la afirmación de Jesús en el capítulo 25 de Mateo:
"Les aseguro que cada vez que lo hicieron con el más pequeño
de mis hermanos, lo hicieron conmigo". El Señor no nos dice
simplemente que si damos de comer al hambriento, o vestimos
al desnudo, o visitamos a los presos estamos haciendo cosas
loables o que Dios está satisfecho con nosotros. Podemos
imaginar cualquier número de profesores religiosos diciendo
esto. Más bien, lo que está afirmando es que estos actos son
realizados *para él* personalmente, pero esto solo tiene sentido
en tanto que los pobres, los hambrientos y los presos pertenecen a Jesús, y están incorporados a él. El segundo pasaje
proviene del capítulo 9 de los Hechos de los Apóstoles. De-
rribado al suelo y cegado por la luz sobrenatural, el enemigo
jurado de la comunidad cristiana escucha las siguientes palabras: "Saulo, Saulo, ¿por qué *me* persigues?" (la cursiva es
mía; Hch. 9:4). Saulo pretendía perseguir a los seguidores de
Jesús, a los que percibía como judíos profundamente desvia-
dos. Nunca se había encontrado con Jesús y estaba seguro
de que el líder de este grupo rebelde se encontraba seguro
en su tumba. Sin embargo, este misterioso Cristo insistió en
que Saulo lo estaba persiguiendo a él personalmente —"Yo
soy Jesús, a quién tú persigues"—, una afirmación que tenía

sentido solo si Jesús se identificaba a sí mismo con sus seguidores de una manera tan vívida y encarnada al grado de que
cuando ellos sufrieran él mismo sufriera.

En el ábside de la Basílica de San Clemente en Roma, se
encuentra un mosaico maravilloso del siglo XII que nos proporciona una expresión visual de la idea que hemos estado explorando. En el centro de la composición se encuentra Jesús
crucificado, la fuente de la vida sacramental de la Iglesia. En
torno a la cruz del Señor hay doce palomas, simbolizando a
los apóstoles que volarían con el mensaje de la salvación alrededor del mundo. De la cruz crecen y se enroscan siguiendo
patrones ordenados una serie de vides, hojas, ramas y rizos
que sugieren la misteriosa organicidad del cuerpo místico de
Jesús, a toda la gente unida a Cristo y por tanto entre sí a
través de los siglos. Y si se me permite todavía insistir un
poco más en el simbolismo de la naturaleza, el mosaico indica
cómo el cuerpo de Cristo incluye no solo el orden humano
sino a toda la creación, tanto la visible como la invisible. En
su Carta a los Colosenses, Pablo habla de Cristo como el eje
principal de todo el universo: "Él es la imagen del Dios invi-

Basílica de San Clemente, interior, Roma. WORD ON FIRE

sible, el primogénito de toda la creación, porque en él fueron creadas todas las cosas, tanto en el cielo como en la tierra, los seres visibles y los invisibles (...) Él existe antes que todas las cosas y todo subsiste en él" (Col. 1:15-17). Y justo después de esta descripción lírica del poder cósmico de Cristo, Pablo añade: "Él es también la cabeza del cuerpo, es decir, de la Iglesia" (Col. 1:18). Desde sus primeros momentos, la comunidad cristiana se concebía a sí misma como nada menos que el medio a través del cual Jesús uniría nuevamente al universo.

Durante su juicio por cargos fabricados, se exigió a santa Juana de Arco que explicara el modo en que ella comprendía la relación entre Cristo y su Iglesia. Ella respondió de la siguiente manera: "Sobre Jesucristo y la Iglesia, sé solo esto: que son simplemente una misma cosa, y que no deberíamos complicar más la cuestión". Resulta difícil superar el modo en que sus palabras logran expresar el peculiar sentido de Iglesia que tienen los católicos.

EKKLESIA

Como hemos visto, el Dios bíblico representa una gran fuerza de congregación. Ya en su propia naturaleza Él es una comunidad de amor, una unidad en la diferencia. Este amor divino de una intensidad infinita da lugar a un universo de realidades interconectadas, unidas todas ellas entre sí a través de su centro común en Dios. La preocupación divina, desde el principio, es la unificación de lo múltiple en la unidad, la reunión de todo. Por tanto, aquello que se opone a Dios siempre consistirá en un poder de separación. El Padre de la Iglesia temprana, Orígenes de Alejandría, afirmaba que "*ubi divisio ibi peccatum*" (donde hay división, ahí hay pecado), y la palabra inglesa *sin* (pecado) proviene de la raíz germánica *Sunde*, que significa "desgarrar" o "separar". Desde el surgimiento del pecado, Dios concibió una operación de rescate a través del Pueblo de Israel. Reunió a la familia de Abraham y los configuró según su corazón, dándoles leyes, pactos y rituales que los unirían en el amor haciéndolos así agradables a ojos de Dios y atractivos para las otras naciones. Como se discute a lo largo de toda la Biblia, lo distintivo de Israel era, por tanto, no estar *contra el mundo* sino precisamente *para el mundo*. Jesús no es sino la plenitud de la realización de Israel —la verdadera alianza, la Encarnación de la Ley, y el auténtico Templo— y, por tanto, se constituye así como el unificador supremo: "cuando yo sea levantado en alto sobre la tierra, atraeré a todos hacia mí" (Jn. 12:32). Su cuerpo, la Iglesia, es el instrumento por el cual continúa su obra a través de los siglos.

Para poder comprender esto a mayor profundidad, regresemos nuevamente a aquella conversación que Jesús sostuvo con sus discípulos a las afueras de Cesarea de Filipo. Ante la peculiar pregunta de Jesús, "¿Quién dice la gente que soy

Crucifijo, Catedral de Orvieto, Italia. WORD ON FIRE

yo?", Simón respondió, "Tú eres el Mesías, el Hijo de Dios vivo", y el Señor le replicó, "Bienaventurado eres, Simón, hijo de Juan (...) Y yo te digo que tú eres Pedro, y sobre esta piedra edificaré mi Iglesia, y las puertas del infierno no prevalecerán contra ella"(Mt. 16:17-18). "Iglesia" proviene de la palabra griega *ekklesia*, que se construye a partir de los términos *ekkalein*, "llamar desde". Cuando examinamos a la *ekklesia*, por tanto, hemos de hacernos tres preguntas: ¿de quién proviene el llamado, desde dónde se nos está llamando y a qué se nos está llamando?

Bajo la visión contemporánea occidental, las personas se afilian a organizaciones y deciden bajo sus propios términos y para sus propios fines a qué comunidades desean pertenecer. Pero esto no ocurre así en la Iglesia, pues los miembros del cuerpo de Cristo han sido llamados por alguien más, han sido incorporados por un poder superior. Dirigiéndose a los corintios, Pablo les dice que él ha sido "llamado a ser Apóstol de Jesucristo por la voluntad de Dios" (1 Cor. 1:1). Nos damos cuenta aquí de cómo emplea la voz pasiva, diciendo que "ha sido llamado", y cómo se reconoce a sí mismo como alguien que ha sido enviado (la palabra "apóstol" proviene del griego *apostelein*, que significa "enviar"). Esta importante figura de la Iglesia, al escribir a esta Iglesia que ayudó a formar, otorga un valor relativo a su propia voluntad y dispone en cambio todos los deseos que pudiera tener en relación a los deseos de una voluntad superior. Uno podría integrarse a una organización de voluntariado, pero en el caso de la Iglesia de Cristo somos nosotros quienes somos llamados. En su texto clásico *Hábitos del Corazón*, Robert Bellah relata las meditaciones de una joven enfermera llamada Sheila. Cuando se le pregunta sobre sus convicciones religiosas, Sheila afirma que ella no se ha adherido a ninguna fe en particular ni a ningún grupo de dogmas sino que, más bien, ha conformado su propia religión a partir de diferentes fuentes y a su antojo. Ella tenía, como afirma, "mi propia pequeña religión, a la que llamé 'Sheila-ismo'". Bellah subrayaba que se había encontrado con una forma característica de religión norteamericana: ecléctica, superficial y, sobre todo, caprichosa. La presentación que Pablo hace de sí mismo en la primera Carta a los Corintios es la antítesis del 'Sheila-ismo' y el prototipo de la actitud propiamente eclesiástica: humilde, pendiente de la gracia divina, a la expectativa de ser sorprendida.

Pasemos a la segunda pregunta: ¿desde dónde han sido llamadas las personas de la Iglesia? Han sido llamadas desde lo que la Biblia llama "el mundo," toda esa red de instituciones, creencias, comportamientos y prácticas que promueven la división. Karl Barth se refería a esto como *das Nichtige*, el no-ser; la Biblia lo concibe como el *tofu-va-bohu*, el caos primigenio a partir del cual Dios hizo surgir la creación; y san Agustín lo denomina "la región de la desemejanza", es decir, el lugar donde perdemos nuestra semejanza con Dios. Nos estamos refiriendo al ámbito del odio, el racismo, el sexismo, la violencia, la opresión, el imperialismo, lo que san Agustín llamó la *libido dominandi* (el deseo de dominación). Muchos miembros de la Iglesia han salido de todo esto gracias al poder de Cristo y han sido marcados como pertenencia suya. Cuando los israelitas regresaron del exilio se encontraban deseosos de reconstruir, bajo la dirección de Nehemías, las murallas de Jerusalén que habían quedado derruidas y calcinadas años atrás a manos de los babilonios. Cuando las murallas fueron reconstruidas, Ezra el sacerdote leyó en alto la Torah al pueblo y los hizo escucharlo durante todo un día. Nehemías y Ezra sabían que para poder lograr su objetivo, el Pueblo de Israel debía mantener aquello que lo distinguía. Tenía que recordar que había sido llamado a dejar el curso ordinario de las cosas.

La mayoría de las catedrales cristianas medievales estaban orientadas, es decir, construidas de tal modo que estuvieran dirigidas hacia el Este. El frente de la catedral recibe el nombre de ábside y es el lugar donde se sitúa el altar, lo que significa que la fachada que está orientada hacia el Oeste, hacia donde se pone el sol, se encuentra detrás del altar. Esto explica lo imponentes, fieras y el carácter de ariete que poseen las fachadas de las catedrales: se levantan como una muralla o un escudo contra los poderes de la oscuridad. Señalan aquello contra lo que la Iglesia se opone.

Otro tipo bíblico de iglesia es el arca de Noé, un lugar seguro cuando el *tofu-va-bohu* del diluvio eliminó toda la vida en el mundo. El arca fue interpretada, tanto por los rabinos como por los padres de la Iglesia, como un microcosmos del correcto orden divino que se mantenía durante los tiempos de caos, al modo de un lugar donde la vida se preservaba detrás de paredes cuidadosamente construidas durante una época de muerte. Es por esta razón que los arquitectos medievales deseaban tanto hacer que sus catedrales se asemejaran a grandes barcos. La nave (del latín *navis*, que significa "bote") está rodeada de altas paredes que, a su vez, se apoyan en arbotantes que recuerdan remos que salen de los costados de un barco. La sugerencia naval es especialmente clara en la Catedral de Notre Dame de París, que se sitúa en la Ile de la Cité, una isla en medio del río Sena. La idea es que la Iglesia es el arca de Noé, moviéndose a través de las aguas turbulentas del pecado, un lugar de seguridad al que los pecadores han sido llamados. Así, la Iglesia es un lugar de refugio en la tormenta, un bote que surca las olas de un mundo disfuncional. Si seguimos el desarrollo de esta imagen a manos de los Padres de la Iglesia, comprenderemos que esta postura de defensa, esta cualidad de contraposición, sirve a fin de cuentas para un fin positivo. De acuerdo a la narración del libro

Notre Dame, París. WORD ON FIRE

del Génesis, en cuanto cesó el diluvio, Noé ilusionado liberó inmediatamente toda la vida que había preservado con tanto cuidado. Ese microcosmos del bien divino no debía quedarse agazapado por siempre a bordo del arca sino que, más bien, debía fluir hacia el mundo y rehacerlo. De esta manera, la Iglesia reúne en sí a una fracción de personas y las configura según el plan de Dios, pero luego deliberadamente los dispersa por doquier como semillas en un suelo fértil.

Los documentos del Concilio Vaticano Segundo tratan sobre el llamado universal a la santidad, es decir, insta a todos los bautizados a convertirse en una levadura transformadora para el resto de la sociedad. Los padres del Concilio Vaticano Segundo querían inspirar a una generación de grandes abogados, líderes de negocios, enfermeras y médicos, de grandes profesores y escritores católicos, con la esperanza de que estas personas llevaran esta santidad que habían aprendido en la Iglesia a sus áreas de especialización en el mundo secular. Esta visión bíblica se contrapone, claro está, a nuestra preferencia moderna por la privatización de la religión y la reclusión de la fe en el interior de cada conciencia individual.

En términos de la historia de Noé, el abordaje contemporáneo equivale a estar guardando los animales en el arca. Pero la vida de la Iglesia no está destinada a que permanezcamos agazapados dentro de las paredes del barco; hemos de invadir el mundo.

Un ejemplo particularmente ilustrativo de estos principios lo encontramos en la extraordinaria carrera de Karol Wojtyla, el Papa Juan Pablo II. El joven Wojtyla llegó a la Universidad Jagellónica en Cracovia en septiembre de 1939 para iniciar sus estudios. Esto coincide tristemente con el momento en el que el ejército nazi se esparció por Polonia. Los alemanes tomaron el control de la sociedad polaca, eliminando a los escritores, comentadores, intelectuales y sacerdotes. Casi inmediatamente después de la toma de los nazis, estos eliminaron al profesorado de la Universidad Jagellónica, ya fuera matándolos ahí mismo o enviándolos a los campos de concentración. En términos bíblicos, esta fue la época del diluvio, del *tofu-va-bohu*. Wojtyla, que para ese entonces tenía diecinueve años, se vio forzado a mantenerse escondido tanto literalmente como en sentido figurado. Abandonó su universidad, que había sido clausurada, y se convirtió en un jornalero en una gran cantera a las afueras de Cracovia. También, junto a un pequeño grupo de amigos, conformó una asociación llamada el Teatro Rapsódico, que tenía sus reuniones generalmente en la noche, tras puertas cerradas y cortinas corridas, para recitar juntos de manera clandestina, a la luz de velas o linternas, las grandes obras poéticas y dramáticas polacas. Dado que los nazis querían eliminar todo vestigio de la cultura polaca, este grupo de jóvenes sabía que si eran descubiertos serían hechos prisioneros o los matarían. Al leer estas obras literarias, el Teatro Rapsódico estaba haciendo mucho más que preservar el lenguaje y la cultura polacas, pues un ingrediente ineludible que amaban de estas obras y

Karol Wojtyla.
EAST NEWS/
WOJTEK LASKI

poemas era el catolicismo. Leer literatura polaca implicaba recordar a Dios, a la creación, la caída, los profetas de Israel, la Encarnación, la redención, la cruz, la vida eterna y la dignidad irreductible de los seres humanos. En aquel momento en el que la oscuridad se había vuelto particularmente densa, Wojtyla y sus amigos pusieron sus manos alrededor de una llama vacilante para mantenerla brillando. Durante aquellos terribles años, Wojtyla, tras haberse decidido a ser sacerdote, comenzó a ir a las clases que de manera secreta se impartían en el palacio de Adam Sapieha, el arzobispo de Cracovia. Ahí estudiaron la tradición espiritual e intelectual clásica católica, especialmente las obras de Tomás de Aquino y Juan de la Cruz. De nuevo, puesto que los nazis habrían encarcelado o asesinado a estos seminaristas ocultos si eran descubiertos, tanto Wojtyla como sus hermanos estaban tomando un riesgo muy grande mientras permanecían escondidos tras los muros de la residencia de Sapieha. Este fue el momento en que Karol Wojtyla entró en el arca.

En 1945 los nazis finalmente fueron expulsados de Polonia, pero los sucedieron los comunistas, tal vez ligeramente menos opresivos. El padre Wojtyla se ordenó el 1 de noviembre de 1946. Durante el periodo comunista siguió manteniendo un bajo perfil. Reunió en torno a sí a un grupo pequeño de personas jóvenes que había formado a través del pensamiento, la cultura y las prácticas católicas. Estas sesiones ocurrían

Cardenal Karol Wojtyla (Juan Pablo II).
EAST NEWS/WOJTEK LASKI

en la iglesia, en casas privadas y algunas veces en viajes en kayak a través de las montañas del sur de Polonia. Wojtyla también se convirtió en profesor de ética en la Universidad Católica de Lublin, y en aquel escenario más formal sumergió a sus estudiantes en los principios de la moralidad cristiana, cuyo centro es el ser humano, hecho a la imagen de Dios, y que nunca debía ser tratado como un medio en vistas a un fin. Comenzó a darse cuenta de que el problema central tanto del nazismo como del comunismo era su antropología defectuosa, una concepción fundamentalmente errada de la naturaleza del ser humano. Mientras el aparato comunista inculcaba incesantemente un falso humanismo a su alrededor, Wojtyla se dedicó a preservar el auténtico humanismo de la Biblia y de la tradición católica. En pocas palabras, como hombre de la Iglesia que era, sabía que había sido llamado a salir de una forma particularmente disfuncional de vida para entrar a una más rica y satisfactoria, pero durante muchos años debía de contentarse con tender a esa vida confinado a aquella situación tan estrecha.

Muchos años pasaron y, finalmente, llegó el momento propicio. Aquel joven estudiante polaco de teatro, aquel joven sacerdote se convertiría, a través de la siempre extraña providencia de Dios, en el obispo de Roma, en el sucesor de Pedro. Armado con la plena autoridad de su oficio y la sola fuerza de su personalidad, Juan Pablo II visitó Polonia en 1979. A pesar de la enorme oposición del gobierno comunista, a pesar de las campañas de desinformación, barricadas y amenazas, millones de polacos se lanzaron a escucharlo. Y Juan Pablo habló de aquellos valores que había aprendido de la literatura polaca y de los tesoros de la tradición católica; les habló de Dios y de la creación, del ser humano hecho a imagen de Dios, de Jesucristo y de su cruz redentora, de la promesa de la vida eterna, y de esta manera cambió al país. En aquel momento, la vida, que se había preservado durante todos aquellos oscuros y peligrosos años, brotó y lo inundó todo. Y las palabras de Juan Pablo fueron como un llamado que convocó al ejército de personas —ahora escritores, periodistas, líderes de los negocios y políticos— que él había formado. Así es el ritmo de la vida de la *ekklesia*: al salir del arca, se sigue una explosión de vida que transforma al mundo. Al final del libro del Apocalipsis, el texto final de las Escrituras, el autor reporta una visión que tiene de la Jerusalén celestial que desciende de los Cielos como una novia ataviada para su marido. Esta es una imagen de la Iglesia perfeccionada, la *ekklesia* escatológica. Pero también hace una observación curiosa al afirmar que esta Jerusalén perfeccionada no es un templo. Uno pensaría que aquí el templo, que era toda la razón de ser de la Jerusalén terrenal, sería exaltado, mas no eliminado. Pero luego recordamos que el objetivo de la Iglesia es la transfiguración del mundo, la invasión de lo sagrado en lo secular. Es por esto que, en su estado final, la Iglesia coincide con la ciudad que desaparece en el nuevo ámbito de los negocios, la política, los deportes, el comercio y las artes, todos ellos santificados. Regresaremos a esta noción cuando hablemos en el último capítulo del cielo.

UNA

Hemos revisado desde dónde ha sido llamada la Iglesia (desde la región de la desemejanza) y quién hace el llamado (la voz soberana de Cristo) pero, ¿a qué precisamente está llamada la Iglesia? En el capítulo 10 del Evangelio de Marcos encontramos la historia del ciego Bartimeo. Mientras se encontraba desamparado, sentado cerca de las murallas de Jericó, escuchó que Jesús estaba pasando por ahí y Bartimeo se puso a gritar, "Jesús, hijo de David, ten piedad de mí"

(Mc. 10:47). Luego, como Marcos nos relata, Jesús lo llamó (*kalein*), y entonces las personas animaron a Bartimeo diciéndole, "¡Ánimo, levántate! Él te llama [nuevamente *kalein*]" (Mc. 10:49). El Señor le pregunta que qué puede hacer por él, y Bartimeo responde, "Maestro, que yo pueda ver". Y después de que Jesús lo curó, Bartimeo "lo siguió por el camino" (Mc. 10:52). Esta anécdota, enraizada en un encuentro real, es también un bello icono de la Iglesia. Para un judío del siglo I, Jericó tenía la connotación del pecado y la corrupción, puesto que era la ciudad cuyas murallas tenían que caer para que los israelitas conquistadores pudieran entrar. Así Bartimeo, ciego y sentado en las murallas de Jericó, nos recuerda a todos la región de la desemejanza, perdidos en nuestro pecado e incapaces de ver el mundo de la manera correcta. Jesús llama a Bartimeo, llevándolo a la comunidad de la *ekklesia*, devolviéndole de esta manera la vista y permitiéndole caminar por el camino correcto. La Iglesia es la comunidad en la que aprendemos, a través de Cristo, cómo ver y cómo caminar. En el mundo antiguo, cuando un joven ingresaba a una escuela filosófica como, por ejemplo, la Academia de Platón, no estaba simplemente ingresando a una serie de clases o cursos de filosofía platónica; estaba alistándose a todo un estilo de vida que implicaba prácticas y disciplinas corporales, así como nuevos patrones de pensamiento. Nos topamos con algo bastante similar en los Hechos de los Apóstoles, donde la primera Iglesia cristiana es descrita como "el Camino", un término que captura la dimensión práctica y encarnada de la vida católica. La Iglesia es una sociedad, un cuerpo místico, en el que las personas aprenden a ver con los ojos de Cristo y a caminar el camino que Cristo transitó.

La eclesiología clásica especifica lo anterior al hablar de la comunidad de Jesús como "una, santa, católica y apostólica", y lo que me gustaría hacer en las páginas restantes de

Iglesia de San Salvador en Chora, interior, Estambul. WORD ON FIRE

este capítulo es explorar, aunque solo sea brevemente, estas dimensiones.

La Iglesia es una porque su fundador es uno. Como hemos visto anteriormente, Jesucristo nos insta a decidir precisamente porque afirma que él habla y actúa en la propia persona de Dios. Jesús simplemente no puede ser otro maestro entre muchos otros y, por tanto, aquellos que siguen su camino deben permanecer exclusivamente con él. Además, el Dios que se encarna en Cristo es también uno. Y, como hemos visto, la concepción que los israelitas tenían de Dios es fieramente monoteísta y, por tanto, rechaza cualquier diversidad o sincretismo, como se resume en una creencia básica: "El Señor, nuestro Dios, es un Dios celoso". Joseph Ratzinger comentaba sobre las primeras líneas del Credo de Nicea, *Credo in unum Deum* (Creo en un solo Dios), diciendo que se trata de una afirmación subversiva porque automáticamente descarta cualquier otro rival que se adjudicara este aspecto definitivo. Cuando se afirma que uno acepta al Dios de Israel y a Jesucristo equivale a decir que uno rechaza como fin último a cualquier otro ser humano, cualquier otra cultura, partido político, forma artística o cualquier grupo de ideas. Søren Kierkegaard decía que el santo es alguien cuya vida versa sobre una única cosa; el cristiano, diría yo, es alguien quien en el nivel más profundo de su ser se centra exclusivamente en el único Dios de Jesucristo. Esto ayuda a explicar por qué en la última noche que pasó en la tierra, mientras cenaba con sus discípulos, el núcleo de la Iglesia, Jesús oró diciendo: "No ruego solamente por ellos, sino también por los que, gracias a su palabra, creerán en mí. Que todos sean uno" (Jn. 17:20-21).

¿Qué son exactamente estos vínculos que confieren unidad al cuerpo de Cristo? ¿Cuáles son los elementos que promueven la unidad cristiana? Primero mencionaría los credos, que dan voz a una única fe de los apóstoles. Todas las misas de domingo, los católicos se levantan y profesan juntos el Credo de Nicea, con toda su complejidad verbal y conceptual, recapitulando así las victorias ganadas desde los comienzos de la Iglesia por los defensores de la fe apostólica sobre aquellos que la habrían puesto en peligro. También mencionaría la liturgia, los sacramentos y las prácticas devocionales. Somos uno por el hecho de participar juntos en la alabanza común y por los medios que compartimos para acceder a la vida divina. También estamos unidos por nuestro compromiso con nuestros hermanos y hermanas a través de las obras de misericordia corporales y espirituales. Y, finalmente, somos uno a través de la estructura compartida que tenemos de organización, que proviene desde los apóstoles, de la cual tendremos que hablar más adelante en este capítulo. A través de toda esta variedad de medios, nos volvemos santos, personas cuyas vidas se orientan a una única cosa. Desde luego, nada de esto niega que haya lugar para la multiplicidad en la vida de la Iglesia. Hay una variedad de ritos litúrgicos, estilos de santidad, escuelas de teología, caminos de espiritualidad y demás, pero esta diversidad no atenta contra la integridad de la unidad de la Iglesia. Más bien, esta interacción entre la unidad y la multiplicidad en la vida de la Iglesia se encuentra dentro de la armonía que mantienen las tres personas divinas.

Me doy cuenta de que, especialmente hoy en día, muchos se sienten incómodos ante cualquier tipo de afirmación de unidad. En nuestros tiempos enfatizamos la variedad, la diversidad y la tolerancia ante los demás, pues hemos sido testigos de mucha violencia y opresión ejercida contra los más débiles en nombre de la unidad. Para muchos en nuestra cultura, el valor que damos a la unidad parece equivalente a tolerar las distintas formas de totalitarismo. Claro está, la Iglesia no cuenta con un historial inmaculado a este respecto. Hay muchos ejemplos de personas de la Iglesia que a lo largo de los siglos han impuesto la unidad a través de la violencia y de forma irrespetuosa, dañando así al propio cuerpo de Cristo que pretendían construir. Pero la Iglesia, en el mejor de los casos, ha planteado un modo original de afrontar este problema de la unidad y la diversidad, un modo que encuentra sus raíces en la singularidad de Jesús. Como hemos discutido a lo largo de este libro, Jesús no debe ser entendido como un maestro religioso entre muchos otros, sino como el Logos de Dios, el patrón mismo de la mente divina, la Encarnación de la mente que conformó a todo el universo. Esto implica que todo lo que sea verdadero, todo lo que sea bueno y todo aquello que sea bello en la naturaleza o en la cultura humana participa de él, lo refleja y, en definitiva, conduce de regreso a él. Por tanto, la Iglesia de Jesucristo puede y debe abrazar la dimensión positiva de todo aquello que la rodeé.

En el siglo III, Orígenes de Alejandría, quien encabezara la escuela catequética de su ciudad nativa, conjuntó su conocimiento masivo de la Biblia con su impresionante conocimiento sobre la filosofía platónica y dio lugar así a una de las teologías cristianas más tempranas y poderosas. No colocó la Biblia por encima ni contra la filosofía, sino que encontró ecos del Logos en las "palabras" de los filósofos, y empleó estas para poder comunicar el Logos a la audiencia académica de su tiempo. Gracias a esta hazaña intelectual, Orígenes marcó la pauta para el desarrollo de gran parte de la ulterior teología católica. San Agustín siguió a Orígenes en el empleo del pensamiento platónico, y llegó a afirmar que lo que había aprendido en los libros de los platónicos lo había ayudado enormemente en su trayectoria hacia el cristianismo. En efecto, casi todos los padres de la Iglesia se deleitaban encontrando lo que llamaron *logoi spermatikoi* (ideas seminales) en las religiones y filosofías paganas a su alrededor. En el siglo XIII, santo Tomás de Aquino, bajo la tutela de san Alberto Magno, echó mano de la filosofía y ciencia aristotélicas, altamente sospechosas en su tiempo, y las empleó para configurar su presentación arquitectónica de la fe cristiana que, hasta nuestros días, sigue asombrando por su profundidad y complejidad. En el curso de su obra, Tomás de Aquino también se apoyó en los trabajos del filósofo judío Moisés Maimónides, así como en los pensadores islámicos Averroes y Avicena, y en una diversidad de filósofos clásicos, desde Epicuro y Epicteto, hasta Platón y Cicerón. En el siglo XIX, John Henry Newman, quien se enfrentaba a un fiero ataque crítico del racionalismo contra el cristianismo, sin problema alguno empleó las obras de David Hume y de John Locke para articular su propia epistemología religiosa; y en el siglo XX, el jesuita alemán Karl Rahner utilizó en gran medida tanto a Kant como a Heidegger en la exposición de su teología católica. También en su documento sobre la Iglesia y las religiones no cristianas del mundo, *Nostra Aetate*, el Concilio Vaticano Segundo sostenía que hay "rayos de luz" que evocan a la plenitud de la verdad en todas las religiones no cristianas.

Newman habló del poder de asimilación de la Iglesia, refiriéndose a su capacidad para hacer suyos elementos del ambiente cultural y adaptarlos de acuerdo a sus objetivos. Insistiendo en la analogía, así como el animal sano es capaz de asimilar lo que puede del mundo que lo rodea, y puede oponer resistencia a lo que deba, así también la Iglesia emplea los *logoi spermatikoi* incluso si contienen elementos que son incompatibles con su identidad y su funcionamiento apropiado. Dos claros indicadores de enfermedad en un organismo serían precisamente su incapacidad para asimilar y su incapacidad para oponer resistencia y, por tanto, la Iglesia permanece sana en la medida en que es orgánica y sigue asimilando en su unidad.

Una de las mejores ilustraciones de este principio que he estado describiendo la encontramos en la iglesia de Santa María de la Rotonda en Roma, mejor conocida como el Panteón. El emperador Adriano construyó el Panteón a principios del siglo II como un santuario para los dioses y, en mi opinión, resume mejor que cualquier otro edificio lo mejor de la conciencia pagana. Para los paganos más sofisticados, los dioses y las diosas revelaban de forma simbólica las necesidades inherentes de la naturaleza y las dinámicas de la vida humana. Así, por ejemplo, Zeus —fiero, poderoso y caprichoso— representaba los Cielos; Apolo —bien parecido, sabio y creativo— personificaba la razón; y Venus —sensual, impredecible, hermosa y peligrosa— simbolizaba el amor. El Panteón, con un domo que se asemeja a los Cielos, con sus patrones armoniosos que imitan lo inteligible de la natura-

Panteón, detalle, Roma. WORD ON FIRE

leza, con su *oculus* que permite la entrada de los propios elementos naturales, es una hermosa construcción de la mente pagana. El genio de la Iglesia ha sido asimilar este edificio para sus propios fines, transformándolo sin grandes modificaciones en un lugar dedicado a la devoción cristiana. En su mejor expresión, la unidad de la Iglesia no es totalitaria, sino asimilatoria.

SANTA

A continuación decimos que la Iglesia de Jesucristo es santa. Es santa porque Cristo es santo, y la Iglesia es el cuerpo místico de Cristo. La santidad está estrechamente relacionada con la unidad, pues la santidad es una especie de plenitud o integridad, una adherencia en torno a un centro. Resulta fascinante cómo a través de las lenguas los términos que se refieren

Procesión, Fiesta de San Charles Lwanga Namugongo y compañeros, Uganda. WORD ON FIRE

a la santidad y a la salud son similares: *holy* y *whole* en inglés, *saint* y *sain* en francés, *Heil* y *Heiligkeit* en alemán, *santo* y *sano* en castellano. La santidad es la integración que resulta tras colocar a Dios sin ambigüedad en el centro de nuestras vidas; es la reunión de todas nuestras facultades —inteligencia, voluntad, imaginación, energía, cuerpo, sexualidad— exclusivamente en torno al poder organizador de Dios. O, para emplear otra metáfora, es quedar cubiertos por completo por el amor de Cristo. La Iglesia es la portadora de esta santidad en sus tradiciones auténticas, en las Escrituras, en los sacramentos (particularmente en la Eucaristía), en su liturgia, en su enseñanza doctrinal, en su gobierno apostólico y en sus santos. En todas estas expresiones, la Iglesia se presenta como la novia inmaculada de Cristo, la fuente de aguas vivas, la Nueva Jerusalén, la recuperación del Edén. Y es a través de su santidad que la Iglesia santifica a las personas. En efecto, esta es su única misión, su única razón de ser. En un maravilloso texto compuesto hacia el final de su vida, Teresa de Lisieux, de quien hablaremos en detalle más tarde en este libro, identificaba la santidad que anima a la Iglesia con el amor: "Si la Iglesia es un cuerpo compuesto por diferentes miembros, no puede faltarle el más noble de todos; debe tener un Corazón, un Corazón ARDIENDO DE AMOR. Y me he dado cuenta de que solo este amor es la verdadera fuerza y motivo que permite actuar a los demás miembros de la Iglesia; si dejara de funcionar, los apóstoles se olvidarían de predicar el Evangelio, los mártires se negarían a derramar su sangre". Ese amor de Cristo —personificado en los santos, los sacramentos y las estructuras de la Iglesia— *es* la santidad de la que estamos hablando.

Ahora bien, me doy cuenta de que muchos se resisten a esto último. ¿Cómo es posible declarar santa a la Iglesia después de haber estado implicada en tantas atrocidades y crueldades a lo largo de los siglos? ¿Cómo pudo una Iglesia santa apoyar las Cruzadas, la Inquisición y promover las torturas, la esclavitud, la persecución de Galileo y Giordano Bruno, y la quema de mujeres inocentes como si fueran brujas? ¿Cómo pudo una Iglesia santa haber caído en tanta corrupción institucional? ¿Cómo pudo permitir tanta acumulación de riqueza? ¿Y qué hay de toda esta larga lista de crímenes actuales, cómo pudo permitir una Iglesia santa el abuso sexual de niños por algunos sacerdotes al tiempo que algunos obispos cubrían estas atrocidades? La resolución de estos problemas depende de una distinción clave entre la Iglesia en su integridad mística y todos los pecadores que conformamos la Iglesia. Decir que el cuerpo de Cristo es santo no implica que estemos negando ni por un instante que dicho cuerpo está compuesto por personas pecadoras —y en ocasiones en los estratos eclesiásticos más altos— que han perpetrado acciones crueles, estúpidas y perversas. ¿Estaba san Bernardo equivocado, o inclusive estaba pecando, cuando predicó sobre la Segunda Cruzada? Probablemente. ¿Estaba la Iglesia española, coludida con el gobierno español, equivocada, e incluso era pecadora, por haber dado lugar a la Inquisición? Sí. ¿Estaban una serie de papas equivocados, e incluso estaban pecando al otorgar apoyo implícito a la esclavitud? Sin duda. ¿Fue el Cardenal Roberto Belarmino torpe, incluso cruel, en el modo en que trató los casos de Giordano Bruno y Galileo? Desde luego.

Pero nada de esto contradice que la Iglesia sea santa y que sea portadora de santidad. En el siglo IV, san Agustín se enfrentó a los donatistas, una secta cristiana que afirmaba que todos aquellos sacerdotes y obispos que habían abandonado la fe durante épocas de persecución habían renunciado a la gracia de su ordenación y ya no eran dignos de presidir la Liturgia y distribuir los Sacramentos. La Santa Iglesia, afirmaban los donatistas, debía ser dirigida exclusivamente por ministros santos, y solo los rectos podían servir como conductos de la gracia. El donatismo, bajo una forma modificada,

San Mateo, Basílica de San Juan de Letrán, Roma. WORD ON FIRE

todavía sigue teniendo mucha fuerza en nuestros días, como dejan ver muchas de las críticas dirigidas contra los malos comportamientos de muchos hombres y mujeres de la Iglesia a lo largo de los siglos y que, efectivamente, dañan la santidad y credibilidad que la propia Iglesia podría adjudicarse a sí misma. En consonancia con este espíritu donatista, dichos comentadores sostienen que solo personas exentas de pecado pueden servir a la Santa Iglesia. Gracias a Dios, san Agustín enfrentó este reto, y sostuvo que la gracia de Cristo puede obrar incluso a través de instrumentos absolutamente indignos. De no ser así, el pecado sofocaría a la gracia, algo que resulta contrario a la soberanía divina. Lo que Agustín hace es meramente amplificar una afirmación de san Pablo, que encontramos en su segunda Carta a los Corintios: "Pero nosotros llevamos este tesoro en recipientes de barro, para que se aprecie bien que este poder extraordinario no procede de nosotros, sino de Dios" (2 Cor. 4:7). Así, la santidad de la Iglesia proviene de Cristo y, por tanto, perdura a pesar de las debilidades de aquellos que han sido encomendados a llevarla al mundo.

CATÓLICA

La *ekklesia* a la que Jesús nos llama es también "católica". La palabra "católico" proviene de los términos griegos *kata holos* (de acuerdo con el todo) y, por tanto, se refieren tanto a la integridad interna de la Iglesia como a su alcance universal. La Iglesia católica posee todos los dones que Cristo ha querido que tengan los suyos: las Escrituras, la liturgia, la tradición teológica, los sacramentos, la Eucaristía, María y los santos, la sucesión apostólica, la autoridad papal. Desde el punto de vista católico romano, todas las iglesias cristia-

Basílica de San Pedro, interior, Ciudad del Vaticano. WORD ON FIRE

nas no católicas han sacrificado una o más de estas cualidades y, por tanto, no alcanzan su completud ni su catolicidad. Esto no significa, sin embargo, que las iglesias protestante y ortodoxa no ejerzan alguno o algunos de estos dones mejor que los propios católicos. Uno podría argüir, por ejemplo, que muchas iglesias protestantes poseen un sentido mucho más desarrollado de la centralidad de la Biblia, o que la iglesia ortodoxa posee mucha más sensibilidad mística en referencia a la Liturgia. Pero la Iglesia de Jesucristo "subsiste" en la Iglesia católica porque su comunión posee una integridad plena, es decir, opera "de acuerdo a un todo". Un sabio profesor que tuve hablaba en una ocasión sobre el carácter de un "desván de abuela" del catolicismo, con lo que se refería a nuestra asombrosa tenacidad para rehusarnos a deshacernos de algo.

La otra dimensión de esta catolicidad se dirige al exterior. Indica el dinamismo de la Iglesia de Jesús hacia la evangelización de *todos* los pueblos, la unificación de *toda* la raza humana. El autor del Evangelio de Juan era un maestro de la ironía, como uno puede apreciar en el delicioso giro que da al cartel que Poncio Pilato había hecho colgar en la cruz

por encima de Cristo moribundo: "Iesus Nazarenus Rex Iu-
daeorum" (Jesús Nazareno, Rey de los Judíos). El gobernador romano pretendía que esto sirviera como una mofa, pero
el cartel —escrito en las tres principales lenguas de aquel
tiempo y lugar, hebreo, latín y griego— de hecho hizo de Pilato, sin saberlo, el primer gran evangelista. Como ya hemos
discutido en el primer capítulo, el rey de los judíos, siguiendo
la lectura del Antiguo Testamento, estaba destinado a ser
rey del mundo, un reinado que Pilato anunció eficazmente.
La declaración de Pablo de Jesús como el *kyrios* no es sino
una reiteración del mensaje de Pilato. Incluso en el Calvario,
donde la Iglesia de Jesús se había reducido a tres miembros,
su pequeña comunidad era católica pues estaba destinada a
alcanzar a todos. En Pentecostés, sus discípulos, reunidos en
el Cenáculo, quedaron llenos del Espíritu Santo y, como se
nos relata, empezaron a predicar la buena nueva y eran escu-
chados, milagrosamente, en todas las lenguas de aquellos que
se habían reunido en Jerusalén para la fiesta de los tabernáculos. Como percibieron claramente los Padres de la Iglesia,
este fenómeno era la inversión de lo ocurrido en la maldición
de Babel, cuando el único lenguaje de la raza humana quedó
dividido y los pueblos consecuentemente se enfrentaron unos
con otros. A través del anuncio del señorío de Jesús, la multitud de lenguas volvió a unificarse, pues este mensaje es aquel
para el que toda persona ha nacido a fin de escucharlo, en
todo tiempo y lugar.

La Iglesia católica, en el mejor de los casos, se ha regoci-
jado en esta cultura y lenguaje que trasciende la universalidad. En la Edad Media, san Anselmo, nacido en Italia, pudo
convertirse en un monje y abad en Francia, aunque al final de
su vida fuera arzobispo de Canterbury en Inglaterra. Y Tomás
de Aquino, otro italiano, se educó en Alemania y se convirtió
en un profesor de renombre mundial en París. Juan Pablo II

personificó este espíritu cuando inauguró los Días Mundiales de la Juventud en los años ochenta. El Papa convocó a los jóvenes de todo el mundo para que se reunieran durante varios días de oración y celebración, si bien nunca quiso que negaran su identidad nacional: las banderas y canciones de cada país particular son algo distintivo de los Días Mundiales de la Juventud. Pero quería convencerlos de que pertenecían a una familia que trascendía sus nacionalidades particulares. Quería que sintieran hasta los huesos que compartían su identidad como miembros del cuerpo místico de Cristo. Me parece muy apropiado mencionar que la congregación humana más grande en la historia ocurrió en torno a Juan Pablo en la Jornada Mundial de la Juventud en Manila en 1995, precisamente para celebrar el carácter católico de la Iglesia de Jesús.

Este catolicismo de la Iglesia guarda estrecha relación con su unidad y, por tanto, también hace surgir las mismas objeciones relacionadas con el totalitarismo y la intolerancia. ¿Se impondría sin miramientos la Iglesia, convencida de su universalidad, por encima de cualquier otro grupo religioso que se encontrara en su camino? Muchos comentadores se quejaron amargamente, por ejemplo, cuando durante el papado de Juan Pablo II la Congregación para la Doctrina de la Fe publicó la declaración titulada *Dominus Iesus*, que presentaba la enseñanza tradicional católica en torno a Jesucristo como la única fuente de salvación. El mejor modo de responder a esta cuestión es mostrar cómo la multitud de credos, religiones y filosofías de hecho, en cierta medida, ya participan de la plenitud de los dones de Cristo y, por tanto, implícitamente están relacionadas con la Iglesia católica. Ya hemos empezado a perfilar algunos de los puntos de concordancia con los otros credos cristianos, pero también hay muchas analogías con las religiones no cristianas. Los católicos comparten con los judíos la creencia de que un único Creador divino llamó a Israel a ser la luz del mundo. Junto a los musulmanes, los católicos comparten su fe en un Dios providencial y misericordioso que habla a través de una serie de profetas. Los budistas y los católicos concuerdan en un sentido agudo de las características inefables de la última realidad, y en su compromiso con las formas definitivas de contemplación mística. Los católicos y los hindúes comparten un profundo sentido de la inmanencia de Dios en el mundo. Todos estos puntos de contacto, todos estos "rayos de luz" no solo son *semina verbi* (semillas de la palabra), sino también *semina catholicitatis* (semillas de catolicidad).

APOSTÓLICA

Finalmente, la Iglesia de Jesucristo es apostólica. Esto significa algo muy sencillo: que la comunidad de la Iglesia se levanta sobre las doce personas privilegiadas que acompañaron de manera íntima a Jesús. En el primer capítulo de su Evangelio, san Juan nos narra la historia de dos discípulos de Juan el Bautista a los que el propio Bautista ordenó que siguieran a Jesús. Cuando el Señor se vuelve para preguntarles qué quieren, los discípulos le contestan con una pregunta: "Rabbí —que significa 'maestro'—, ¿dónde vives?". Y Jesús les contestó: "Vengan y lo verán" (Jn. 1;38-39). Y luego leemos que se quedaron con él aquel día. Los apóstoles fueron aquellos que se quedaron con Jesús, aquellos que escucharon cómo hablaba y vieron cómo procedía y reaccionaba, quienes adoptaron desde cerca su modo de ser.

Como ya he mencionado en muchas ocasiones a lo largo de este libro, el cristianismo no es una filosofía o un misticismo universal; es, en primer lugar, una relación con Jesús de Nazaret, con este particular judío de Galilea del siglo I. Y

es por esta razón que se trata de una religión que se arraiga
en la fe de aquellos apóstoles que lo conocieron mejor y que
aprendieron sus caminos. Y por esta razón, además, en la Iglesia temprana la genealogía apostólica, es decir, la capacidad
de una comunidad cristiana particular para rastrear sus orígenes hasta los apóstoles, era tan importante. Jerusalén era
central porque era la iglesia de Santiago, y Antioquía porque
era la Iglesia de Pedro, y Alejandría porque estaba asociada
con Marcos, y así sucesivamente. La razón por la que Roma
se convertiría en un lugar tan central para el cristianismo no
es principalmente porque se trataba de la capital del imperio, sino porque fue el lugar donde fueron enterrados los *dos*
apóstoles, Pedro y Pablo. La Basílica de San Juan de Letrán
en Roma es la iglesia catedralicia del Papa, es decir, el lugar
en el que se encuentra la sede desde la que el obispo de Roma
predica decididamente. Dispuestas a lo largo de toda la nave
de la basílica se encuentran las imponentes estatuas de los
doce apóstoles de Jesús, formando así sus elementos estruc-
turales, algo así como las costillas del propio edificio, y encontramos este mismo motivo reproducido en la arquitectura de

Basílica de San Juan de Letrán, interior, Roma. WORD ON FIRE

las iglesias en todo el mundo, usualmente en la forma de doce columnas que sostienen el techo. Recordamos así a aquellos doce aprendices del Maestro que nos han transmitido su fe.

Los apóstoles no son simplemente una memoria distante; permanecen vivos a través de lo que llamamos la sucesión apostólica. El Nuevo Testamento testifica la práctica propia de la Iglesia temprana en la que los apóstoles imponían sus manos sobre la cabeza de aquellos a quienes deseaban comunicar su autoridad. Estos pocos escogidos, que habían sido formados por los propios apóstoles, recibían el encargo de preservar la fe y, cuando llegara el momento, estos sucesores transmitían la autoridad apostólica a una nueva generación y así sucesivamente, como la Iglesia católica sigue haciéndolo hasta nuestros días. Por tanto, el carácter apostólico de la Iglesia nos garantiza que, a pesar de todos los desarrollos y cambios a través de los siglos, todavía preservamos la fe que en primer lugar se encendió en la compañía de los amigos de Jesús. Cuando fui ordenado sacerdote, un sucesor de los apóstoles impuso sus manos sobre mí y de esta manera me compartió su autoridad. Toda la capacidad que yo tenga para gobernar, santificar y enseñar en la Iglesia proviene de mi participación de este carisma apostólico. Me doy cuenta de que estas palabras en torno a la autoridad apostólica van en contra de muchas de nuestras preciadas asunciones, al menos en Occidente, como son la democracia, el juego libre de las ideas, la libertad de expresión y demás. ¿Por qué no se democratiza la Iglesia y acepta la autoridad de la mayoría de sus integrantes? Nuevamente, hemos de dejar en claro que la Iglesia apostólica no es una sociedad de debate en constante enfrentamiento contra las ideas, o una política democrática cuya dirección simplemente esté en función de la elección popular. La Iglesia se basa en la revelación concedida personalmente a unos cuantos elegidos, que por su parte la han transmitido a otros sucesivamente. La Iglesia de Jesucristo no sería ella misma si negara la divinidad de Jesús, el hecho de la resurrección, la existencia de un Dios trino, y la actividad del Espíritu Santo, la eficacia de los sacramentos, y la presencia real de Jesús en la Eucaristía y otros más. Sin embargo, cada uno de estos principios ha sido negado por personas de la propia Iglesia a lo largo de los siglos, y francamente me pregunto cuántos de ellos pasarían la prueba de ser sujetos a votación.

Esto nos conduce a lo que tal vez sea la dimensión más controvertida y malentendida del carácter apostólico de la Iglesia, a saber, el carisma de la infalibilidad del Papa, el sucesor y príncipe de los apóstoles. Pienso que tal vez resulte útil en primer lugar establecer lo más claramente posible lo que no es la infalibilidad papal. No significa que el Papa sea omnisciente; no significa que pueda predecir el futuro; no significa que sea inmune a hacer juicios prácticos errados; y ciertamente no significa que quede exento de cualquier crítica o que sea incapaz de cometer pecados. De hecho, algunos de los santos fueron agudos críticos de los papas, y Dante incluso coloca a algunos de los papas malvados en el círculo más profundo del infierno. El concepto de infalibilidad papal significa que el Papa, por un don especial del Espíritu Santo, sabe quién es Jesús y, por tanto, es capaz de articular correctamente las enseñanzas doctrinales y morales que surgen de dicho conocimiento. En Cesarea de Filipo, Pedro, bajo la influencia del Espíritu de Dios, correctamente confesó la identidad de Jesús y, a partir de dicha confesión, Jesús lo declaró la roca sobre la que construiría su Iglesia. La infalibilidad del sucesor de Pedro, cuando enseña en cuestiones de fe y moral, se sostiene en esta misma garantía carismática.

Me doy cuenta perfectamente de que esta afirmación irrita al mundo contemporáneo. Incluso con estas aclaraciones que hemos hecho, uno todavía puede preguntarse si es sano que alguien se adjudique autoridad infalible. Nuevamente, John Henry Newman podría resultarnos útil. Newman decía que si Dios deseaba revelarse a sí mismo a la Iglesia, también debía desear darle a la Iglesia una voz viva de autoridad que pudiese interpretar la revelación a lo largo de los siglos. En tiempos de Newman, como hoy en día, muchos dirían que la Biblia es toda la autoridad que la Iglesia necesita. Pero Newman se daba cuenta de que la Biblia puede ser objeto de múltiples interpretaciones y que, por tanto, por sí misma no puede resolver las disputas. Algunos argüían —y siguen haciéndolo hoy en día— que el consenso de los padres de la Iglesia y los grandes teólogos tenían suficiente autoridad, pero Newman también afirmó que todos estos personajes, por sabios que fueran, no constituían una voz viva que pudiera intervenir cuando se tuviera que determinar qué estaba correcto y qué errado. Lo que se requería era precisamente lo que la Iglesia católica afirma poseer: la voz del papa infalible, que puede de una forma magisterial y definitiva adjudicar cuestiones en materia de la interpretación de la revelación.

El punto de la reflexión de Newman puede parecernos más familiar cuando lo comparamos con un juego. Un juego de béisbol, por ejemplo, terminaría rápidamente por convertirse en un caos a no ser por la presencia de un *umpire* o árbitro que estuviese en el campo y fuera capaz de indicar en el momento preciso *"safe"*, "eliminado" (*out*), "bola", *"strike"*, "bueno" o "falta". Sin esa voz viva, la fluidez del juego sería imposible y terminaría por convertirse en una disputa. Cuando se apelara a las reglas contenidas en los libros de béisbol o decisiones tomadas en situaciones similares, esto resultaría inútil, pues nunca lograrían resolver lo que está ocurriendo en una situación presente y urgente. Gracias a, y no a pesar de la voz autoritaria del *umpire*, el juego puede seguir su curso. El papa infalible tiene un rol semejante al del *umpire* en tanto que permite que siga el juego y curso de la vida de la Iglesia: en sus enseñanzas, en su atención a los pobres, en su liturgia, en su arte y demás. Su voz no debe interrumpir esta vitalidad, sino todo lo contrario. Debe potenciarla y lograr que continúe cuando haya sido interrumpida.

Justo antes de subirse al tren que los llevaría a Roma a él y al cónclave que lo elegiría papa, el cardenal Angelo Roncalli comentó ante sus compañeros cardenales: "no estamos aquí para salvaguardar un museo, sino para cultivar un floreciente jardín de vida". La Iglesia de Jesucristo no es una colección de objetos de arte, ni el remanente institucional anquilosado de otra era; es, más bien, como sugiere el mosaico de san Clemente, algo vivo, un organismo, un cuerpo. Su cabeza es el propio Jesús y su sangre viva es el Espíritu Santo. Su propósito es ser un conducto de la vida divina hacia el mundo, una luz para las naciones, el nuevo Edén.

Como cualquier jardinero serio nos diría, el cuidado de las flores y de las plantas no es ninguna cuestión pasiva. Implica cortar, podar, desbrozar y una atención constante. De manera similar, aquellos que atienden la vida de la Iglesia

Plaza de San Pedro, Ciudad del Vaticano. WORD ON FIRE

deben en algunas ocasiones tomar decisiones difíciles, castigar a aquellos que se han aventurado fuera del camino recto, y proclamar verdades incómodas pero necesarias. La imagen propuesta por el Cardenal Roncalli no es romántica ni idealista. Sin embargo, nos habla bellamente del carácter vivo, el desarrollo y despliegue del cuerpo místico.

Capítulo 7

EL VERBO HECHO CARNE, VERDADERO PAN DEL CIELO: LOS MISTERIOS DE LA LITURGIA Y LA EUCARISTÍA

Aristóteles afirmaba que las mejores actividades son las más inútiles. Esto se debe a que estas no están subordinadas a un fin distinto de ellas, sino que las realizamos por sí mismas. Por ello, ver un juego de béisbol es más importante que cortarse el cabello, así como procurar una amistad es más valioso que ganar dinero. El juego y la amistad son bienes que son excelentes en sí mismos, mientras que el corte de cabello y ganar dinero están supeditados a algo más. Es también por esto que las secciones más importantes del periódico son la deportiva y las tiras cómicas, y no, como podría pensarse, las secciones de negocios y política. En este sentido, la actividad más inútil de todas es la celebración de la liturgia, lo que equivale a decir que la liturgia es la actividad más importante de todas. No hay bien mayor que descansar en Dios, honrarlo por su bondad, saborear su dulzura: en una palabra, alabarlo. Como habíamos visto en el capítulo tres, todo bien proviene de Dios, refleja a Dios, y conduce de regreso a Dios; por tanto, todo valor se suma en la celebración de la liturgia, el acto supremo a través del cual entramos en comunión e intimamos con Dios.

Es por esta razón que el gran teólogo de la liturgia, Romano Guardini, decía que la liturgia es una forma consumada de juego. Jugamos fútbol y tocamos instrumentos musicales por el mero gusto de hacerlo, pero también "jugamos" en la presencia del Señor por la misma razón. En el primer capítulo hablé de Adán en el Jardín y cómo él fue el primer sacerdote, lo que equivale a decir que su vida antes de la caída era completamente litúrgica. Mientras jugaba en los campos del Señor, Adán alababa a Dios sin esfuerzo con cada uno de sus movimientos y cada uno de sus pensamientos. Como indicaba Dietrich von Hildebrand, este juego de la liturgia es lo que ordena adecuadamente nuestra personalidad, puesto que encontramos orden interior en la medida en que lo ofrecemos todo a Dios. Podríamos decir que la liturgia abarca toda la Escritura, desde el sacerdocio de Adán al comienzo del texto sagrado, hasta la liturgia sagrada del libro del Apocalipsis con que finaliza. En este último libro de la Biblia, la visión de Juan nos permite vislumbrar la corte celestial, donde él es testigo de sacerdotes, velas, incienso, la lectura de un texto sagrado, la congregación de miles en oración, postraciones y

Basílica de San Francisco el Grande, interior, Madrid.
WORD ON FIRE

otros gestos de alabanza, así como la aparición del Cordero de Dios. Lo que presencia, en pocas palabras, es la liturgia del cielo, el juego en el que participan los ángeles y los santos durante toda la eternidad. Por estas razones y otras más, el Concilio Vaticano Segundo se refiere a la liturgia como la "fuente y cumbre de toda la vida cristiana", desde la cual todo el cristianismo fluye y hacia la cual retorna. A lo largo de este capítulo me gustaría recorrer la misa, la suprema expresión de la vida litúrgica, explorando las dimensiones y diversos aspectos de esta forma solemne y suprema de juego.

LA CONGREGACIÓN

En cierto modo, la misa comienza desde que los fieles se congregan. Se trata de hombres y mujeres con distintas historias, que provienen de diversos contextos sociales, educativos y estratos económicos, y que se encuentran en distintos momentos de su desarrollo moral; no obstante, aun en medio de estas diferencias, todos forman en conjunto una comunidad que se reúne en torno al altar de Cristo. Precisamente en esta diversidad constituyen una representación escatológica de los santos de Dios. El mundo caído está marcado por la división, la separación, la estratificación; por nuestra condición pecadora, nos interesan en extremo las cuestiones de prioridad y exclusividad: ¿quién está dentro y quién está afuera?, ¿quién arriba y quién abajo? Pero, como dijo Pablo, en Cristo "ya no hay judío ni pagano, esclavo ni hombre libre, varón ni mujer" (Gal. 3:28); todos somos miembros del mismo cuerpo místico. Cuando nos reunimos para celebrar la misa, nos convertimos en un preludio del cumplimiento de esta visión. Mientras consideraba su conversión a la religión católica, Dorothy Day asistía a la misa dominical. A pesar de que la liturgia empleaba un lenguaje que ella desconocía y de que la ceremonia iba desarrollándose acompañada de distintos ornamentos, quedó intensamente impresionada por el hecho de que tanto ricos como pobres, eruditos e incultos, la servidumbre y las amas de casa, todos se reunieran y se arrodillaran unos al lado de los otros. El historiador católico Christopher Dawson, al comentarle a su madre que se estaba convirtiendo del anglicanismo a la fe católica, se topó con la siguiente respuesta: "No me preocupan tanto sus doctrinas, ¡me preocupa que ahora alabarás con la servidumbre!". Tanto Dorothy Day como la señora Dawson intuían la naturaleza subversiva de aquel modo en que los católicos se reunían para orar.

Una vez reunidos, cantamos. Cantar en misa no debería interpretarse como algo meramente decorativo o accidental, pues la armonización de una multitud de voces en una sola es una expresión corporal de cómo deberíamos vivir los hijos de Dios. Propiamente hablando, el ritual de la liturgia comienza con la señal de la cruz mientras el sacerdote entona las palabras "En el nombre del Padre, y del Hijo y del Espíritu Santo".

Mediante este gesto y esta simple frase declaramos que pertenecemos al Dios trino. El secularismo moderno parte de la suposición de que en esencia no pertenecemos a nadie, que somos nosotros mismos quienes nos determinamos y dirigimos, y que buscamos la felicidad por derecho propio. Pero san Pablo dijo a los cristianos hace mucho tiempo, "Ninguno de nosotros vive para sí, ni tampoco muere para sí. Si vivimos, vivimos para el Señor, y si morimos, morimos para el Señor: tanto en la vida como en la muerte, pertenecemos al Señor" (Rom. 14:7-8). En contraposición con la modernidad, los católicos afirman "tu vida no se trata de ti", como la liturgia declara desde el comienzo mismo de la misa con la señal de la cruz. Pero aún hay más: al hablar de la cruz necesariamente aludimos al gran acto por el cual el Padre envió a su Hijo para que experimentara el abandono divino y así hacernos partícipes, a través del Espíritu Santo, de la vida divina. Al descender hasta lo más profundo de nuestra miseria, el Hijo devolvió a la comunión con Dios incluso al pecador más recalcitrante. De esta manera, cuando invocamos la cruz al comienzo de la liturgia, indicamos que estamos orando *en* Dios y no meramente *a* Dios.

Justo después de la señal de la cruz, el sacerdote saluda al pueblo, no en nombre propio, sino en nombre de Cristo: "El Señor esté con ustedes" o "La paz y el amor de Dios, nuestro Padre, que se han manifestado en Cristo Jesús, nacido para nuestra salvación, estén con todos ustedes". Revestido con ropas que cubren su modo habitual de vestir y que, simbólicamente, también cubren su identidad ordinaria, el sacerdote durante la liturgia actúa *in persona Christi*, en la persona de Cristo, y no en su propia persona; por tanto, todos sus gestos, palabras y movimientos no están expresando su propia perspectiva o convicciones, sino las de Cristo. Es por esta razón que las personas contestan, "Y con tu espíritu", pues no se están dirigiendo a este hombre particular, sino a Jesús, en cuyo nombre el sacerdote actúa. Inmediatamente después del saludo, el sacerdote invita a todos los asistentes a reconocer sus pecados. Esta simple rutina es de extraordinaria importancia. En una ocasión, G. K. Chesterton afirmaba: "En mi religión hay santos, pero esto sólo significa que son hombres que se reconocen pecadores". Para el gran apologeta inglés, la distinción más relevante no se da a nivel de pecadores y no pecadores, sino entre aquellos pecadores que reconocen su pecado y aquellos que, por la razón que sea, no lo hacen. Los héroes de la fe —los santos— son precisamente aquellos que se encuentran orientados hacia Dios y que, por tanto, perciben con mayor claridad cuánto distan de ser perfectos. San Juan de la Cruz comparaba el alma con una lámina de vidrio. Cuando esta se mira lejos de la luz, sus manchas e imperfecciones resultan casi imperceptibles, pero cuando se observa a contraluz, cada marca, incluso las más pequeñas, se vuelve visible. Esto explica la paradoja de que los santos sean mucho más conscientes de sus pecados, al grado de considerarse los más grandes pecadores. Podríamos confundir esto con falsa humildad pero, de hecho, se trata de un rasgo característico de una sicología verdaderamente santa. Así, cuando comienza la liturgia y permanecemos en el abrazo del amor trinitario, estamos imitando a los santos y, necesariamente, nos volvemos más y no menos conscientes de nuestros pecados.

Al hacer esto corregimos nuestra propensión, tan extendida culturalmente, a justificarnos. Tendemos a decirnos unos a otros, "Yo estoy bien y tú también". Pero respaldar esta postura tan ingenua se convierte *ipso facto* en una prueba de que no estamos dispuestos a encarar la luz reveladora de Dios, pues esta nos pondría en evidencia. Al reconocer nuestros pecados nos estamos preparando para el *Kyrie*, donde exclamamos "Señor ten piedad, Cristo ten piedad, Señor ten piedad". Al pronunciar estas palabras, estamos repitiendo el lamento sincero de Bartimeo, el mendigo ciego que clamó a Jesús gritando *Eleison me* (ten piedad de mí). En la presencia del Dios verdadero no hay lugar para la vanagloria ni el autoengaño; sabemos que somos incapaces de salvarnos a nosotros mismos, que no somos sino mendigos ante el Señor. La liturgia nos dispone para adquirir esta actitud correcta y liberadora al escuchar las palabras del sacerdote: "Que Dios Todopoderoso tenga misericordia de nosotros, perdone nuestros pecados y nos lleve a la vida eterna". A Dios no le interesa que nos postremos ante él con una actitud de autorreproche. Él en verdad *quiere* perdonarnos, pero es imprescindible primero que nos demos cuenta de que hay algo en nosotros que *necesita ser perdonado*.

Tras el *Kyrie* viene el *Gloria*, una de las oraciones más maravillosas de nuestra tradición litúrgica. Uno podría leer en el *Gloria* prácticamente toda la teología católica, pero me enfocaré sólo en la primera línea: "Gloria a Dios en las alturas, y en la tierra paz a los hombres de buena voluntad". Como hemos revisado con cierto detalle en el capítulo dos, dar gloria a Dios es una especie de fórmula para una vida feliz. Cuando realmente consideramos a Dios como nuestro valor supremo, entonces nuestras vidas quedan armoniosamente ordenadas en torno a este amor central. La paz se desata entre nosotros, por así decirlo, cuando es Dios —y no el placer, ni el dinero ni el poder— quien recibe gloria en las alturas. El término anglosajón *worship* proviene de una palabra antigua del inglés, *worthship*, que designa aquello que nos es entrañable. La liturgia es el lugar en el que alabamos, la acción por la que declaramos a través de nuestras palabras y gestos aquello que consideramos más valioso, y es por ello que la misa es esencial para la paz. Sería útil en este contexto invocar nuevamente a Aristóteles. En su *Ética Nicomáquea*,

Altar Mayor, Catedral de Toledo, España. WORD ON FIRE

el gran filósofo comenta que una amistad perdurará solo en la medida en que ambos amigos se enamoren, no tanto el uno del otro, sino de un tercero que los trascienda. Si juntos contemplan con amor lo verdadero o lo bello, o su propio país o ciudad, entonces sus lazos de amistad se fortalecerán. Si solo se contemplan uno al otro con afecto, su relación terminará por convertirse en un egoísmo compartido. Al pronunciar (o cantar) el *Gloria*, la comunidad ahí reunida está expresando el amor que comparten por la gloria de Dios. Y, si Aristóteles está en lo correcto, entonces esto fortalecerá la amistad que existe entre ellos ("paz a los hombres de buena voluntad").

LA NARRACIÓN DE LAS HISTORIAS

Tras esta serie de elementos litúrgicos iniciales tan significativos, toda la asamblea toma asiento para escuchar la Palabra de Dios. En la celebración dominical suele hacerse una lectura del Antiguo Testamento, seguida por el salmo responsorial, para continuar con una epístola del Nuevo Testamento y finalmente proceder a la lectura del Evangelio, la cual está temáticamente relacionada con la primera lectura. No debemos pasar por alto el hecho de que en las lecturas previas al Evangelio permanezcamos sentados. En el mundo antiguo, uno se sentaba a los pies del maestro para escucharlo y aprender. Por tanto, permanecer sentado era reconocido universalmente desde los primeros días de la Iglesia como una actitud propia del discípulo o estudiante. Sentados en silencio, dispuestos para escuchar la voz del Señor, los católicos reflejan durante la misa que son una audiencia humilde, discípulos de la Palabra. Gran parte de la teología moderna asume que la religión surge de manera natural desde las profundidades de la conciencia y la experiencia humanas. Sin negar totalmente la validez de esta perspectiva, me gustaría insistir junto con san Pablo en que "la fe nace de la prédica". Un mensaje, una palabra, una voz que proviene de fuera de nuestra mente y nuestra experiencia ordinaria llega a nosotros y nos comunica algo que de otra manera jamás hubiéramos conocido. Tanto los filósofos clásicos como los modernos exaltan a las personas seguras de sí mismas, aquellas que mantienen confiadas el control de sus pensamientos y sus acciones. En contraste, la Biblia ensalza a todos aquellos personajes —Abraham, Moisés, Isaías, Jeremías, Pedro, Pablo— que prestaron oído a las palabras asombrosas que provenían de un ámbito que sobrepasaba todas sus expectativas.

Las personas que viven la liturgia escuchan los textos bíblicos para poder ser transportadas hasta el peculiar poder del mundo bíblico. En su obra maestra, la trilogía de *El Señor de los Anillos*, J. R. R. Tolkien comienza con una detallada descripción de la fiesta de cumpleaños de Bilbo Bolsón. Si le decimos a alguien que esta es una historia llena de aventuras, seguramente se preguntará, y con razón, cuándo es que empieza la acción. Pero para poder orientar al lector por este mundo completamente nuevo que estaba creando —un mundo poblado por orcos, elfos, magos, humanos y *hobbits*, un lugar con una topografía, clima, costumbres, lenguajes y modos de comportamiento propios—, Tolkien tuvo que dedicar bastante tiempo a estas descripciones. Ciertamente Melville estaba haciendo algo muy parecido en *Moby-Dick,* donde encontramos una larga y tediosa descripción sobre los pormenores culturales de los barcos balleneros. Trasladándonos al mundo de las Escrituras, al abrirnos paso por la densa maleza de su jungla, aprendemos a hablar, reaccionar y pensar de manera distinta. En este sentido, escuchar la Palabra es semejante a aprender béisbol, golf o actuación teatral; o aun mejor, es como estarnos aclimatando a un nuevo lenguaje o cultura. Si la gente escucha con atención las Escrituras durante la misa, lo que estará haciendo, tal vez sin reparar en ello, es abandonar los confines del mundo que le resulta familiar, para así ingresar en un espacio psicológico y espiritual completamente nuevo.

Tras proclamar las lecturas, el sacerdote se levanta para predicar. Anteriormente mencioné que durante la liturgia el sacerdote actúa en la persona de Cristo y no en su propia persona. La manifestación de esta identidad más profunda se vuelve mucho más clara (al menos en principio) durante la homilía, pues el predicador no está ahí para compartir sus convicciones privadas sobre política, cultura e incluso sobre religión. Más bien, debe hablar desde la mente de Cristo. Para estar seguro, debe utilizar todos los recursos que la Iglesia pone a su alcance, como la teología, la espiritualidad y la interpretación bíblica, y ciertamente ha de contextualizar las Escrituras en la situación cultural actual, pero no por ello estará hablando a partir de sí mismo y sus convicciones privadas. Si tenemos en cuenta que no estamos compitiendo con Dios, algo sobre lo que he estado insistiendo a lo largo de este

Iglesia de la Dormición, interior, Jerusalén. DENIS R. MCNAMARA

libro, podríamos entonces afirmar que el predicador, al rendirse a la voz divina, realmente descubre su voz más auténtica y, dejándose modelar por la actitud de Cristo, descubre su más auténtica actitud. El gran teólogo protestante Karl Barth dijo que el predicador o el teólogo cristiano es una especie de mistagogo que dirige a los lectores al interior de la extrañeza y complejidad de la jungla bíblica, presentándoles a figuras como Isaías, Abraham, Jeremías, David y el propio Jesús, personajes cuyas motivaciones y acciones muchas veces nos resultan inescrutables. Así, a través de todo esto, nos hablan del carácter absolutamente distinto del propio Dios, de este poder trascendente que, sin embargo, nos habla y actúa a través de la historia.

Cuando acaba la homilía, la gente se pone de pie para recitar el Credo. Pueden usar la fórmula más antigua y simple llamada el Credo de los Apóstoles pero, por lo general, se reza la gran profesión de fe que surgió en el Concilio de

Nicea en el año 325. Al proclamar las frases líricas "Dios de Dios, Luz de Luz, Dios verdadero de Dios verdadero, engendrado, no creado, de la misma naturaleza que el Padre", la Iglesia confirma su victoria en la lucha contra la herejía arriana, que aconteció cuando un sacerdote alejandrino del siglo IV llamado Arriano negó la divinidad de Jesús. "De la misma naturaleza" se refiere a la palabra griega *homoousios*, un término técnico que los padres del Concilio acuñaron para poder expresar de manera articulada el dogma de que Jesús siendo hombre era también plenamente divino. Lo que el Concilio de Nicea intuyó era que esta cuestión era crucial para mantener la identidad de la Iglesia y salvaguardarla, pues si Cristo no era verdaderamente divino, entonces el cristianismo necesariamente pasaría a ser otra mitología u otra filosofía. Casi mil setecientos años después nos ponemos de pie para repetir esta misma fórmula y así evitar el mismo peligro, recordándonos al hacerlo quiénes somos. Como ya hemos revisado en el capítulo cinco, la primera declaración del Credo ya de hecho es subversiva, "Creo en un solo Dios", pues excluye a cualquier otro pretendiente de dicho carácter supremo, trátese de un país, cultura, partido político o líder carismático. Por tanto, aquellos que proclaman su fe en un solo Dios se oponen decididamente a cualquier forma de idolatría, sea esta antigua o contemporánea. Cuando termina de recitarse el credo, la comunidad ora por los vivos y por los muertos. Esta "oración de los fieles", que es su nombre litúrgico, expresa la dependencia ineludible que existe entre los miembros del cuerpo místico de Cristo. Oramos los unos por los otros precisamente porque estamos interrelacionados, conectados en Cristo por los vínculos más profundos. Un miembro del cuerpo no puede decirle coherentemente a otro, "Lo que te preocupa no me concierne" pues, como ya hemos afirmado en el capítulo relativo a la Iglesia, no somos un club, sino un organismo. Así como un cáncer que invade el estómago afecta en gran medida a los demás órganos, así el sufrimiento y la ansiedad de un miembro de esta comunión mística impacta en todos los demás. Así como proclamamos nuestra fe al recitar el Credo, así también declaramos nuestra identidad mística cuando oramos los unos por los otros.

EL OFERTORIO

Al concluir la oración de los fieles, también termina la primera parte de la misa, llamada liturgia de la Palabra, y da comienzo su segunda parte, la liturgia de la Eucaristía. Tal vez sea útil en esta transición pensar en la misa como una especie de encuentro muy intenso. En casi todas las culturas —en la nuestra, desde luego— el encuentro formal con otra persona implica, típicamente, dos elementos básicos: conversar y comer. En una fiesta, en una recepción o en un banquete, recibimos a los invitados y pasamos gran parte de nuestro tiempo conversando con ellos para luego sentarnos juntos a comer. La misa es un encuentro con Jesucristo, un acto formal y ritualizado de "quedarnos con él". En la liturgia de la Palabra, lo escuchamos (en las Escrituras) y le respondemos (en el responsorio y las oraciones); posteriormente, en la liturgia de la Eucaristía, comemos un alimento que él nos ha preparado. Otro modo de ver las dos partes de la misa es pensar que la liturgia de la Palabra correspondería al servicio judío en la sinagoga, que se centra en la lectura y explicación de la Torah, mientras que la liturgia de la Eucaristía correspondería al servicio en el templo, en donde se rendían sacrificios de grano y animales. El paralelismo que acabo de proponer, sin embargo, no está del todo balanceado, pues he comparado la segunda parte de la misa tanto con una comida como con un sacrificio. Pero precisamente es así que llegamos al fondo de la cuestión, pues la liturgia católica de la Eucaristía participa de ambas dimensiones.

Llegado este punto he de detenerme un momento para hablar de esta yuxtaposición. Un principio bíblico fundamental establece que en este mundo caído no hay comunión sin sacrificio. Esto es verdad porque el pecado nos ha deformado y, por tanto, la intimidad con Dios implica reconfigurarnos y volver a adoptar nuestra forma a través de un realineamiento, un sacrificio. Es por esta razón que leemos en la Biblia que la formación de alianzas casi siempre va acompañada de sacrificios. Dios escoge a Abraham y hace una alianza con él —y luego le pide que le ofrezca un holocausto con animales; escoge a Moisés y a través de él establece la alianza del Sinaí—, pero posteriormente le pide que sacrifique bueyes y que salpique con su sangre el altar y al pueblo; Él establece una alianza (en la tradición judía los involucrados se hacían un "corte" y mezclaban su sangre para convertirse en "her-

Tabernáculo, Iglesia de la Dormición, Jerusalén.
DENIS R. MCNAMARA

manos de la alianza") con David y luego dispone el templo de Jerusalén, donde cientos de miles de animales fueron sacrificados y ofrecidos durante muchos siglos. Démonos cuenta, sin embargo, de que Dios no tiene necesidad de estos sacrificios; no se trata de una deidad pagana que de alguna manera es aplacada a través de nuestros ritos litúrgicos. Como ya revisamos en el capítulo tres, el verdadero Dios no tiene necesidad de nada. La cuestión es que *nosotros* sí necesitamos del sacrifico para volvernos a orientar y, así, restaurar la comunión con Dios. Se dice que Dios se complace en nuestros sacrificios precisamente en la medida en que nos hacen estar más plenamente vivos. En un sacrificio animal, la persona toma una pequeña porción de la creación de Dios y la regresa a su fuente de origen, manifestando así su gratitud por el don de su propia existencia y la existencia del mundo. Este reconocimiento de la supremacía de Dios no resulta fácil al pecador y, por ello, es apropiado que el sacrificio implique sangre y muerte. El que lleva a cabo el sacrificio presencia en el sufrimiento del animal su propio sufrimiento; por una vía vicaria está recobrando la relación correcta con la fuente de su existencia. Todo esto corresponde a lo que Juan Pablo II llamó "la ley del don de sí", el principio espiritual por el cual nuestro ser aumenta en la medida en que lo entregamos. Lo que se devuelve a Dios, lo que se le ofrece en sacrificio, se estrella contra la roca de la autosuficiencia divina y retorna para el beneficio de aquel que hizo la ofrenda. El sacrificio produce comunión. Esta es la lógica particular que subyace a la liturgia de la Eucaristía.

Al inicio de la segunda parte de la Misa, se llevan al frente pequeñas ofrendas de pan, vino y agua, para que el sacerdote pueda ofrecérselas a Dios. El pan y el vino equivalen al trigo y a la vid; el trigo y la vid implican el planeta, la tierra, el viento y la luz del sol; el planeta, la tierra, el viento y la luz del sol implican a su vez el sistema solar y el propio cosmos. Estas pequeñas ofrendas, por tanto, representan simbólicamente a la creación entera. Tomando estas ofrendas entres sus manos, el sacerdote pronuncia la oración de la "Berakah": "Bendito seas, Señor, Dios del Universo, por este pan, fruto de la tierra y del trabajo del hombre, que recibimos de tu generosidad y ahora te presentamos, él será para nosotros Pan de Vida. Bendito seas, Señor, Dios del Universo, por este vino, fruto de la vid y del trabajo del hombre, que recibimos de tu generosidad y ahora te presentamos, él será para nosotros Bebida de Salvación". De esta manera, el sacerdote bendice a Dios y le ofrece una pequeña porción de la creación como un don, retornándola al Dador y estableciendo así el retorno de la gracia que describí anteriormente. El pan y el vino, ofrecidos al Dios que no los necesita, regresarán a los oferentes de una forma inconmensurablemente elevada, como el Cuerpo y Sangre de Jesús.

Tras la oración de la Berakah, el sacerdote comienza la oración culminante de la Misa, la Plegaria Eucarística, por la que Cristo se vuelve real, verdadera y sustancialmente presente. Justo antes de comenzar propiamente la oración, el sacerdote invoca la canción de los ángeles, "Por eso, con los ángeles y los santos te cantamos el himno de alabanza diciendo sin cesar (...)". Es muy importante darnos cuenta de que esto no es un mero cliché piadoso. Al inicio de este capítulo mencioné que la Misa en la tierra nos vincula con la liturgia eterna en el cielo, con la alabanza de los ángeles y los santos. En este momento de la misa nuestra comunidad y sus acciones rituales se están uniendo explícitamente a las del juego trascendental en el cielo. La canción de los ángeles, es decir, la interacción armoniosa que nace de su alabanza común dirigida a Dios, nos sirve como modelo para nuestra interacción armoniosa aquí en el mundo. Así, mientras los que se encuentran reunidos cantan "Santo, Santo, Santo es el señor, Dios del universo. Llenos están el cielo y la tierra de tu gloria", al igual que los ángeles, están dando gloria a Dios en las alturas y, por ende, están alcanzando la unidad que Dios desea de ellos.

La oración comienza con unas palabras de gratitud al Dios trino por la simple gracia de su creación y su redención: "Santo eres en verdad, Padre, y con razón te alaban todas tus criaturas, ya que por Jesucristo, tu Hijo, Señor nuestro, con la fuerza del Espíritu Santo, das vida y santificas todo". Nuevamente el sacerdote pronuncia esta oración, que nos recuerda que nos desenvolvemos en el abrazo de las tres Personas Divinas. Inmediatamente ruega al Padre que envíe al Espíritu Santo para que santifique y transforme el pan y el vino: "Por eso, Padre, te suplicamos que santifiques por el mismo Espíritu estos dones que hemos preparado para ti, de manera que se conviertan en el Cuerpo y la Sangre de Jesucristo, Hijo tuyo y Señor nuestro, que nos mandó celebrar estos misterios". Inmediatamente continúa con lo que se denomina la

La Última Cena *de Cosimo Rosselli, Capilla Sixtina, Ciudad del Vaticano.* WORD ON FIRE

"narración de la institución", que es una forma abreviada del relato del Evangelio en torno a lo que Jesús hizo y dijo en la Última Cena. El sacerdote nos recuerda cómo Jesús tomó el pan y dio gracias, pero luego deja de hablar en tercera persona y pronuncia la cita textual, empleando las mismas palabras de Jesús: "Tomen y coman todos de él, porque esto es mi Cuerpo, que será entregado por ustedes". Y el sacerdote hace lo mismo con el cáliz de vino, relatando primero cómo Jesús dio gracias y luego pasó el cáliz a sus discípulos, para nuevamente hablar en primera persona y decir: "Tomen y beban todos de él, porque este es el cáliz de mi Sangre, Sangre de la alianza nueva y eterna, que será derramada por ustedes y por muchos para el perdón de los pecados. Hagan esto en conmemoración mía". La fe de la Iglesia radica en que a través de estas palabras el pan y el vino se transforman en el Cuerpo y la Sangre de Cristo. Jesús se vuelve "real, verdadera y sustancialmente" presente a su pueblo bajo la apariencia de las especies eucarísticas.

EXCURSUS SOBRE LA PRESENCIA REAL

La enseñanza en torno a la presencia real es tan central para la liturgia y el catolicismo que quiero detenerme un momento y considerarla con cuidado. No obstante, como ya he sugerido, la narrativa de la institución contenida en los Evangelios resulta clave para esta enseñanza, y me gustaría enfocarme en la singular teología eucarística implícita en el capítulo 6 del Evangelio de Juan. Dicho capítulo comienza con la narración de la multiplicación de los panes y los peces con los que se alimentó a toda una multitud, y continúa con la descripción de Jesús caminando sobre las aguas hacia la orilla opuesta

Iglesia de Santa Mónica & San Jorge, detalle, Cincinnati.
DENIS R. MCNAMARA

del Mar de Galilea. En pocas palabras, inicia afirmando claramente el poder divino de Jesús, así como la intención que el Señor tenía de alimentar a su pueblo, dos motivos poderosamente eucarísticos. La multitud, asombrada por el milagro de Jesús, lo siguió hasta el otro lado del lago. Jesús entonces les dice abruptamente, "Laboren no por el alimento que se consume, sino por el que perdura hasta la vida eterna" (Jn. 6:27). Luego le piden un "signo" para que puedan creer en él, algo parecido al maná que Dios Padre le había dado al pueblo durante el tiempo que pasaron en el desierto. Jesús les asegura "Yo soy el pan de vida; el que viene a mí no tendrá hambre, y el que cree en mí no tendrá nunca sed (...) Yo soy el pan que ha bajado del cielo" (Jn. 6:35, 41). Se opusieron a esto, preguntándose cómo este hombre cuyos padres conocían podía haber bajado del cielo, pero Jesús insistió: "Yo soy el pan vivo que ha bajado del cielo. Si alguno come este pan vivirá eternamente; y el pan que yo daré es mi carne para la vida del mundo" (Jn. 6:51).

Ciertamente podemos comprender la consternación de los seguidores de Jesús en este momento de la conversación, pues es difícil imaginar algo teológicamente hablando más objetable o, francamente, algo más desagradable para un judío del siglo primero que lo que Jesús estaba proponiendo. A lo largo del Antiguo Testamento encontramos claras prohibiciones contra el consumo de la carne de animales que contuviera sangre. Por dar unos cuantos ejemplos de los muchos que existen, el libro del Génesis prescribe que "Solo se abstendrán de comer la carne con su vida, es decir, con su sangre" (Gén. 9:4); y el libro del Levítico establece "Este es un decreto irrevocable a lo largo de las generaciones, en cualquier parte donde ustedes vivan: no deberán comer grasa ni sangre" (Lev. 3:17); y el libro del Deuteronomio insiste en esta dirección, "Sólo tendrás que abstenerte de comer la sangre, porque la sangre es la vida, y tú no debes comer la vida junto con la carne" (Dt. 12:23). Sin embargo, Jesús insta a los judíos piadosos a que coman no solo la carne sangrienta de un animal, sino su propia carne y su propia sangre. Como era de esperarse, ellos protestan: "¿Cómo puede este darnos a comer su carne?" (Jn. 6:52). Llegado este momento, se ofrece a Jesús la oportunidad de replantear su enseñanza o explicarla de una manera más metafórica, como lo hiciera, por ejemplo, cuando Nicodemo se resistió a la idea de nacer nuevamente, pensando que debía regresar al vientre de su madre. Pero Jesús, en lugar de matizar su enseñanza, la acentuó aún más diciendo, "En verdad, en verdad les digo que si no comen de la carne del Hijo del Hombre y no beben su sangre, no tendrán vida en ustedes (...) Pues mi carne es verdadera comida y mi sangre es verdadera bebida" (Jn. 6:53, 55). Para comprender

Santa Maria sopra Minerva, detalle, Roma. WORD ON FIRE

la relevancia de esta afirmación en toda su extensión, tenemos que atender al griego del texto de Juan. El término que Jesús emplea aquí para referirse a "comer" no es *phagein*, una palabra mucho más esperable en este contexto, sino *trogein*, un verbo que describe el modo de comer de un animal, algo así como "roer" o "mascar". En otras palabras, lo que Jesús enfatiza intencionalmente es la literalidad y el carácter físico de su invitación a "comer su cuerpo", que era precisamente lo que la multitud rechazaba.

También leemos que en este momento hubo una gran deserción entre los seguidores de Jesús: "Al oír esto, muchos de sus discípulos dijeron: 'Es dura esta enseñanza, ¿quién puede escucharla?'" (Jn. 6:60) y "Desde ese momento muchos discípulos se echaron atrás y ya no andaban con él" (Jn. 6:66). Es fascinante subrayar con cuánta frecuencia en la historia del cristianismo la enseñanza sobre la presencia real de Jesús en la Eucaristía ha sido una cuestión de división dentro de la Iglesia, un punto de unión o división. Jesús se dirige apesadumbrado a los doce apóstoles, al círculo de seguidores que aún permanecía con él, y les pregunta: "¿También ustedes quieren marcharse?" (Jn. 6:67). Lo que sigue es un paralelismo que Juan hace entre este momento y la confesión de fe que acaeció en Cesarea de Filipo: "Señor, ¿a quién iremos? Tú tienes palabras de vida eterna; nosotros hemos creído y conocido que tú eres el Santo de Dios" (Jn. 6:68-69). Hablando por los demás, Pedro confiesa que lo que Jesús ha dicho sobre la Eucaristía es verdad, y vincula esa confesión con una declaración de la identidad sagrada de Jesús. Desde un punto de vista católico, este encuentro de la fe en la Encarnación y la fe en la presencia real tiene gran relevancia, pues la Eucaristía no es sino la extensión sacramental de la Encarnación a través del tiempo y el espacio, el modo en el que Cristo permanece de forma encarnada con su Iglesia. Pedro lo comprendió en aquel momento crucial del ministerio público de Jesús, y habló convencido en nombre del grupo nuclear de los apóstoles. La fe católica cree que Pedro, a lo largo de los siglos, sigue "comprendiendo" este hecho.

Inspirada por este discurso del capítulo 6 de Juan, y apoyándose en la enseñanza de los sucesores de Pedro y los apóstoles, la Iglesia católica ha defendido durante los últimos dos mil años la doctrina de la presencia real. Uno de los defensores más elocuentes de la presencia real fue Tomás de Aquino. Tomás de Aquino amaba la Eucaristía. Celebraba misa todas las mañanas e, inmediatamente después de celebrar la misa, cocelebraba otra. Se dice que rara vez terminaba la liturgia sin haber derramado copiosas lágrimas, pues se identificaba profundamente con el misterio de la Eucaristía. También se relata que cuando lidiaba con alguna dificultad intelectual particularmente espinosa, se dirigía al sagrario y apoyaba su cabeza en él pidiendo inspiración. Hacia el final de su vida relativamente corta (murió a la edad de cuarenta y nueve años), Tomás de Aquino compuso, como parte de su *Suma teológica*, un tratado sobre la Eucaristía. Cuando terminó este texto notablemente exhaustivo y complejo, todavía no estaba del todo convencido de haber hecho justicia a este gran Sacramento. Así que puso su tratado a los pies de un crucifijo en la capilla dominica de Nápoles y oró. Una voz provino de la cruz diciéndole: "*Bene scripsisti de me, Thoma*" (Has escrito bien de mí, Tomás), y luego continuó, "¿Qué quieres como recompensa?", y Tomás de Aquino simplemente le contestó, "*Nil nisi te*" (nada sino tú).

¿Qué encontramos al revisar el tratado que Tomás de Aquino dispuso a los pies de la cruz? Encontramos el análisis que Tomás hizo sobre la presencia real describiéndola con el término técnico de "transustanciación". Él sostenía que en la consagración, la sustancia del pan se transforma en la sustancia del cuerpo de Jesús, y que la sustancia del vino se transforma en la sustancia de la sangre de Jesús, incluso cuando los accidentes del pan y del vino permanecían sin cambios. Si los términos "sustancia" y "accidente" nos parecen extraños, podemos traducirlos simple y acertadamente por "realidad" y "apariencia". Tomás de Aquino pensaba que la realidad más profunda de las especies eucarísticas se transformaba en la presencia personal de Cristo, incluso si su apariencia permanecía inalterada. La distinción entre realidad y apariencia ha sido tratada prácticamente por todas las grandes filosofías del mundo. Encontramos referencias a esta en el hinduismo, el budismo, el platonismo y el kantismo, y corresponde al sentido común con el que consideramos las cosas. Sabemos que la mayor parte del tiempo la realidad (lo que algo *es*) y la apariencia (lo que algo *parece ser*) coinciden, pero también sabemos que hay excepciones a la regla. Si nos fijamos en el cielo durante una noche clara veríamos lo que parecen ser estrellas en su configuración actual, pero los astrónomos nos indican que lo que realmente estamos viendo es un pasado distante, pues toma miles de años para que la luz de esas estrellas alcance nuestros ojos. No estamos viendo las estrellas que se encuentran ahí en este momento, sino las estrellas que *estaban* ahí: apariencia y realidad, en este caso, se encuentran divididas. O imaginemos que conocemos a alguien y nuestra primera impresión es que es una mala persona y por tanto concluimos que es una persona desagradable. Pero alguien que la conoce mucho mejor, alguien que la ha visto en diversas circunstancias durante muchos años, nos podría corregir diciéndonos: "Sé que parece que es así, pero no es así en realidad". Nuevamente, la apariencia y la realidad no coinciden, y esta discrepancia es señalada por alguien que tiene más experiencia que nosotros. Algo muy similar es lo que ocurre en el caso de la Eucaristía.

Sin embargo, ¿cómo *explica* Tomás de Aquino esta transformación? Al igual que Ambrosio de Milán, Tomás entendió que el cambio era consecuencia del poder de las palabras de Jesús: "este es mi cuerpo" y "este es el cáliz de mi sangre". Como sostienen los filósofos del lenguaje en el siglo XX, las palabras no solo son descriptivas; también, bajo ciertas circunstancias, pueden ser transformativas: pueden llegar

Crucifijo, Panteón, Roma. WORD ON FIRE

a *transformar* el modo de ser de las cosas. Si alguien se te acercara en una fiesta y te dijera, "Estás arrestado", supondrías que se trata de una broma o que has sido engañado. Pero si un policía propiamente autorizado y uniformado te dijera que estás bajo arresto, de hecho estarías arrestado, y sus palabras habrían logrado el efecto esperado. O supongamos que estamos viendo un juego de béisbol desde las gradas del estadio Wrigley. Uno de los *Chicago Cubs* sale corriendo de la segunda base y se desliza para llegar a la tercera base. Y gritamos, "¡*Safe!*". Nuestra exclamación tal vez manifieste nuestra certeza en este hecho e incluso puede que lo hayamos calificado correctamente, pero no tendrá ningún efecto sobre la realidad. Por otro lado, si justo delante de nosotros se encuentra un *umpire* certificado por la Liga Nacional y mueve vigorosamente su brazo derecho al tiempo que grita "¡*Out!*" entonces, querámoslo o no, tanto nosotros como el jugador que acaba de deslizarse a la base, el desafortunado jugador de los *Cubs* estará, de hecho, "*out*". La palabra del *umpire* ha cambiado la realidad del juego.

Pero estas son solo débiles palabras humanas. Pensemos en el Verbo divino. En la Biblia, Dios crea todo el universo a través del poder de su palabra: "Hágase la luz", dijo el Señor, "y hubo luz" (Gén. 1:3). El profeta Isaías habla en nombre de Yahvé diciendo, "Así como la lluvia y la nieve descienden del cielo y no vuelven a él sin haber empapado la tierra, sin haberla fecundado y hecho germinar (...) así sucede con la palabra que sale de mi boca: ella no vuelve a mí estéril, sino que realiza todo lo que yo quiero y cumple la misión que yo le encomendé" (Is. 55:10-11). Las palabras de Dios, más que describir el mundo, lo crean y lo constituyen. En el primer capítulo insistí en que Jesús no es sencillamente un maestro espiritual entre otros tantos sino el Hijo de Dios, el *Logos* de Dios, el Verbo a través del cual el universo fue hecho. Por

Catedral de Notre Dame, interior, París. WORD ON FIRE

tanto, cuando Jesús exclamó "¡Lázaro, ven afuera!" (Jn. 11:43), él salió; "Niña, a ti te digo, ¡levántate!" (Mc. 5:41), ella se levantó; "Hijo, tus pecados te son perdonados" (Mc. 2:5), y fueron perdonados. La noche antes de morir, Jesús, al tomar el pan, dijo, "Esto es mi cuerpo, que será entregado por ustedes" (Lc. 22:19). De la misma manera, después de haber cenado, tomó el cáliz y dijo, "Este cáliz es la nueva alianza en mi sangre, que será derramada por ustedes" (Lc. 22:20). Dado que la palabra de Jesús es el Verbo divino, sus palabras no son meramente descriptivas, sino transformadoras. Crean, sostienen y transforman la realidad en su nivel más fundamental. Cuando en la consagración el sacerdote pasa a hablar en primera persona y repite las palabras pronunciadas por Jesús, no está hablando en su propia persona, sino en la persona de Jesús; y es por esta razón que esas palabras *transforman* las especies eucarísticas.

Al comienzo de su carrera, Flannery O'Connor, quien se convertiría en una de las más grandes escritoras católicas de ficción del siglo XX, se sentó un día a cenar con Mary McCarthy y un grupo de otros intelectuales neoyorquinos. La joven

Flannery, que claramente era la más joven de este sofisticado grupo, se sentía tan abrumada que apenas dijo alguna palabra aquella tarde. McCarthy, quien había sido católica, en un intento por que O'Connor se abriera hizo algunos comentarios benévolos sobre la Eucaristía, diciendo que se trataba de un símbolo muy poderoso. Flannery se volvió hacia ella y le dijo con voz temblorosa, "Bien, si es solo un símbolo, yo digo que al diablo con él". No puedo imaginarme un mejor resumen de la doctrina católica sobre la presencia real.

COMUNIÓN Y MISIÓN

Al terminar la plegaria eucarística, Jesús, quien se encuentra realmente presente bajo las formas del pan y del vino, se ofrece como un sacrificio vivo al Padre. Al levantar las especies eucarísticas, el sacerdote dice, "En Cristo, con él y en él, a ti Dios Padre omnipotente, en la unidad del Espíritu Santo, todo honor y toda gloria, por los siglos de los siglos". En este momento, el sacerdote católico se encuentra en el verdadero *Sancta Sanctorum*, y todo lo que hace es análogo a lo que el sumo sacerdote hacía en el templo el Día de la Expiación. En la antigüedad, el sumo sacerdote entraba al *Sancta Sanctorum* y allí sacrificaba un animal para Yahvé en nombre de todo el pueblo. Luego rociaba un poco de sangre alrededor del interior del santuario y el resto lo llevaba en un cuenco y lo rociaba sobre el pueblo, sellando de esta forma una especie de pacto de sangre entre Dios y la nación. El sacerdote católico, llegado el clímax de la misa, ofrece al Padre no la sangre de toros o cabritos, sino la Sangre de Cristo que está más allá de todo precio. Como el Padre no necesita nada, este sacrificio redunda completamente en nuestro beneficio.

El sacerdote y los otros ministros de la eucaristía se

distribuyen entonces por el santuario, portando el Cuerpo de Cristo en la hostia consagrada, y su Sangre en el cáliz, y lo ofrecen como alimento y bebida a la gente. A través de esta acción, establecen un pacto de sangre entre Dios y su pueblo que está, por su intensidad, por encima de los sueños más audaces de los sacerdotes del templo en la antigüedad. Recordemos las palabras que Pablo dirigió a los Corintios: "La copa de bendición que bendecimos, ¿no es acaso comunión con la Sangre de Cristo? Y el pan que partimos, ¿no es comunión con el Cuerpo de Cristo?" (1 Cor. 10:16). Si nuestros problemas comenzaron con un alimento nocivo —con la apropiación del fruto del árbol del conocimiento del bien y del mal— nuestra redención se efectúa a través de una comida adecuadamente constituida, a través de Dios que alimenta a su pueblo con su propio Cuerpo y Sangre.

Una vez que la asamblea ha recibido la comunión y ha dado gracias, son bendecidos y comisionados. El sacerdote dice, "Vayamos en paz, la misa ha terminado". Se ha dicho que, después de las palabras de la consagración, estas son las palabras más sagradas de toda la misa. Ahora que la gente ya se ha reunido como una familia, ha escuchado la Palabra de Dios, ha profesado su fe, han orado unos por otros, han ofrecido un sacrificio al Padre y han recibido el Cuerpo y la Sangre de Jesús, los fieles están, al menos en principio, más preparados y dispuestos para ir y llevar a cabo la transformación del mundo. El imaginario del arca de Noé que exploramos en un capítulo anterior viene al caso aquí, pues la liturgia es la preservación de la forma de vida que Dios desea para su pueblo. Así como Noé abrió las ventanas y las puertas del arca para que la vida saliera de ella, así también el sacerdote despide al pueblo, diseminándolos como semillas en el mundo caído.

En sus meditaciones sobre la historia de la visita de los

Reyes Magos, el arzobispo Fulton Sheen hacía notar que los tres reyes, tras haber recorrido una gran distancia y haberse enfrentado a la oposición del Rey Herodes, tras haber encontrado al niño y haber abierto sus cofres con tesoros ante él, "habiendo sido advertidos en sueños de no regresar al palacio de Herodes, volvieron a su tierra por otro camino" (Mt. 2:12). En efecto, así lo hicieron, concluye Sheen, "¡Porque nadie viene a Cristo y regresa igual que como llegó!". La liturgia es la comunión privilegiada con el Señor, la fuente y culmen de la vida cristiana. Por tanto, quienes participan en ella nunca se retiran sin haber sido transformados; nunca regresan por el mismo camino por el que llegaron.

Catedral de San Patricio, interior, Nueva York. WORD ON FIRE

Capítulo 8

UNA MULTITUD
DE TESTIGOS:
LA COMUNIÓN DE
LOS SANTOS

¿Quién es un santo? La Iglesia católica declara que un santo es alguien que ha demostrado una virtud heroica, alguien que es amigo de Dios, alguien que está en el cielo; y, a fin de cuentas, todas estas características se refieren a lo mismo. Los santos son aquellos que han permitido que Jesús los transfigure completamente desde su interior. Pablo refleja esto cuando afirma que "vivo, pero ya no soy yo quien vive, sino Cristo que vive en mí" (Gal. 2:20). En el capítulo 5 del Evangelio de Lucas encontramos una extraña historia sobre Jesús y Pedro. Mientras una muchedumbre deseosa se agolpa en torno a él, Jesús divisa dos barcas amarradas cerca de la playa del lago. Sin pedir permiso, se sube a la barca que pertenecía a Pedro y le dice, "Rema mar adentro y echen las redes para pescar" (Lc. 5:4). Lo que ocurrió, como ya revisamos anteriormente al analizar la versión de esta escena en el Evangelio de Marcos, fue la pesca milagrosa. Si leemos este pasaje con ojos espirituales, esta historia revela la característica esencial de la santidad. Para un pescador galileo, su barca lo era todo; era su modo de ganarse la vida, su trabajo, el medio gracias al cual podía mantener a su familia. La barca para pescar de Pedro representa, por tanto, su creatividad profesional, su vínculo con el mundo y un elemento clave para su supervivencia. Jesús simplemente se sube a su barca y empieza a dar órdenes, y el resultado fue la mayor pesca que Pedro el pescador había hecho jamás. Jesús, abordando sin permiso la embarcación, representa la invasión de la gracia, la incursión del amor divino en la vida de alguien. Precisamente por el hecho de que Dios no compite con su creación, y precisamente porque quiere que los seres humanos vivan plenamente, esta intromisión de la gracia no destruye ni interrumpe aquello que invade; lo perfecciona y lo eleva a un nuevo nivel. Pedro, podríamos pensar, era un pescador lo suficientemente exitoso, pero ahora, bajo la dirección de Jesús, se aventura más adentro y atrapa mucho más de lo que imaginaba que era posible. Esto es lo que ocurre cuando cooperamos con la gracia, cuando permitimos que Cristo viva su vida en nosotros.

Los santos son aquellos que han permitido que Jesús suba a sus barcas sin que por ello se vuelvan superhumanos o angelicales, sino seres humanos plenos, tan vivos como Dios ha dispuesto que lo sean. Todo el propósito de la Iglesia, como hemos visto, es hacer santos. Las Escrituras, la tradición, la

El Duomo, interior, Florencia. WORD ON FIRE

liturgia, la doctrina oficial, la instrucción moral y los sacramentos son todos ellos medios para alcanzar el objetivo de promover la amistad con Dios. Y es por ello que conocer y admirar a los santos resulta tan esencial para la vida de la Iglesia. Necesitamos santos para poder obtener una comprensión más rica de Dios, pues cada santo y santa, de una manera particular, refleja algo de la perfección de Dios. Podríamos pensar en Dios como una intensa luz absolutamente blanca que, cuando se refracta en la creación, se expresa a sí misma en una infinita variedad de colores. Los santos reflejan colores particulares y es precisamente por ello que su variedad es tan importante para la vida de la Iglesia. San Francisco de Asís manifiesta una verdad muy definida de Dios, pero apenas representa un poco de la plenitud de la realidad divina. Y es por esto que necesitamos de muchos otros santos.

Lo que me gustaría hacer en este capítulo es explorar brevemente las vidas de cuatro amigas relativamente contemporáneas de Dios: Katharine Drexel, Teresa de Lisieux, Edith

Stein y la Madre Teresa de Calcuta.[1] Quiero enfatizar especialmente el modo en que Jesús, aún sin ser invitado, entró gentilmente en sus vidas, y cómo con su cooperación quedaron completamente transfiguradas. Relataré las historias de estas mujeres, pues es de crucial importancia que las *veamos* en acción para que así nos formemos con ellas, aprendamos de ellas y, finalmente, quedemos prendados de ellas. Mi deseo es que estas cuatro historias nos sirvan al menos como una indicación de la espléndida variedad que se manifiesta en la vida de los santos, para que puedan estar preparados para descubrir la forma de santidad que les resulte más apropiada. Elegí a estas cuatro mujeres porque cada una representa una forma elevada y transfigurada de una de las virtudes. Katharine Drexel nos muestra la apariencia de la justicia cuando es invadida por el amor; Teresa de Lisieux demuestra cómo es la prudencia ordinaria —saber hacer lo correcto— cuando se arraiga en Cristo; Edith Stein es un icono de la fortaleza evangélica; y la Madre Teresa de Calcuta encarna el poder de la pobreza y el ascetismo cuando se entregan al servicio de Jesús. Podría describir estas virtudes de manera abstracta, pero aprenderemos mejor de ellas si tenemos la oportunidad de *verlas*. Quiero que se conviertan en aprendices de estas mujeres, y esto requiere de paciencia y tiempo.

KATHARINE DREXEL

Katharine Drexel nació en Filadelfia, el 26 de noviembre de 1858, el mismo año de las apariciones de Lourdes. Su padre

---

1   Para un análisis más detallado de la vida y testimonios de estos santos, consultar el libro del padre Barron *The Priority of Christ* (La prioridad de Cristo) (Grand Rapids, Mich.: Brazos Press, 2007).

era Francis Anthony Drexel, un banquero de renombre internacional y uno de los hombres más ricos de los Estados Unidos. La infancia de Katharine fue idílica, como ella misma afirmaba. Junto a sus hermanos recibió una magnífica educación en Lenguas, Literatura, Filosofía, Música y Pintura. Vivía en una suntuosa mansión en Filadelfia y veraneaba con su familia en una encantadora casa de campo a las afueras de la ciudad. En varias ocasiones durante su infancia realizó grandes viajes por Europa, alojándose en los hoteles más refinados y visitando distintos lugares, especialmente aquellos más queridos por los peregrinos católicos. Su padre y su madrastra (la madre biológica de Katharine había muerto justo después de haberla dado a luz) eran católicos devotos, y tenían una capilla en la casa. Casi todas la noches, tras regresar del trabajo y antes de sentarse a cenar, el Sr. Drexel se detenía

Santa Katharine Drexel de joven, 1879.
ARCHIVOS DE LAS HERMANAS DEL
SANTÍSIMO SACRAMENTO

en la capilla una media hora para orar intensamente. También tres veces a la semana durante la tarde los Drexel abrían las puertas de su hogar a los pobres y a los necesitados de Filadelfia. Los Drexel inculcaron en sus hijos la convicción, profundamente enraizada en la sensibilidad católica, de que se les había encomendado su riqueza y que esta, por tanto, debía ser empleada para el bien de los demás.

Cuando Katharine tenía catorce años conoció al padre James O'Connor, párroco local de la zona aledaña a la casa de verano de la familia, quien ejerció una influencia decisiva en su vida. Desde entonces Katharine ya daba señales de gran seriedad espiritual y, bajo la dirección del padre O'Connor, diseñó un meticuloso programa para su crecimiento en la santidad, algo bastante inusual en una adolescente. En 1878, a la edad de veinte años, la educación formal de Katharine terminó, y en enero de 1879 fue presentada oficialmente a la alta sociedad de Filadelfia. Uno pensaría que para una joven de su clase social este evento sería de gran importancia, pero Katharine se sintió francamente aburrida y perpleja ante todo esto. Poco tiempo después, y con tan solo unos meses de diferencia, los amados padre y madrastra de Katherine murieron, y Katherine heredó repentinamente una enorme fortuna. Ella y sus hermanas recibieron aproximadamente cuatro millones de dólares de la herencia de su padre, algo cercano a cuatrocientos millones de dólares en nuestros días. Pero Katharine se sentía profundamente intranquila, sin saber muy bien qué hacer con aquel dinero. O, más bien, qué hacer con su vida, pues sus anhelos religiosos se enfrentaban con crecientes preocupaciones mundanas. En este difícil momento de su vida dos hombres la visitaron: el obispo Martin Marty y el padre Joseph Stephan. Ambos trabajaban para la misión católica de los nativos americanos en las Grandes Llanuras. Ambos describieron su obra tan elocuentemente que Katharine se sintió impulsada a darles una gran porción de su herencia para apoyar su misión.

Estos primeros acercamientos a la obra de los misioneros con los nativos americanos poco hicieron para disminuir la agitación que Katharine estaba experimentando respecto a la dirección de su vida. Su lucha interna estuvo acompañada (y tal vez le causó) mucho sufrimiento físico también. Durante este periodo llegó a comentarle al padre O'Connor que se sentía como una niñita que acababa de arrancarle la cara a una bonita muñeca de porcelana solo para descubrir que estaba rellena de paja: una excelente imagen de esta joven acostumbrada a vivir entre privilegios. Con la intención de aliviar su sufrimiento físico y sicológico, hizo lo que muchos norteamericanos ricos hubieran hecho en una situación similar: fue a Europa y visitó una serie de *spas*, para sumergirse en aguas a las que se les atribuían poderes curativos. En este viaje la vida de Katharine en verdad cambiaría, pero esta transformación nada tuvo que ver con estos tratamientos. Al final de su viaje, sintiéndose todavía ansiosa e indecisa, todavía desconsolada por la muerte de sus padres e insegura sobre su vocación, tuvo una audiencia con el Papa León XIII. Arrodillándose frente al Papa, le habló apasionadamente de la misión con los nativos americanos, y le dijo, "Santo Padre, debería encontrar una orden de sacerdotes y una orden de hermanas que pudieran catequizar, instruir y cuidar de estas personas". El Papa fijó su mirada en ella y sencillamente le dijo, "Tú deberías ser esa misionera". Las palabras de León XIII calaron profundamente el alma de Katharine. Repentinamente se sintió mal y no lograba salir del Vaticano lo suficientemente rápido, pero cuando salió del edificio lloró, y lloró y lloró. Evidentemente, el Papa había tocado una fibra sensible, y a través de las palabras de León, Jesús comenzaba a subirse decididamente en la barca de Katharine.

Santa Katharine Drexel después de su profesión final (votos perpetuos), 1895. ARCHIVOS DE LAS HERMANAS DEL SANTÍSIMO SACRAMENTO

Antes de entrevistarse con el Papa León, Katharine había estado considerando la posibilidad de tener vocación religiosa, pero su director espiritual consistentemente la había alejado de esa idea, convencido de que alguien con el bagaje privilegiado de Katherine no sería capaz de acostumbrarse a las austeridades de la vida religiosa. Pero las palabras del Papa la habían ayudado a enfocar su deseo y habían alentado su espíritu. En 1888 escribió al padre O'Connor diciéndole: "¿Tiene miedo de entregarme a Jesucristo? Dios sabe lo indigna que soy y, sin embargo, ¿no puede acaso suplir mi falta de mérito si tan solo me diera una vocación a la vida religiosa? Entonces correría alegremente hacia Él". Tal vez este fue precisamente el signo de independencia que el mentor espiritual de Katharine estaba esperando, pues su respuesta a la demanda de la joven fue rápida y total: "Esta carta tuya (...) me ha hecho apartar toda oposición a que ingreses en la vida religiosa". Lo que muy pronto le quedó claro a Katharine era que no solo debía convertirse en monja sino que, como el Papa le había sugerido, debía ser la fundadora de una orden dedicada a algunos de los norteamericanos más pobres y más olvidados. En una carta que envió a su director espiritual ella dijo claramente, "Quiero una orden misionera para los nativos americanos y para las personas de color", y concluía que dado que dicha orden no existía, ella misma tendría que fundarla. En cuanto esta decisión se asentó claramente en su mente y en su corazón, toda su ansiedad y su agitación interior se desvanecieron. Sabía lo que quería y, como María, se apresuró a conseguirlo.

Ingresó al noviciado de las Hermanas de la Misericordia en Pittsburgh en mayo de 1889. Su propósito era aprender los modos de la vida religiosa para así prepararse para establecer su propia comunidad. Dos años después hizo sus votos perpetuos como primer miembro de las Hermanas del Santísimo Sacramento para los indios y la gente de color. Desde el comienzo quiso asociar su obra misionera estrechamente con la liturgia y la Eucaristía. Como otros muchos santos, Katharine logró atraer rápidamente a una gran cantidad de personas a su misión. Aquellas jóvenes que se unieron deseosas a ella, recibieron tres años de entrenamiento en la casa matriz a las afueras de Filadelfia y luego fueron enviadas a hacer su trabajo misionero. Uno de los primeros lugares de avanzada de las hermanas fue entre los indios pueblo de Nuevo México; posteriormente abrieron una escuela para niños afroamericanos al lado del río James en Virginia. Lo que siguió fue tal

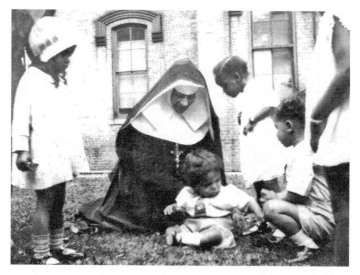

Santa Katharine Drexel con niños en la Xavier University de Louisiana, inicios de la década de los treinta. ARCHIVOS DE LAS HERMANAS DEL SANTÍSIMO SACRAMENTO

vez la obra fundadora más importante de la Madre Drexel, la Universidad Xavier en Nueva Orleans. Este centro educativo, dedicado a la educación católica avanzada para jóvenes negros, fue el primero de su clase en los Estados Unidos. Con el tiempo, la Madre Drexel fundaría escuelas, hospitales e institutos por todo el país.

¿De dónde salía el dinero necesario para todas estas obras y proyectos? Casi todo provenía exclusivamente del fondo fiduciario de Katharine Drexel, de aquellos cuatro millones de dólares que le habían sido heredados por su padre. Dio y dio hasta que literalmente no quedó nada que dar; destinó por completo aquella importante fortuna para su misión. Los antiguos filósofos de la moral hablaban de la justicia, el acto de dar a cada uno lo que le corresponde. Inspirados por este ideal ético, muchas personas adineradas a lo largo de los siglos han donado parte de sus excedentes para ayudar a aquellos que no tienen suficiente y que como seres humanos merecen una vida mejor. La dedicación de la Madre Drexel, ¿provenía de un impulso por la justicia? Sí, en efecto, pero de algo mucho más que mera justicia. Se trataba por así decirlo de una forma elevada y transfigurada de justicia, de justicia bajo la influencia de la gracia y no un mero cálculo de lo que se le debe a los demás, sino una donación superabundante y excedente a favor de los demás. Era adentrarse mar adentro y realizar una pesca milagrosa.

Durante muchos años la Madre Drexel dirigió las obras de su comunidad desde su oficina central en Filadelfia, pero de ninguna manera permanecía prisionera en aquel lugar. Viajaba mucho por todo el país visitando a sus hermanas, en una época en la que viajar era bastante difícil, particularmente en el indómito Oeste. Esto se refleja, por ejemplo, en un viaje que hizo en 1935, a la edad de setenta y siete. Tras visitar a sus hermanas en Nueva Orleans, viajó a Port Arthur en Texas, y luego en la noche viajó en tren a Gallup, en Nuevo México. De ahí se dirigió a San Francisco, Portland, Oregon y Seattle, antes de dirigirse a Wenatchee, la diminuta avanzada que tenían, desde donde emprendió una jornada de viaje de cuatro horas hasta la misión de sus hermanas. Durante un viaje semejante aquel mismo año, la Madre Drexel sufrió un paro cardíaco, y los doctores le advirtieron que a menos que recortara su agenda estaría poniendo en riesgo su vida. Por tanto, Katharine Drexel comenzó lo que ella misma consideró el periodo espiritualmente más productivo de toda su vida. Durante los veinte años que siguieron permaneció en la casa matriz, donde pasaba horas todos los días y todas las noches frente al Santísimo Sacramento, rogando por el éxito de su orden. La Madre Drexel murió el 3 de marzo de 1955, a la edad de noventa y siete años, pero su obra, nacida de la justicia transfigurada, permanece hasta nuestros días.

TERESA DE LISIEUX

A las afueras del pequeño pueblo de Lisieux se encuentra una basílica enorme y elaboradamente decorada, dedicada a una mujer muy sencilla, pero que también es una de las santas más extraordinarias de la Iglesia. Teresa era una carmelita de clausura que murió a la edad de veinticuatro años y que al momento de su muerte era solo conocida por su familia y sus hermanas en el convento. Una de sus hermanas, de hecho, se preguntaba qué podrían escribir sobre ella en el obituario que

Santa Teresa de Lisieux, 1881

circularía entre las demás carmelitas franceses. Sin embargo, unos cuantos años tras la muerte de Teresa ella se ganó el renombre mundial, y unas cuantas décadas tras su muerte fue declarada santa y llegó incluso a ser nombrada Doctora de la Iglesia. Cuando se llevó a los Estados Unidos un relicario con sus huesos en los años noventa, millones de personas fueron a su encuentro, y cuando fue llevado a Irlanda, prácticamente todo el país se había reunido para verlo. ¿Por dónde comenzar a explicar esta reacción? Tenemos que comenzar por su autobiografía espiritual, *Historia de un alma*, que Teresa escribió por orden de su superiora durante los últimos años de su vida.

He de confesar que la primera vez que leí *Historia de un alma* no me impresionó demasiado. Como muchos otros, me pareció extremadamente sentimental y, como haría un postfreudiano, solo podía ver en ella el entusiasmo espiritual propio de una niña en el que se manifestaban neurosis y represión. Pero luego me di cuenta de que había muchos grandes intelectuales que habían amado a Teresa. Entre estos admiradores cultos se encontraban Dorothy Day, Edith Stein, Thomas Merton, Juan Pablo II y Hans Urs von Balthasar. Mientras hacía mis estudios doctorales en París, asistí a un seminario conducido por mi director de tesis, el padre Michel Corbin, un jesuita brillante especializado en el pensamiento medieval. Corbin mencionó que los franceses no se refieren a Teresa de Lisieux como "la florecilla", como lo hacen los angloparlantes, sino que la llaman *la petite Thérèse* (la pequeña Teresa), para distinguirla de *la grande Thérèse* (Teresa la grande, es decir, Teresa de Ávila). Pero luego añadió, "Tras muchos años leyendo a ambas santas, me doy cuenta de que Teresa de Lisieux *est vraiement la grande Therese*" (es en verdad Teresa la grande). Entonces me di cuenta de que debía considerarla de nuevo.

Teresa nació el 2 de enero de 1873, la hija más pequeña

de la familia de Louis y Celia Martin, dos miembros extremadamente devotos de la clase media francesa. Ella misma admitió que su infancia estuvo llena de bendiciones. Como era una niña bonita, era adorada por todos, especialmente por su padre. Él era su *petit roi* (su pequeño rey), y ella era su *petite reine* (su pequeña reina). Se integró alegremente al intenso ritmo y prácticas religiosas del hogar de los Martin, y desde muy pequeña tuvo la intuición de que entraría al convento carmelita y de que sería monja. Los años idílicos de su infancia se vieron interrumpidos por la muerte de su madre en 1877, cuando Teresa tenía apenas cuatro años. En medio de esta experiencia traumática, Teresa se tornó malhumorada e introvertida, "sensible en exceso". El tiempo que pasó en la escuela pública de Lisieux le resultó desagradable, pues el ambiente protector y consentido en el que se había formado no la había preparado para el entorno relativamente brusco del patio de recreo. Era molestada sin misericordia por sus compañeros, y por primera vez en su vida se sintió "medida y que no daba la talla".

Los efectos de la muerte de la madre de Teresa se dejaron ver en su totalidad cuando Paulina, su hermana mayor y madre sustituta, decidió ingresar a la vida religiosa. En cuanto Paulina desapareció detrás de los muros del convento, Teresa experimentó una extraña enfermedad con síntomas tanto físicos como sicológicos, algunos de ellos aterradores. Lloraba con violencia, sufría de severos dolores de cabeza y era presa de ataques de escalofríos incontrolables. Cuando Paulina profesó, cuando "tomó el velo", Teresa sufrió un episodio particularmente violento: "gritaba y chillaba llena de miedo, contorsionaba su cara, ponía los ojos en blanco y tenía visiones de monstruos y figuras de pesadilla y, sacudida por convulsiones, tenía que ser amarrada a la fuerza". Esta es la sencilla descripción que Teresa hace de este horrible periodo:

"Todo me aterraba". Resulta fácil ver esto como un episodio sicótico, pero lo que importa aquí no es tanto la etiología de su enfermedad como el modo en que Teresa lo resolvió. Posteriormente en su vida llegó a considerar este periodo de su vida como una prueba y una fase de purificación. Concluyó que estaba siendo purgada precisamente de su narcisismo y de su ensimismamiento.

Lo que finalmente la salvó de este sufrimiento fue una manifestación de la gracia. El 13 de mayo de 1883, Teresa estaba completamente exhausta, tanto física como sicológicamente. Se percató de la presencia de una estatua de la Santísima Madre, que había sido colocada recientemente en su habitación. Quedó impresionada por la belleza deslumbrante de María, especialmente por la sonrisa de la Virgen. De alguna manera, mientras percibía aquella sonrisa y permitía que esta invadiera su ser, todos sus síntomas físicos y sicológicos la abandonaron y quedó sanada. ¿Cómo podemos explicar este extraordinario incidente? Supongo que lo podríamos examinar desde distintas categorías, pero lo importante es que Teresa valoró esto como una manifestación de la gracia de Dios, como una expresión inmerecida del amor de Dios. Sin solicitarlo siquiera, sin ser una recompensa por nuestros esfuerzos, incluso si somos absolutamente inútiles, Dios irrumpe en nuestros corazones y nos cambia. Al alcanzar la mayoría de edad, Teresa surgió como la gran "doctora de la gracia" de la tradición católica, ella que se había comparado con una niñita que, sabiéndose profundamente incapaz de complacer al Señor a través de sus propios méritos, simplemente permanecía delante de Él alzando los brazos, esperando ser levantada.

El siguiente gran paso en el viaje espiritual de Teresa fue nuevamente un asunto de poca monta, nada en lo que un biógrafo convencional hubiese reparado. Ocurrió el día de

Navidad de 1886. Los Martin tenían la tradición de que, al regresar de la Misa de Gallo, en la madrugada de Navidad, los niños sacaran de sus zapatos pequeños regalos que su padre había puesto ahí para ellos. Teresa amaba este ritual y se deleitaba de manera especial por la participación activa de su padre en esto. Pero aquella mañana de Navidad, justo antes de comenzar este ritual, Teresa subía las escaleras para agarrar algo y, cuando se suponía que estaba a suficiente distancia como para no escuchar, oyó a su padre decir, "Bueno, afortunadamente este será el último año". Normalmente un comentario como este de parte de su padre le hubiera roto a Teresa el corazón, pero ocurrió algo milagroso: Teresa decidió serenamente no ofenderse y respondió con amor. Suprimiendo sus sentimientos de desilusión, bajó las escaleras serena y, con genuina sinceridad y entusiasmo, tomó parte en el ritual familiar. Ciertamente esta es una escena sencilla, pero cuando se lee con ojos espirituales nos damos cuenta de que fue un momento crucial precisamente porque representó la victoria del amor de Dios en el corazón de Teresa. Amar, como hemos visto, es desear el bien del otro en tanto que es otro, liberarnos de las preocupaciones y necesidades del ego. Optando por no llorar y no regodearse en sus sentimientos heridos, y al decidir en cambio darle alegría a su padre y a sus hermanas, su acción fue un acto de puro amor, y esta es la razón por la que Teresa consideraba que aquel día había sido tan importante, pues fue el día en que Jesús había nacido en su corazón y que había coincidido con la celebración del nacimiento de Jesús en el mundo. Y esto ocurrió súbitamente, de manera espontánea, cambiándola en un instante: la gentil entrada de Jesús en su barca.

Tras esta conversión navideña, Teresa decidió entrar al Carmelo con renovada intensidad. Este deseo por ser religiosa que, como hemos visto, la había acompañado desde la infancia, se convirtió ahora en una convicción apasionada o, en sus propias palabras, "una llamada divina tan fuerte que de haber tenido que pasar por llamas, lo hubiera hecho por amor a Jesús". Tras oponerle cierta resistencia, finalmente su padre accedió a los deseos de su hija y, si bien ella solo tenía quince años y no cumplía con la edad mínima para entrar al claustro, él accedió a convertirse en su abogado y la acompañó durante sus visitas ante varias autoridades eclesiásticas y obispos, quienes coincidían y le decían que era demasiado joven y que debía aguardar antes de entrar al convento. A través de una combinación de inteligencia, encanto y puras agallas, Teresa lograría convencerlos. Finalmente se dirigió al obispo de Bayeux, quien con firmeza se negó a otorgarle a aquella niña el permiso que solicitaba, y fue en este momento

Santa Teresa de Lisieux, 1895

que su padre le dijo que se diera por vencida. Inconmovible, Teresa decidió llevar su caso a la mayor corte posible. Con la esperanza de lograr una audiencia con el Papa, se unió a un grupo de peregrinos franceses que se dirigían a Roma. El 20 de noviembre de 1887, Teresa tuvo la oportunidad de hablar con León XIII. Aunque tanto a ella como a los demás peregrinos se les había indicado que no dijeran nada al Papa, Teresa exclamó, "Santo Padre, en honor de su jubileo, permítame entrar al Carmelo a la edad de quince años". El Papa le sonrió y le dijo que hiciera lo que sus superiores le ordenaran. Pero la joven insistió: "Oh, Santo Padre, si usted dice que sí, todos estarán de acuerdo". El Papa le respondió, "Ve... ve... entrarás al Carmelo si Dios lo desea". En ese momento, todavía implorando y llorando, dos guardias papales la sacaron de ahí. Resulta fascinante que tanto Teresa de Lisieux como Katharine Drexel, separadas solo por unos cuantos años, se hayan retirado de la audiencia con León XIII cubiertas en lágrimas. Un mes después, el obispo de Bayeux cedió y se le otorgó a Teresa el permiso para entrar al Carmelo de Lisieux. Durante los nueve años que siguieron, hasta su muerte a la edad de veinticuatro, nunca abandonó los confines de aquel sencillo lugar, y vivió la vida austera de las religiosas carmelitas.

Durante aquellos años cultivó un camino espiritual que ella llamaría "el caminito". No era el camino seguido por sus grandes antepasados carmelitas Teresa de Ávila y san Juan de la Cruz, no se trataba de un método adecuado para los atletas espirituales, sino más bien un camino que todo seguidor sencillo podía seguir. Tenía mucho que ver con la niñez espiritual, es decir, hacerse pequeño en la presencia de Dios Padre: dependiente, lleno de esperanza, a la expectativa de recibir regalos. La siguiente es una de sus propias descripciones al respecto: "Jesús se complace en enseñarme el único camino que conduce a este divino horno del amor; y el camino es el abandono del niñito que se duerme en los brazos de su padre". Uno no puede dejar de ver cómo Teresa ha extrapolado su propia experiencia de tierna intimidad con un padre que le ha ofrecido amor incondicional. Su aproximación también implica un deseo de realizar actos simples y ordinarios, impulsados por un gran amor: pequeños actos de bondad, pequeños sacrificios aceptados con gracia, evitando molestar a los demás. Una de las secciones más entretenidas y espiritualmente reveladoras de *Historia de un alma* es cuando Teresa relata el trato tan paciente que tuvo que mantener con una monja vieja e irritable que se le había asignado para cuidarla. Todos las delicadezas que Teresa tenía con ella eran corregidas o rechazadas con desagrado por aquella mujer de edad pero, aun así, la joven monja persistió en el amor.

Me referí a la santidad de Katharine Drexel como una especie de justicia elevada. Pues bien, podríamos describir la santidad de Teresa como prudencia transfigurada, pues lo central en "el caminito" es la capacidad para conocer cómo responder en toda situación a la demanda del amor, es decir, cómo podemos hacer el bien al otro en cada momento. Hacia el final de su vida, Teresa experimentó el intenso deseo por hacer todo aquello que habían hecho los grandes personajes en la historia de la Iglesia. Ella escribió, "Quería ser sacerdote, mártir, misionera, evangelista y doctora". Pero también se preguntaba cómo podría lograr ser todo esto si permanecía encerrada en el pequeño monasterio de Lisieux. Luego leyó la primera Carta de Pablo a los Corintios, y quedó cautivada por el magnífico pasaje en el que Pablo habla del camino más excelente, el camino del amor. Teresa comprendió instantáneamente que el amor era la forma de todas las virtudes, que el amor era lo que hacía posible la vida de los santos, que el amor es lo que subyace a todos los esfuerzos de los sacerdotes, misioneros, evangelistas y doctores. Concluye entonces diciendo, "Jesús, mi amor, he encontrado mi vocación. Yo seré el amor en el corazón de la Iglesia". Esto es "el caminito", que sigue cautivando a tantos en todo el mundo.

He mencionado que, como muchos otros, en un inicio reaccioné negativamente ante el estilo emotivo y sentimental de Teresa de Lisieux, pero incluso los lectores más escépticos suelen quedar desarmados por la narración de la terrible historia que sostuvo durante los últimos momentos de su vida. Este sufrimiento espiritual tan intenso coincidió casi exactamente con el inicio de la tuberculosis que finalmente acabaría con su vida. A Teresa comenzaron a invadirla dudas sobre la existencia del cielo. Como Hamlet, empezó a preguntarse si algo seguía al "sueño de la muerte". Esto no era un brote transitorio de escrúpulos intelectuales, sino que persistió hasta el momento de su muerte. "La prueba", escribió justo antes de morir, "no duraría tan solo unos días o unas cuantas semanas, sino que se extinguiría hasta el momento indicado por Dios mismo, y ese momento no ha llegado todavía". Lo que resulta particularmente interesante es que Teresa haya interpretado su lucha no como un sufrimiento sin sentido, sino como una participación del dolor experimentado por muchos de sus contemporáneos que no creían en Jesús: "Durante los días gloriosos de Pascua, Jesús me hizo realmente sentir que hay almas que no tienen fe (...) permitió que mi alma fuera invadida por la más densa oscuridad". Observaremos lo extraordinariamente similares que son estas palabras a la experiencia de la Madre Teresa de Calcuta. Teresa de Lisieux murió a la edad de veinticuatro años, el 30 de septiembre de 1897.

EDITH STEIN

Edith Stein nació el 12 de octubre de 1891, el Día de la Expiación, en Breslau, un pueblo situado actualmente cerca de las fronteras con Polonia, pero que en ese entonces formaba parte del imperio prusiano. Era la séptima y la más pequeña hija de unos piadosos padres judíos y, al igual que Teresa, fue consentida por sus padres, en sus propias palabras, "como una mezcla entre princesa de cuento de hadas y una muñeca de porcelana". Uno de sus recuerdos más tempranos era el de ella misma parada frente a "una gran puerta blanca, golpeándola con los puños cerrados porque quería llegar al otro lado". Esta fiera determinación, incluso adusta, la acompañaría toda su vida. Su padre murió repentinamente cuando todavía era pequeña, y formó entonces un fuerte vínculo con su madre. Frau Stein enseñó a su hija las disciplinas y las fiestas de la religión judía, así como el mundo de la Biblia, y su hermano mayor, Pablo, empezó a leerle regularmente las grandes obras de la literatura alemana. Durante sus años de adolescencia, la pasión de Edith por la literatura fue en aumento, al tiempo que su fe decaía. Cuando por fin estaba preparada para comenzar sus estudios universitarios, ella misma se consideraba atea.

Siendo estudiante universitaria, Edith quedó fascinada por el trabajo de Edmund Husserl, considerado el fundador del complejo sistema filosófico denominado "fenomenología". Ella deseaba estudiar personalmente con el maestro y por eso viajó en 1913 a Gotinga, donde Husserl enseñaba. Se enamoró inmediatamente de la belleza natural y la profunda cultura intelectual de aquel lugar, y no tardó en ser presentada a Husserl y al círculo de brillantes estudiantes que se formaba en torno a él y entre los que se encontraban Dietrich von Hildebrand y Max Scheler, dos pensadores que tendrían una gran influencia en el desarrollo del pensamiento católico del siglo XX. Se dedicó a trabajar en sus estudios doctorales, analizando la cuestión típicamente fenomenológica de la empatía o el sentimiento por los demás, y cómo alguien puede acceder y vivir la experiencia de otro. Como muchos otros estudiantes doctorales previos y posteriores a ella, Edith sintió una tremenda presión mientras avanzaba en su propio proyecto. Después escribiría: "Esta terrible lucha por alcanzar la claridad se ha movido incesantemente dentro de mí, impidiéndome el descanso de día o de noche (...) Poco a poco terminé por alcanzar un estado de auténtica desesperación". Edith sobrevivió este periodo de lucha, terminó su tesis, y obtuvo el título de doctora en 1915, apenas dos años después de haber llegado a Gotinga. Al leer su disertación, el propio maestro habló bien de ella, aunque con un dejo de condescendencia: "¡Qué niña tan talentosa!". Poco después de haber terminado su trabajo, Husserl recibió un puesto en la Universidad de Friburgo en Breisgau, y el maestro le preguntó a Edith si quería acompañarlo como asistente suyo. Ella fue con él a Friburgo, pero su trabajo le resultó muy poco satisfactorio, pues Husserl la trataba, a pesar de sus enormes talentos intelectuales, como una secretaria glorificada. De hecho, muchos amigos de Edith se escandalizaron de que alguien con su mente y su capacidad estuviera siendo forzada a realizar tareas tan nimias.

En 1917, durante las luchas más enardecidas de la Primera Guerra Mundial, Edith Stein realizó una llamada de cortesía a la esposa de Adolf Reinach, un antiguo conocido de sus días en Gotinga y a quien habían matado en batalla. Ella esperaba que su joven esposa estuviera devastada; por el contrario, la encontró triste pero fundamentalmente en paz. Edith supo que esta serenidad era fruto de la fe cristiana de aquella mujer. Más tarde, Edith escribió que aquel "fue mi primer encuentro con la cruz y el divino poder que esta confiere a quienes cargan con ella". Esta reflexión representó un extraordinario paso para esta mujer intensa y racional que hacia tanto tiempo había abandonado su fe religiosa. Lo que comenzó a sorprenderla, justo después de este encuentro, fue cuántos de sus colegas en el círculo de Husserl —incluido el propio maestro— eran cristianos devotos. Esto le hizo cuestionar su rechazo tan marcado de la fe. También la propia fenomenología —que invitaba a la apertura a todo fenómeno— la impulsaba a investigar la religión de una manera más empática y objetiva. Jesús estaba preparándose para subir a su barca.

Otro evento decisivo ocurrió cuando Edith estaba caminando con una amiga por la sección antigua de la ciudad de Frankfurt en Alemania. Llegaron hasta la catedral, y las dos mujeres entraron al edificio como turistas, con la intención de admirar la arquitectura. Edith divisó entonces a una mujer, rodeada de sus bolsas de la compra, arrodillada en aquella iglesia vacía, obviamente perdida en oración. Ciertamente había visto orar a muchas personas en la sinagoga durante los servicios, pero nunca había visto algo parecido a esta comunión con una presencia personal y, sin embargo, invisible. "No podía olvidarlo", escribió. La conversión de Edith Stein no fue como la de Pablo, repentina y dramática. Se asemeja más a la de Agustín o a la de John Henry Newman: gradual, interior, acompañada por mucha lucha intelectual. Una noche, mientras se hospedaba en la casa de unos amigos a las afueras de Friburgo, Edith se puso a buscar en su biblioteca algo para entretenerse durante la tarde. Se topó con la autobiografía de santa Teresa de Ávila. Tomó el libro de la estantería y se quedó leyéndolo toda la noche. A la mañana siguiente cerró el libro y sencillamente dijo, "Ésa es la verdad". Es imposible saber qué fue exactamente lo que la impresionó del libro. Cuando se la cuestionaba al respecto, ella respondía

Santa Edith Stein, c. 1916. CON PERMISO
DE JOSEPHINE KOEPPEL, OCD

"secretum meum mihi" (eso es mi secreto). Parece correcto concluir que la lectura de la *Vida* de Teresa marcó en ella un giro decisivo y apasionante que dio ocasión para que todas las hebras sueltas se entrelazaran.

Tras algunas semanas de lectura y oración, Edith abordó al sacerdote local y le pidió que la recibieran en la Iglesia. Cuando él opuso resistencia, debido a su conversión tan reciente, ella dijo, *"¡Prüfen Sie mich!"* (¡Póngame a prueba!). Fue bautizada el 1 de enero de 1922, que en aquellos días coincidía con la Celebración de la Circuncisión, el primer derramamiento de la sangre de Jesús. Aunque quería ser aceptada inmediatamente después del bautismo en la orden de Teresa, su director espiritual le aconsejó que esperara. Edith se convirtió en instructora en una academia de docencia de profesores en una comunidad de hermanas dominicas. Entre estas hermanas de Santo Domingo, Edith comenzó a vivir lo esencial de la vida religiosa. Se enamoró de la Eucaristía, y pasaba horas cada día adorando en silencio. Sus hermanas dominicas estaban tan impresionadas que colocaron una silla especialmente para ella al lado del Santísimo Sacramento. Edith estaba encontrando un centro nuevo y vibrante; Jesús se había subido a su barca. Durante aquellos años Edith profundizó y aumentó su erudición hasta convertirse en una reconocida conferencista en todo Alemania. Logró reconciliar la filosofía clásica de Tomás de Aquino con la fenomenología contemporánea de Husserl, tan importante para su trabajo intelectual.

Su deseo por entrar al Carmelo seguía ardiendo dentro de ella, y en junio de 1933 Edith fue aceptada en el convento carmelita de Colonia. A pesar de que ella era mucho mayor que el resto de las postulantes y novicias, se adaptó rápidamente a la vida carmelita, como si hubiera nacido precisamente para ella. El 15 de abril de 1934 fue recibida formalmente en la comunidad y adoptó el nombre de Teresa Benedicta de la Cruz, literalmente, bendecida por la cruz. Se insertó en el ritmo de la oración y el trabajo, pero también, por petición de sus superiores, retomó su investigación intelectual, hasta redactar un tratado filosófico extenso llamado *Ser finito y eterno*, así como un estudio exhaustivo sobre el pensamiento de san Juan de la Cruz titulado *La ciencia de la cruz*. En 1938, la hermana Teresa hizo sus votos perpetuos como carmelita y se le otorgó el privilegio de llevar el velo negro, que representaba su consagración total a Cristo.

En noviembre de aquel mismo año ocurrió la *Kristallnacht* (la Noche de los Cristales Rotos) y, repentinamente, todos los judíos en Alemania se encontraban en grave peligro. Preocupadas por su seguridad, las superioras de Edith la transfirieron del Carmelo de Colonia al Carmelo de Echt, en Holanda. Pero solo dos años después los nazis invadieron Holanda, y Edith volvió a estar amenazada. Los obispos católicos holandeses alzaron la voz valientemente, protestando por los maltratos que estaban pasando los judíos en su país. El arzobispo de Utrecht llegó incluso a ordenar que se condenara la política nazi desde todos los púlpitos del país. Los alemanes reaccionaron brutalmente, ordenando la búsqueda y captura de todos los judíos que se hubieran convertido al catolicismo. El domingo 2 de agosto de 1942, la Gestapo fue por Edith y su hermana, que se había reunido con ella en el convento. En medio de la confusión, la ansiedad y el vocerío, Edith dijo calmada, "Ven, Rosa, vayamos por nuestra gente". Las hermanas fueron retenidas brevemente en un campamento en Holanda y luego fueron transportadas cual ganado en un vagón abarrotado de gente que se dirigía a Auschwitz. Un antiguo estudiante de Edith relató que tuvo un encuentro breve con la monja cuando su tren se detuvo por uno momento en una plataforma en Alemania. Tras saludarla, Edith le pidió que comunicara un mensaje a la madre superiora en Echt: "Nos dirigimos al Este", una frase que tenía tanto un sentido literal como espiritual. Sin duda, estaba tratando de informarla sobre su destino geográfico, pero "el Este" es también el lenguaje místico empleado para referirse al cielo y la vida eterna. También hay otro reporte de un soldado alemán que se dirigía al frente ruso. El 7 de agosto se encontraba en la plataforma de trenes de Breslau, el pueblo natal de Edith, cuando el tren se detuvo, lleno de gente que había sido metida en los vagones como ganado. Cuando la puerta se abrió, el joven casi no pudo aguantar el hedor insoportable que salió del vagón. Luego se le presentó una mujer que llevaba puesto

Lugar de la muerte de Edith Stein, Auschwitz.
WORD ON FIRE

el hábito característico de las carmelitas. Le habló al soldado sobre las terribles condiciones de aquel tren y luego, viendo a su alrededor, dijo, "Este es el amado lugar donde nací. Jamás volveré a verlo". Muchos años después, aquel soldado vio una fotografía de Edith Stein y la reconoció como aquella monja con la que se había encontrado aquel día.

El 9 de agosto de 1942 Edith llegó al campamento de aniquilación de Auschwitz-Birkenau. Fue seleccionada para ser ejecutada inmediatamente. Los guardias la metieron en una cruda barraca donde fue forzada a desnudarse y luego fue conducida a una pequeña cámara donde fue asesinada con gas venenoso. Posteriormente, su cuerpo fue arrojado en un agujero y fue incinerado; sus cenizas fueron arrastradas por el viento. Los filósofos clásicos de la moral hablaban de la fortaleza como la virtud que permite a una persona hacer el bien a pesar de todas las amenazas externas. Lo que podemos presenciar en el martirio de Edith Stein no es una forma ordinaria de fortaleza, sino fortaleza elevada y transfigurada por el amor. Somos testigos de la disposición de darlo todo, incluso la propia vida, por amor a Cristo y los suyos.

MADRE TERESA DE CALCUTA

Agnes Gonxha Bojaxhiu nació el 26 de agosto de 1910 en Skopje, Serbia. Cuando contaba con tan solo doce años, Agnes sintió el llamado a la vida religiosa, aunque hasta ese momento no había pensado en hacerse monja. Un factor clave en la conformación de su vocación fue un joven sacerdote jesuita que la inició en los ejercicios espirituales de san Ignacio y que compartió con ella las historias inspiradoras de la actividad misionera de los jesuitas alrededor del mundo, especialmente en India y Bengala. Estimulada por estos relatos, Agnes solicitó a sus dieciocho años su admisión con las hermanas de Loreto, la rama irlandesa del Instituto de la Santísima Virgen María, que contaba con una importante presencia misionera en India. Durante sus años como postulante tomó el nombre de Hermana María Teresa del Niño Jesús, en referencia a la Florecilla que recientemente había sido canonizada. Tras un corto tiempo de entrenamiento en Irlanda (donde aprendió el inglés, la lengua que usaría durante el resto de su vida), la Hermana Teresa se embarcó en dirección a India.

Cuando llegó a India estaba maravillada por su exuberante belleza natural y quedó impactada y atónita por su penetrante pobreza. A pesar de que había conocido la pobreza en Serbia, nada la había preparado para lo que vio en India.

Creció su convicción de que para poder servir a los pobres debía simplificar también su propia vida. Tras concluir su noviciado, Teresa empezó a enseñar en la escuela del convento en Darjeeling, una tranquila ciudad próxima al Himalaya, y trabajaba medio tiempo como enfermera en el hospital de la orden. Posteriormente fue enviada a Calcuta a enseñar en una escuela dirigida por las Hermanas de Loreto. Esta ciudad, marcada por una pobreza aplastante, se convertiría en el lugar donde viviría el resto de su vida. Al inicio la Hermana Teresa se mantuvo relativamente aislada de lo peor de la miseria de Calcuta, enseñando cursos de Geografía e Inglés tras los altos muros del internado. Pero al poco tiempo tuvo que asistir a una escuela primaria a cierta distancia de ahí y nuevamente se enfrentó cara a cara con situaciones de horrorosa miseria. Durante los años siguientes, Teresa (ahora llamada "Madre", tras haber hecho sus votos perpetuos) trabajó con gran intensidad enseñando, administrando una serie de instituciones, y cuidando de los enfermos. Su labor fue tan ardua que sufrió un colapso y fue enviada a Darjeeling, el lugar tranquilo en el que había sido novicia, para reponerse.

En el tren a Darjeeling tuvo una experiencia que cambiaría su vida. En aquel polvoriento viaje escuchó la voz de Jesús que le llamaba "a ser una Misionera de la Caridad", y a servir "a los más pobres entre los pobres", a seguirlo con total abandono y confianza absoluta. Llamó a esta vocación dentro de su vocación "el tesoro escondido para mí", y aquel fue el momento en que Jesús se subió definitivamente en su barca. Cuando regresó a Calcuta se entregó a la dirección espiritual del padre Celeste Van Exem, un jesuita belga que pasaría a ser una figura extremadamente útil e importante en su vida. Tras un año de oración y discernimiento, la Madre Teresa y el padre Van Exem se entrevistaron con Ferdinand Périer, el arzobispo de Calcuta, y le propusieron la idea de fundar una

Beata Teresa de Calcuta, 1987.
MICHAEL COLLOPY

orden que estuviera al servicio de los más pobres entre los pobres. Périer era una persona sabia y puso a prueba la vocación de la pequeña monja, presentándole una serie de objeciones y obstáculos. A pesar de su oposición, ella persistió, con lo que la admiración del arzobispo aumentó. Finalmente, Périer consultó a expertos en derecho canónico para diseñar un modo en el que la Madre Teresa pudiera ser liberada de sus votos formales con las Hermanas de Loreto para así poder fundar su propia comunidad. En abril de 1948, tras muchos años de pruebas y espera, logró la aprobación canónica de Roma, y la Madre Teresa le dijo sencillamente al arzobispo, "Entonces, ¿ya puedo ir a los arrabales?".

En las primeras semanas y meses de su nueva vida, la Madre Teresa experimentó terribles golpes de soledad, depresión y desánimo, junto a un deseo de regresar a la comodidad y estabilidad relativas de las Hermanas de Loreto. Pero perseveró, pues sabía que debía hacerse como los pobres en todos los sentidos —tanto física como psicológicamente— para poder servirles de una manera más efectiva.

Como ocurre en las historias de otros santos, al poco tiempo muchas personas se unieron a la misión de la Madre Teresa, entre ellas algunas jóvenes que habían sido sus alumnas. Se convirtieron así en las primeras Misioneras de la Caridad. La Madre rápidamente las integró a una comunidad religiosa, creando una regla que combinaba elementos de las tradiciones jesuita y franciscana. En dicha regla ponía especial énfasis en la identificación de las hermanas con los más pobres entre los pobres. Las primeras Hermanas de la Caridad podían poseer solo un sari de algodón, ropa interior áspera, un par de sandalias, un crucifijo, un rosario, una cubeta de metal para bañarse y un colchón muy delgado que les servía como cama. Como los primeros franciscanos y dominicos, debían mendigar su comida. También vivían la pobreza en su propio ritmo de vida. Durante la semana, las hermanas se levantaban a las 4:40 de la mañana, se limpiaban los dientes con ceniza de la estufa de la cocina y frotaban sus cuerpos con una pequeña barra de jabón que habían dividido en seis pedazos. Luego, de las 5:15 a las 6:45 de la mañana meditaban, oraban y asistían a misa. Posteriormente tenían un pequeño desayuno y empezaban su trabajo en las calles a las 7:45. Regresaban a medio día para hacer la oración y tener una comida frugal, descansaban un poco, hacían lectura espiritual y volvían a su trabajo pastoral en los barrios pobres.

La Madre invitaba a una pobreza que iba más allá de las penurias físicas. En una ocasión, una nueva integrante de la orden, una mujer con antecedentes aristócratas, encontró uno de los baños del convento sucio y se retiró disgustada.

Profesión de votos perpetuos de las Misioneras de la Caridad,
Washington, D.C., 1995. MICHAEL COLLOPY

La Madre Teresa pasó al lado de la hermana sin verla, se
arremangó, tomó una escoba y limpió el baño ella misma.
En otra ocasión, una joven miembro de la orden ganó una
medalla de oro por sus estudios médicos; la Madre le indicó a
esta hermana que se la cediera a la que había quedado en segundo lugar, porque intuía que la acumulación de honores no
le sería beneficioso a aquella hermana en particular, y le sería
tan dañino como la acumulación de riquezas. Algo esencial
en la vida de las Misioneras de la Caridad es precisamente
tener una confianza sencilla y total en la providencia divina.
En una ocasión, cuando las hermanas se encontraban literalmente sin nada que comer, decidieron ponerse a orar. Repentinamente alguien tocó a la puerta y ahí estaba una mujer con
algunas bolsas de arroz, justo lo suficiente para dar de comer
aquella noche a toda la comunidad. Los filósofos hablan de la
templanza, la virtud por la cual podemos controlar nuestros

deseos de comida, bebida y sexo para poder lograr las demandas impuestas por la justicia. Lo que podemos descubrir en
la Madre Teresa es la templanza elevada o transfigurada, una
disciplina sobre los deseos que van más allá de los meros re-
querimientos de la justicia para así poder servir a las infinitas
demandas del amor.

Al principio, toda la actividad de la orden de la Madre
Teresa se restringió a Calcuta, pero desde la década de los
cincuenta y de los sesenta, las Misioneras de la Caridad se
extendieron por India y por todo el mundo: Venezuela, Tan-
zania, Australia, Estados Unidos, Inglaterra. Para finales de
la década de los noventa ya existían quinientas comunidades
en seis continentes. La Madre Teresa dijo en una ocasión,
"¡Si hay pobres en la Luna, también tendremos que ir allá!".
Con el paso del tiempo la Madre se convirtió en una figura de
renombre internacional y ganó el Premio Nobel de la Paz en
1979. Para sorpresa de muchas personas que no pertenecían
a la Iglesia, ella empleó su discurso al recibir el Premio Nobel
para denunciar el aborto como el peor enemigo de la paz en
la sociedad contemporánea. La Madre nunca fue ambigua
sobre los diferentes tipos de pobreza y sufrimiento que ator-
mentaban a la raza humana.

Ningún relato sobre la vida de la Madre Teresa estaría
completo si no se hiciera referencia a su terrible lucha interior, su participación única de la angustia de Cristo. Aunque
había experimentado una cercanía extraordinaria a Jesús durante los primeros años de su vida religiosa, incluyendo, como
ya hemos visto, el encuentro vívido que tuvo con él al momento de su llamada, una vez que la orden se puso en marcha
ella experimentó justo lo contrario: una sensación dolorosa de
la ausencia del Señor. Esta oscuridad perduró, a excepción de
un breve momento de respiro, hasta el final de su vida. Aquí
presentamos un relato particularmente devastador de lo que

Beata Teresa de Calcuta, 1987. MICHAEL COLLOPY

sentía mientras soportaba esta oscuridad: "En mi alma solo siento este terrible dolor de una pérdida —de Dios que no me quiere—, de Dios que no es Dios; de Dios que realmente no existe (...) mi trabajo no me reporta ninguna alegría, ningún atractivo, ningún celo". Es importante notar que esto no era una mera depresión, en el sentido psicológico ordinario del término. Durante todos estos años de abandono, la Madre siguió trabajando con mucha eficacia, dirigiendo su comunidad y viajando por todo el mundo como maestra y evangelista. Llegó a comprender que su sufrimiento, al igual que lo hiciera santa Teresa de Lisieux, era un compartir la pasión de Jesús, sus propios sentimientos de haber sido abandonado por el Padre. Al experimentar la ausencia de Dios, la Madre Teresa llegó a un nivel todavía más profundo del sufrimiento de aquellos a los que deseaba servir, los más pobres entre los pobres.

La Madre Teresa murió en Calcuta el 5 de septiembre de 1997, a la edad de ochenta y siete años. Cuando su cuerpo fue expuesto públicamente, estaba, por supuesto, cubierto por el hábito de las Misioneras de la Caridad, pero permaneció descalza, revelando sus pies claramente deteriorados. Para muchos, esos pies deformes hablaban de la manera más elocuente sobre sus duros años al servicio de los hermanos y hermanas más despreciados y pequeños de Jesús.

CONCLUSIÓN

La santidad de Dios es como una luz blanca: pura, simple, completa. Pero cuando esa luz brilla, por decirlo así, a través de los prismas de las vidas humanas individuales, se refracta en una infinita variedad de colores. Las cuatro mujeres de las que hemos hablado en este capítulo no podían ser más distintas entre sí, y es por ello que cada una revela una dimensión única de la santidad divina. La gracia de Dios brilló a través de Edith Stein y nos dio la claridad de su obra intelectual y la belleza de su martirio; brilló a través de Teresa de Lisieux y nos dio "el caminito"; brilló a través de Katharine Drexel, produciendo así el milagro de la justicia transfigurada; brilló a través de la identidad irrepetible de la Madre Teresa, y dio lugar a las Misioneras de la Caridad. La Iglesia se revela en la variedad de sus santos porque necesita de esta diversidad para poder representar, aunque con una adecuación relativa, la intensidad infinita de la bondad de Dios.

Capítulo 9

EL FUEGO DE SU AMOR: LA ORACIÓN Y LA VIDA DEL ESPÍRITU

LA GENTE ORA TODO EL TIEMPO. EXISTEN ESTUDIOS QUE MUEStran cómo incluso aquellos que se consideran no creyentes también oran. ¿Qué es exactamente esta actividad de la que tantos de nosotros participamos voluntariamente? La oración ha adquirido múltiples formas y expresiones a lo largo de los siglos. Hablar, ir en procesión, cantar, guardar silencio, vaciar nuestra mente de toda imagen y concepto, leer los textos sagrados, danzar y rogar desde el fondo de nuestros corazones, todas estas han sido consideradas distintas formas de oración. Pero, ¿hay algún común denominador que todas ellas compartan? San Juan Damasceno, un monje y teólogo del siglo VIII dijo, "La oración es elevar la mente y el corazón a Dios", y santa Teresa de Lisieux mencionó que la oración es "algo que brota del corazón, un simple dirigir la mirada al cielo, es un grito de reconocimiento y de amor que abarca tanto las penas como las alegrías". La oración nace cuando tomamos conciencia, de un modo más sensible que racional, de que el ámbito de lo trascendente puede incidir en nuestro mundo terrenal, y podemos contactarlo. Los cristianos tenemos la convicción básica de que nuestro deseo de encontrarnos con Dios está acompañado por un deseo todavía más intenso de Dios de encontrarse con nosotros. Tal vez la mejor manera de expresarlo sería decir que la oración es precisamente el encuentro místico de ambos deseos: nuestro deseo de Dios y el deseo de Dios por nosotros.

No conozco otro lugar sobre la tierra que evoque con tanta intensidad el poder de la oración como la magnífica Sainte-Chapelle en París, construida por el Rey Luis IX (san Luis) en el siglo XIII para resguardar la corona de espinas de Jesús. La Sainte-Chapelle recuerda a una caja de joyas, hecha toda ella de vitrales y líneas de tracería gótica. Cuando se entra en el edificio se tiene la impresión de haber atravesado un umbral que conduce a un mundo distinto, a un orden superior. Lord Kenneth Clark, el gran historiador del arte del siglo XX, decía que cuando la luz se vierte a través de los vitrales de la Sainte-Chapelle genera una especie de vibración en el aire, una descarga eléctrica. Es como si se tratara, por así decirlo, de la representación artística de un encuentro eléctrico de dos espíritus, el humano y el divino. Esa es la apariencia del corazón humano cuando es elevado por y para Dios: transfigurado, luminoso y radiantemente bello.

En la tradición católica aprendemos a orar a través de la observación de aquellos maestros experimentados en las vías de la oración. La oración parece ser una de esas prácticas que, como indica el cliché, más que aprenderse, se capta. A lo largo del presente capítulo nos sentaremos a los pies de algunos maestros de la oración e intentaremos captar algo de su sabiduría en torno a este misterioso y seductor acto de la mente y del corazón de Dios. Como veremos, una forma de orar es pedirle cosas a Dios; pero lo que subyace fundamentalmente en las distintas formas de oración es estar con Dios, permanecer sintonizados con él, pensando sus pensamientos y sintiendo sus sentimientos. Comprenderemos este tipo de comunión solo si atendemos cuidadosamente a la vida de algunas personas que han puesto en práctica lo anterior.

EMPEZANDO POR THOMAS MERTON

He visto que cuando se nos habla de la oración solemos imaginarnos personajes bastante extraños y remotos: monjes medievales ocupando su lugar en el coro, o eremitas aislados que viven en sus chozas en el desierto. Creo que tanto los monjes como los eremitas tienen mucho que enseñarnos, pero me gustaría comenzar con alguien mucho más cercano a nosotros en tiempo y temperamento, alguien que se paseaba por Times Square y que frecuentaba los clubes de jazz en Manhattan durante la primera mitad del siglo XX, un maestro espiritual que emergió del remolino de las dudas y el secularismo contemporáneo. Cuando en 1948 se publicó *La montaña de los siete círculos*, la autobiografía donde Thomas Merton relata su conversión, esta obra causó gran revuelo y contribuyó al reavivamiento espiritual de los Estados Unidos así como a un renovado interés por las antiguas tradiciones de la mística, un aspecto totalmente desconocido para la mayoría de los estadounidenses. Por ello, esta figura contemporánea representa un acceso privilegiado para todos aquellos que en el siglo XXI siguen buscando el significado de la oración. A continuación trazaré un retrato detallado de Merton, pues quiero invitarlos a experimentar desde dentro la necesidad que este personaje tenía de Dios. Deseo que conozcan qué fue lo que motivó a alguien, tras haber experimentado muchas de las ansiedades y oportunidades de nuestro tiempo, a finalmente decidirse a elevar su mente y corazón a Dios.

Thomas Merton nació en el sur de Francia en 1915, hijo de un padre neozelandés y una norteamericana. Sus padres se habían conocido en una escuela de arte en París justo antes de iniciar la Primera Guerra Mundial. La madre de Merton murió cuando él tenía tan solo seis años, y desde aquel momento vivió una especie de vida errante, vagando por el mundo con su padre pintor y pasando cortos periodos de tiempo en Nueva York, las Bermudas, Francia e Inglaterra. Cuando Merton cumplió dieciséis años y estudiaba en el internado de Oakham en Inglaterra, su padre murió, y el joven se encontró prácticamente solo en el mundo. Tras una breve excursión por el continente, se inscribió en la Universidad de Cambridge en el otoño de 1933 y comenzó a vivir una vida totalmente irresponsable: mucha bebida, muchas parrandas y mucho sexo. Aunque esto se mantuvo en secreto durante muchas décadas, ahora se sabe con certeza que Merton tuvo un hijo durante aquel año caótico y que tanto la madre como el niño murieron en un bombardeo en Londres en 1940. El tutor de Merton, un viejo amigo de su padre, se sorprendió por el comportamiento insensato de su joven protegido y, tras ciertas gestiones legales y financieras, envió a Merton fuera del país. Merton llegó a Nueva York donde emprendió nuevamente su carrera académica en la Universidad de Columbia.

Merton se enamoró de Columbia, un lugar al que se refería cariñosamente como "la gran fábrica cubierta de hollín". Al poco tiempo se convirtió en una figura reconocida en el campus, pues se unió a una serie de organizaciones estudiantiles y sus compañeros disfrutaban escuchando los relatos sobre

Catedral de San Patricio, Nueva York. WORD ON FIRE

sus vívidas experiencias en varios países. Merton siempre fue en todos los contextos una gran compañía: divertido, musical, de mente ágil y con una gran capacidad para la mímica. Durante algún tiempo fue el editor de arte y humor de *The Jester,* una publicación literaria estudiantil de la Universidad de Columbia, y con ocasión de esta revista conoció a algunos de los estudiantes más animados y creativos de aquel lugar. Entre sus amigos se encontraban Robert Lax, quien se convertiría en un reconocido poeta *avant-garde,* y Robert Giroux, quien sería un prominente editor. Entre sus profesores se encontraban el novelista Lionel Trilling y Mark Van Doren, el gran especialista en Shakespeare. En particular, Van Doren ejerció una gran influencia en el joven Merton, ayudándolo con su escritura y llegando incluso a plantar en él algunas de las semillas para su vocación al sacerdocio. Ciertamente, Merton floreció en la fábrica cubierta de hollín de Columbia, pero su florecimiento era el de un hombre moderno secular que buscaba experiencias y, ante todo, placer.

En la primavera de 1938, Thomas Merton caminaba por la Quinta Avenida cerca de la Catedral de San Patricio, cuando se detuvo un momento frente a la vitrina de la librería Scribner. Llamó su atención un texto titulado *El espíritu de la filosofía medieval*, del escritor francés Etienne Gilson. Como estaba tomando un curso de poesía medieval francesa en Columbia, Merton pensó que tal vez le sería útil para conocer más sobre las hipótesis intelectuales de su tiempo y compró el libro. En el metro, mientras regresaba a casa, abrió con impaciencia el paquete y examinó su compra. Para su sorpresa y desasosiego, observó que al inicio del texto de Gilson se encontraban unas palabras en latín, *Imprimatur* (que sea impreso) y también *Imprimi potest* (puede imprimirse), que indicaban que aquel libro había sido oficialmente aprobado por la Iglesia católica. Después afirmaría que en aquel momento se sintió realmente tentado a arrojar el libro por la ventana del tren. Sin embargo, "por una gracia especial", conservó el libro y hasta comenzó a leerlo.[1] El libro revolucionó su vida. Lo que encontró en las páginas de Gilson fue un estudio que exponía claramente el sutil, sofisticado y tan característico modo en que el pensamiento católico concibe a Dios. Merton, una mente absolutamente moderna, había asumido al igual que la mayoría de sus compañeros que Dios era "una ruidosa figura mitológica", y que la religión se componía de "neurosis y proyecciones". Nunca se había imaginado que existiera una tradición académica seria que hablara de Dios de una manera tan atractiva e intelectualmente satisfactoria. Más específicamente, lo que descubrió fue la "aseidad" de Dios, es decir, la capacidad divina de existir a través del poder de su propia esencia.[2] Descubrió que Dios no es un ser, por supremo que sea, entre otros seres, sino *ipsum esse subsistens*, es decir, el

---

1 Thomas Merton, *The Seven Story Mountain* (Orlando, Fla.: Harcourt Brace Jovanovich, 1948), 191.
2 Ibid.

mero acto de ser en sí mismo. Es importante indicar que el descubrimiento que Merton acababa de hacer a través de Gilson, es decir, que Dios era la base de lo contingente, coincidió con la muerte de sus abuelos, por quienes él había sentido especial devoción. Más que cualquier otra experiencia, la muerte de nuestros seres queridos nos convence de que el mundo de las experiencias ordinarias es pasajero, efímero e insuficiente y, por tanto, estas experiencias nos abren propiamente a lo trascendente. La impresión visceral que Merton tuvo ocurrió entonces en el momento indicado, pues pudo comprenderla intelectualmente a través del vocabulario técnico de *El espíritu de la filosofía medieval*.

Tras este encuentro con el libro de Gilson, la vida de Merton empezó a cambiar. Aquel Dios descrito de manera tan persuasiva por la tradición católica comenzó a importunarlo con gran insistencia, y Merton experimentó el deseo de comunicarse personalmente con aquel Dios que había descubierto intelectualmente. Su primer paso fue asistir a los servicios protestantes (su madre había sido cuáquera, y algunas de sus experiencias de la infancia en la iglesia habían consistido en la adoración silenciosa tan característica de los cuáqueros), pero no se conmovió. Posteriormente, una mañana de domingo Merton se despertó con un intenso deseo de asistir a misa, así que se dirigió a la parroquia católica asociada a la Universidad de Columbia, la iglesia de Corpus Christi en la Calle 121, situada al oeste de Manhattan. Entró nerviosamente al lugar, pues sabía muy poco sobre la misa y el modo apropiado de comportarse durante la liturgia, así que prefirió quedarse sentado (con la esperanza de pasar inadvertido) en un asiento del fondo. Permaneció ahí durante toda la ceremonia y, aunque entendía muy poco lo que estaba ocurriendo, quedó maravillado con la experiencia. Al salir caminando de la iglesia aquella mañana dijo sentirse como si hubiera entrado en un nuevo mundo donde "incluso los feos edificios de Columbia se habían transfigurado".[3] Posteriormente se detuvo a desayunar en una cafetería bastante deteriorada en la Calle 111, y cuenta que incluso estando sentado en aquel lugar le pareció como si estuviera "sentado en los Campos Elíseos".[4] Dios había irrumpido en la vida de Merton a través del libro de Gilson, e iba penetrando cada vez más en el corazón de ese joven.

No mucho tiempo después de su admirable experiencia aquella mañana de domingo, Merton se presentó ante los sacerdotes de Corpus Christi para educarse formalmente en la fe católica. Absorbió sus clases catequéticas y al poco tiempo estaba listo para ser bautizado. La ceremonia tuvo lugar en la iglesia de Corpus Christi, y el padrino de Merton fue Edward Rice, el único católico de su gran círculo de amigos de Columbia, compuesto fundamentalmente por judíos. A lo largo de su vida, Merton conmemoró el aniversario de su bautismo con mucha solemnidad y gratitud. Poco después de hacerse católico, Merton en una ocasión caminaba por la Sexta Avenida en pleno Manhattan con su mejor amigo, Robert Lax, quien, de hecho, era un hombre profundamente espiritual. En medio de su avivada conversación, Lax de golpe le preguntó a Merton, "Tom, ¿qué quieres de la vida?". Merton contestó, "Bueno, supongo que quiero ser un buen católico", y Lax le replicó, "No, no, eso no es suficiente. Lo que deberías es querer ser santo".[5] Lo que Lax estaba haciendo, sabiéndolo o no, era repetir una famosa frase de Leon Bloy, un maestro espiritual francés. Bloy afirmaba que solo hay una verdadera tristeza en la vida: no ser santo. Todas las otras formas de

---

3   Ibid., 234.
4   Ibid.
5   Ibid., 264.

tristeza con las que nos enfrentemos —fracasos, pobreza, deshonor y demás— en el fondo no son sino fantasmas. La observación de Lax desconcertó a Merton y lo convenció de que debía considerar de una manera mucho más seria su vida espiritual. Dejó entonces que volviera a emerger la intuición que había tenido desde hacía tantos años, y empezó a considerar la posibilidad de hacerse sacerdote. Examinó una serie de órdenes religiosas diferentes y, tras cierta deliberación, decidió solicitar su admisión en la orden franciscana, donde inicialmente fue aceptado. Estaba tan seguro de su decisión que, de hecho, fantaseaba sobre el trabajo que haría como franciscano e incluso había elegido ya el nombre religioso que usaría: Hermano Juan. Sin embargo, quedó devastado cuando los franciscanos lo rechazaron tras enterarse de los detalles de su vida pasada. Una de las escenas más desgarradoras en *La montaña de los siete círculos* es la que nos presenta a Merton rompiendo en lágrimas frente a un confesor particularmente cruel a quien había comunicado su frustración.[6]

Pasó el tiempo y Merton se repuso de esta decepción, y aceptó un trabajo para enseñar inglés en el colegio franciscano de san Buenaventura en el norte de Nueva York. Decidió que ahí, en la medida de lo posible, viviría una vida cuasi-religiosa, rezando los oficios de los sacerdotes y viviendo bajo el mismo techo que el Santísimo Sacramento. Mientras estaba en la ciudad de Nueva York, se sentó durante una pausa académica con Daniel Walsh, un profesor adjunto de Filosofía Medieval en Columbia y con quien Merton había trabado amistad. Hablaron de las diferentes órdenes religiosas, y Walsh le dijo que la que más le impresionaba era la orden trapense, los Cistercienses de la Estricta Observancia, por darles su nombre

---

6 Ibid., 330-32.

Fotografía de Thomas Merton en Akers,
1959. USADA CON PERMISO DEL FONDO
DEL LEGADO DE MERTON Y EL CENTRO
THOMAS MERTON, BELLARMINE
UNIVERSITY

propio, una comunidad de hombres que vivían siguiendo la regla benedictina clásica de austeridad y silencio. Walsh invitó a Merton a que viviera el retiro de Semana Santa en la abadía trapense de Nuestra Señora de Getsemaní, en Kentucky. Lo que Merton encontró en Getsemaní le quitó el aliento pues, como después escribiría, había descubierto "el punto inmóvil en torno al cual todo el país giraba sin saberlo".[7]

---

7 Ibid., 363.

Durante aquella semana se sumergió en una comunidad radicalmente dedicada a adorar a Dios y descubrió el poder de la *adoratio*, la adoración correcta que dirige adecuadamente al alma y que, en definitiva, orienta a toda la sociedad. Desde lo más profundo de su ser sabía que debía formar parte de Getsemaní.

Tal vez precisamente por considerarse una orden penitente, los trapenses no se opusieron al tortuoso pasado de Merton. Muchos meses después de su retiro, el 10 de diciembre de 1941, Merton entró a la abadía como postulante. Permanecería ahí casi de manera continua durante los siguientes veintisiete años de su vida, frustrando las predicciones de algunos de sus amigos de Columbia que lo habían conocido en sus años disipados. Se entregó por completo a la oración y maduró como monje, escritor, poeta y maestro espiritual. A través de sus escritos —*La montaña de los siete círculos, El signo de Jonás, Conjeturas de un espectador culpable, El hombre nuevo* y *Semillas de contemplación*, por mencionar solo algunos— Merton logró transmitir la tradición espiritual cristiana con gran credibilidad, especialmente para nuestra generación contemporánea, marcada por el nihilismo y la superficialidad de los que él mismo, con la gracia de Dios, había logrado escapar. Pero, ¿qué fue exactamente lo que Merton enseñó? Sus escritos son complejos y multivalentes, pues están modelados a partir del pensamiento de un grupo nutrido de filósofos, místicos y poetas. Pero el mayor maestro de Merton, la principal figura que se entreteje prácticamente en todas sus obras, fue un español del siglo XVI llamado Juan de Yepes Álvarez, mejor conocido por su nombre religioso de carmelita, Juan de la Cruz. Habiendo atravesado con ustedes el umbral de Merton, me gustaría pasar ahora al mundo espiritual de Juan de la Cruz.

JUAN DE LA CRUZ Y LA
ORACIÓN CONTEMPLATIVA

Juan de la Cruz nació en 1542 y se hizo monje carmelita en 1563. Se le enseñaron los pormenores de la teología más elevada de su tiempo, especialmente el pensamiento de santo Tomás de Aquino. Bajo la influencia de Teresa de Ávila —de la que más tarde hablaré en detalle— el propio Juan se dedicó a reformar su orden, con la intención de restaurar su simplicidad y celo evangélicos. Como la mayoría de los reformadores, Juan no fue popular entre aquellos a quienes deseaba reformar. En diciembre de 1577, un grupo de hermanos carmelitas lo arrestó y lo llevaron a Toledo donde lo encarcelaron en una casa de la orden. Encerraron a Juan en un cuarto de angustiosas dimensiones —de aproximadamente dos por tres metros—, y sólo salía de este para ponerse de rodillas en el

La Tumba de san Juan de la Cruz, Segovia, España. WORD ON FIRE

refectorio y soportar los golpes que sus hermanos le propinaban. Mientras permanecía encerrado en aquella diminuta celda, Juan empezó a componer versos en su mente (pues no disponía de pluma ni papel); estos poemas no solo constituyen una de las joyas de la literatura española, sino también algunas de las composiciones más elocuentes de la tradición espiritual católica. Tras nueve meses de cautiverio, Juan logró escapar de ahí deslizándose por una diminuta ventana y descender por la pared de la casa de los carmelitas, para luego escalar la muralla de la ciudad y quedar finalmente libre. Inmediatamente después retomó su labor de predicador, escritor y reformador.

¿Qué yace en el corazón de las enseñanzas de Juan? En su poema "Llama de amor viva", Juan nos presenta una poderosa imagen del alma humana. Ahí explica que los seres humanos contenemos en nuestro interior "profundas cavernas" que son infinitamente profundas e insondables. Estas son "las cavernas de la voluntad, el intelecto y los sentidos", que son infinitas precisamente porque están orientadas hacia Dios. La mente desea con impaciencia conocer las cosas particulares, las verdades individuales, pero nada de esto logra aplacar definitivamente a la mente, sino todo lo contrario; cuanto más conoce la mente, más desea conocer, pues cada respuesta genera una nueva pregunta. El filósofo del siglo XX Bernard Lonergan indicaba que, a través de un dinamismo interno, la mente "desea saberlo todo sobre todo".[8] Tomás de Aquino hablaba del *intellectus agens* (el intelecto agente) que sin descanso formulaba la pregunta *¿quid sit?* (¿qué es eso?) ante cualquier realidad que considerara. Tanto Lonergan como Tomás de Aquino sabían que la mente no descansaría

---

8 Bernard Lonergan, *The Collected Works of Bernard Lonergan*, vol. 5, *Understanding and Being* (Toronto: University of Toronto Press, 1990), esp. 146-55.

hasta haber alcanzado la plenitud de la verdad, algo que la tradición teológica ha llamado "visión beatífica", es decir, ver a Dios cara a cara.

La voluntad tiende a bienes particulares, pero ningún bien particular logrará satisfacerla por completo. Por ejemplo, si están leyendo estas palabras seguramente es porque buscan el bien particular de aprender más sobre la historia y el pensamiento católicos. Pero este acto particular de sus voluntades necesariamente ocurre dentro del contexto de un deseo superior y más distante. Independientemente de cuánta satisfacción pueda proporcionarles la lectura y comprensión de mis modestas reflexiones, seguirán deseando algo mejor, algo superior y más iluminador. Un padre desea que sus hijos logren terminar satisfactoriamente el bachillerato y luego la universidad, y tal vez algún estudio de posgrado para que puedan iniciar una carrera exitosa y gratificante y así contribuyan a la sociedad. Sin embargo, con cada nuevo deseo ya está gestándose el siguiente o, para emplear otra metáfora, todo deseo abre nuevos horizontes para la voluntad.

Finalmente, nuestras almas nos orientan hacia la belleza y la justicia. Pero independientemente de cuánta belleza experimentemos siempre querremos más; de hecho, a mayor belleza, más intenso será nuestro apetito por ella. Deseamos la justicia, y aunque hasta cierto punto logremos alcanzarla, la justicia mundana jamás logrará satisfacer el deseo de una justicia definitiva y perfecta. Martin Luther King Jr., quien fue responsable de algunos de los logros más importantes de la historia estadounidense, continuaba anhelando y hablaba de una "Tierra prometida", aunque sabía que no podría alcanzarla en este mundo.

Esta antropología espiritual ayuda a explicar por qué la mayoría de nosotros somos infelices la mayor parte del tiempo. No quiero decir con esto que la mayoría de nosotros estemos sicológicamente deprimidos; más bien, me refiero a que nuestro deseo infinito nunca encuentra en este mundo un objeto conmensurable que logre saciarlo. Por tanto, incluso cuando experimentamos gran alegría seguimos revolviéndonos inquietos por esta constante insatisfacción, como las figuras pintadas por Miguel Ángel en el techo de la Capilla Sixtina. Juan de la Cruz recurre a la imagen de las profundas e insondables cavernas del deseo para describir un desorden espiritual fundamental que todos compartimos, a saber, el deseo de llenar dichas cavernas con los insignificantes bienes del mundo finito: placer, sexo, poder y prestigio. Como ya hemos revisado en el segundo capítulo, este impulso conduce inexorablemente a la adicción y, por tanto, a una mayor insatisfacción. O bien, tal vez cubramos solo superficialmente estas cavernas, pretendiendo que no existen. Esta es la patología característica del materialismo y el secularismo contemporáneos: aun estando espiritualmente hambrientos, nos convencemos de que estamos perfectamente llenos. La buena noticia, al menos desde la perspectiva de Juan de la Cruz, es que esta evasión, esta ilusión creada por el ego no puede perdurar y la persona finalmente tendrá que despertar a la realidad de la insuficiencia del mundo. Es en ese momento que la persona se vuelve, tal vez en medio de su desesperación, a lo infinito. Es ahí cuando, casi a pesar de sí misma, la persona busca elevar su mente y su corazón a Dios.

La noche oscura de Juan de la Cruz muchas veces se emplea como una metáfora de la depresión o de la pérdida de sentido, pero esto no tiene nada que ver con aquello a lo que Juan se refería. Si el alma está orientada hacia Dios entonces tiene que deshacerse de todo apego por las cosas mundanas. Es decir, debe vencer su tendencia a convertir algo inferior a Dios en Dios y, consecuentemente, ha de purgarse y desasirse de todo ídolo. Es crucial subrayar que esta purga no tiene nada que ver con un desprecio puritano del cuerpo, o un cultivo de una espiritualidad *fuga mundi* (huida del mundo). Juan de la Cruz comparte totalmente el sentido bíblico y católico de la bondad de la creación. El proceso de la noche oscura se refiere más bien a ordenar correctamente los deseos: colocar primero a Dios, y luego todo lo demás en nombre de Dios.

El proceso purgativo se da en dos pasos, lo que Juan llama "la noche oscura de los sentidos" y la "noche oscura del alma". Durante la primera fase, la persona se desapega de todo bien o placer sensual que haya tomado un lugar central en su vida. Se desprende de la comida, la bebida, el sexo y todo placer sensible en tanto que estos se han convertido en los valores que orientan su alma. En términos de la vida de Jesús, la noche oscura de los sentidos correspondería al prolongado ayuno que vivió nuestro Señor en el desierto y a su rechazo a las sugerencias del tentador, quien lo incitaba a convertir las piedras en panes. En cuanto termina la noche oscura de los sentidos, entonces el alma está lista para iniciar la disciplina purgativa de la noche oscura del alma. Durante este proceso, el individuo aprende a desapegarse de los sustitutos más rarificados de Dios, como son los conceptos, las ideas y las imágenes de la mente. Existen personas espiritualmente alerta que han logrado liberarse de las distracciones más ordinarias pero que, sin embargo, permanecen cautivadas por los productos de su propia conciencia religiosa, que en todos los sentidos son idénticos a la comida, la bebida y la fama. Todo esto también debe dejarse de lado y abandonarse. Llegado este punto podemos comprender por qué la imagen de la noche oscura se ha asociado con la depresión, pues esta vía purgativa es en verdad dolorosa e incluso desgarradora. Si nuestra vida está ordenada en torno al amor a algún valor mundano, entonces nuestro proceso de reordenamiento nos resultará muy arduo.

Consecuentemente, el estilo espiritual de Juan implica cierta austeridad. Se cuenta la historia de un joven carmelita, compañero de Juan, que era profundamente religioso. Un día le dijo a Juan cuánto amaba un crucifijo que le habían regalado y que le había sido de magnífica ayuda para la oración. Sin rodeos, Juan le dijo que renunciara a él, pues se había convertido en un objeto de apego. Nuevamente, esto no es una forma de crueldad ni un puritanismo escrupuloso, sino que se refiera a la honestidad y la claridad necesarias para satisfacer las demandas de la noche oscura.

Confieso que dudé antes de compartir esta anécdota, pues no quería dar la impresión de que Juan de la Cruz fuera tan solo un asceta irritable. Él concebía las dos fases de la noche oscura como una mera preparación o medio para alcanzar la experiencia dichosa de Dios. Cuando estas purgas terminan, el alma está lista para transitar hacia Dios o, mejor dicho, está lista para recibir el regalo que Dios quiere darle. Detengámonos en estos hermosos versos del poema de Juan sobre la noche oscura, compuestos durante su terrible encarcelamiento en la celda de Toledo:

En una noche oscura
con ansias, en amores inflamada,
¡oh dichosa ventura!
salí sin ser notada,
estando ya mi casa sosegada.[9]

La casa sosegada simboliza el alma que ha atravesado la noche oscura y ahora reposa tras haberse liberado del patrón

---

9   John of the Cross, "The Dark Night," en *The Collected Works of St. John of the Cross*, trans. Kieran Kavanaugh and Otilio Rodriguez (Washington DC: ICS Publications, 1991), 358.

adictivo del deseo. Pero démonos cuenta de que este sosiego no es un fin en sí mismo. Una vez que los deseos errantes han sido aplacados, puede surgir y sentirse entonces un deseo profundo, duradero e infinito, "con ansias, en amores inflamada". Solo entonces el alma está lista para transitar hacia Dios:

> En la noche dichosa
> en secreto, que nadie me veía,
> ni yo miraba cosa,
> sin otra luz y guía,
> sino la que en el corazón ardía.[10]

Ya que esto representa liberación, la noche es "dichosa", y como el alma está ahora libre de cualquier necesidad de aprobación y fama, está gozosa por el hecho de que nadie la ve, pues ya no depende de los bienes mundanos, ya no "miraba cosa" alguna y, finalmente, como el deseo más profundo del corazón ha surgido, el alma sabe con precisión a dónde dirigirse, sin necesitar "otra luz y guía" que ese mismo deseo. Esta última idea volvemos a encontrarla en "Llama de amor viva", cuando Juan habla de las infinitas cavernas que son iluminadas por la luz y el calor de Dios.

Luego siguen estos versos, que evocan el punto más alto de la unión mística con Dios:

> En mi pecho florido,
> que entero para él solo se guardaba,
> allí quedó dormido,
> y yo le regalaba (...)

---

10 Ibid., 359.

Quedéme, y olvidéme,
el rostro recliné sobre el Amado,
cesó todo, y dejéme,
dejando mi cuidado
entre las azucenas olvidado.[11]

¿Hay acaso en la literatura del mundo una descripción más cautivadora y bella que esta de la unión con Dios? Para indicar cómo será esta posesión definitiva del único Dios, quien satisfará nuestros más ardientes deseos del corazón, Juan recurre, como es natural, a un lenguaje erótico y a imágenes propias de la intimidad sexual. Su corazón (su "pecho", la imagen que emplea en el poema) ha logrado orientarse por completo a Dios, a pesar de haber permitido durante gran parte de su vida que esta verdad quedará oscurecida. Ahora, tras haber atravesado la noche oscura, está listo para recibir a aquel para el que siempre estuvo destinado: "allí quedó dormido / y yo le regalaba". Finalmente, Juan se imagina a sí mismo cara a cara con Dios, literalmente en actitud de *adoratio*. En el clímax de este viaje espiritual se recobra el Edén, se restaura la amistad natural que Adán tenía con Dios y se cumple la adoración augurada en el Templo.

TERESA DE ÁVILA Y LA ORACIÓN DESDE EL CORAZÓN

Quizá la figura más importante en la vida de Juan de la Cruz fue Teresa de Ávila, la monja carmelita que inició el movimiento de reforma en el que Juan participó. Algunas décadas

11 Ibid.

mayor que Juan, Teresa era hija de la nobleza y gozó de una infancia mimada. Siendo todavía muy joven entró al monasterio carmelita de Ávila, y llevó ahí durante muchos años una vida espiritual decente, pero nada heroica. Cuando Teresa se acercaba a los cuarenta años su espiritualidad se tornó más intensa y seria, y comenzó a experimentar una serie de visitaciones místicas. Veía a Cristo, a la Virgen Santísima y a los santos, no precisamente con sus ojos corporales, sino con los ojos de su mente y su imaginación. Sería un error desechar estos eventos como meras fantasías subjetivas, pues estas visiones la invadían sin previo aviso y la sorprendían por su poder extraordinario y muchas veces desconcertante. Durante estas intensas experiencias solía entrar en un estado de trance, y algunas veces permanecía hasta media hora tendida en el suelo. Se sabe que en algunas ocasiones incluso llegó a levitar, y algunas historias narran que a veces cuando levitaba tenían que llamar a las monjas más fuertes para que tiraran de ella y la pudieran devolver al suelo. El más famoso de estos encuentros místicos fue el de la así llamada "transverberación", que Teresa describe vívidamente en su autobiografía. Ella relata que un ángel atravesó su corazón repetidas veces con una lanza cuya punta estaba cubierta de fuego, y que esta experiencia fue al mismo tiempo tan dolorosa y placentera "que deseaba que nunca acabara". Esta escena ha quedado inmortalizada en una inolvidable escultura de mármol realizada por Gian Lorenzo Bernini. A través del cuerpo descoyuntado de la santa, su boca entreabierta y su rostro contorsionado, Bernini revela el matiz sexual que tan claramente está implícito en la descripción de Teresa y que a su vez nos recuerda elocuentemente las analogías eróticas de Juan de la Cruz. No puedo sino sonreír cuando los postfreudianos aseguran haber "descubierto" la sexualidad inconsciente que subyace a la experiencia mística de Teresa. Me atrevería incluso a decir

El éxtasis de santa Teresa *de Gian Lorenzo Bernini, Capilla Cornaro de Santa Maria Della Vittoria, Roma.* WORD ON FIRE

que poco hay de inconsciente en esta descripción, pues la asociación entre la intensa unión con Dios y la sexualidad se remonta hasta el Cantar de los Cantares en la Biblia.

¿Qué podemos descubrir aquí nosotros, hijos de la modernidad y herederos del escepticismo científico? Evidentemente las experiencias de este tipo son raras incluso dentro de la tradición religiosa, y Teresa sería la primera en afirmar que no constituyen el fondo de la cuestión espiritualmente hablando. De hecho su discípulo Juan de la Cruz decía que las visiones extraordinarias debían asimilarse para seguidamente dejarlas ir. No obstante, estas experiencias extraordinarias parecen tener una razón de ser —desde los tiempos bíblicos hasta nuestros días— dentro de la economía divina. ¿Acaso no puede Dios ocasionalmente manifestar su presencia de manera vívida y sorprendente? ¿No podría acaso, en momentos privilegiados, permitir que el mundo sobrenatural se manifestara en el mundo ordinario? ¿No puede acaso, en palabras de Flannery O'Connor, "gritar en el mundo de los sordos" para recordarnos así de su existencia? En pocas palabras, si bien podemos vislumbrar mucho en los encuentros de Teresa, también hay muy poco que podamos entender de ellos.

Por orden de sus directores espirituales, Teresa empezó a escribir acerca de las experiencias que tenía durante la oración para así beneficiar a sus hermanas carmelitas, y sus libros —*Las moradas* o *El castillo interior, El libro de la vida* y *Camino de perfección*, entre otros— constituyen algunas de las joyas de la tradición espiritual católica. ¿Qué es lo más fundamental de sus enseñanzas? Para comprender lo que en esencia quería transmitir, lo mejor será atender al título de su obra más famosa, *Las moradas* o *El castillo interior*. Teresa de Ávila descubrió que Cristo habitaba en lo más profundo de su alma y que esta divina presencia, como ella afirmaba, se asemejaba a un castillo interior. Pensemos qué podía representar esta imagen para una española del siglo XVI. Un castillo era una fortaleza, un lugar seguro y poderoso, un refugio en medio de la tormenta. Teresa se dio cuenta de que estar afianzados en Cristo significaba estar arraigados al poder

Catedral de Ávila, España. WORD ON FIRE

mismo que aquí y ahora está creando el cosmos, permaneciendo anclados al Dios que está por encima de todos los vaivenes del espacio y el tiempo. Como hemos revisado en distintos lugares a lo largo de este libro, la mayoría de nosotros al ser pecadores buscamos afianzar nuestras vidas en un bien terrenal, pero estos apegos mundanos son necesariamente evanescentes y, por ende, insatisfactorios. Son vulnerables a la corrupción, a la crítica, al desgaste y al maltrato, al ánimo cambiante de las masas y, finalmente, a la disolución. Ninguno de ellos —ni el placer, ni el dinero, ni el poder ni el honor— es, en pocas palabras, un castillo. Pero Cristo sí lo es, y es por ello que la persona sabia reorienta su vida hacia él, busca refugio en él, se afianza en él. En esencia Teresa está repitiendo las palabras de Pablo: "ya no soy yo quien vive, sino Cristo que vive en mí". El ego, con todas sus preocupaciones y movimientos en falso, con todos sus deseos contradictorios y endebles defensas, no es confiable; pero el Cristo interior —eterno, omnipotente, majestuoso y claro— es como una roca, un bastión, un castillo.

Encontramos en muchos maestros espirituales la cuestión del corazón, es decir, el centro fijo alrededor del cual gira todo nuestro ser. Entre estas líneas ya hemos considerado los rosetones góticos, y sugerimos en aquel momento que la adoración consiste en retornar todo nuestro ser a Dios. Meister Eckhart, un dominico y escritor espiritual del siglo XIV, hablaba del *Seelengrund* (el suelo del alma), refiriéndose al punto donde Dios y la criatura se encuentran en amistad, mientras Juan de la Cruz describía lo mismo en la imagen de la "cava interior", aquel sitio donde se guardan los "espíritus" en lo profundo del alma, un lugar de embriaguez y elevación. Ignacio de Loyola, fundador de la orden de los jesuitas y contemporáneo de Teresa y Juan hizo del desapego, o lo que él llamó "indiferencia", el principio en torno al cual desarrolla su espiritualidad. Su famosa oración era esta: "Señor, ya sea que tenga una vida larga o breve, ya sea que esté sano o enfermo, sea yo pobre o rico, todo me es indiferente mientras siga tu voluntad". Esta clase de despreocupación solo puede surgir cuando permanecemos conectados a dicho núcleo. El castillo interior de Teresa es solo otra evocación de este "lugar" donde el alma descansa confiada en Cristo y donde se desarrolla el matrimonio místico.

A la luz de estas consideraciones, traemos a colación la oración más famosa de Teresa, una oración que solo puede pronunciarse desde este lugar radical:

> Nada te turbe,
> nada te espante,
> todo se pasa,
> Dios no se muda,
> la paciencia todo lo alcanza.
> Quien a Dios tiene nada le falta.
> Solo Dios basta.

Catedral de Segovia, claustro, España. WORD ON FIRE

Esto adquiere una nueva resonancia cuando visitamos la ciudad natal de Teresa y observamos los kilómetros de murallas almenadas que la rodean. Teresa alcanzó la madurez como monja y mística dentro de los confines de un gran castillo, y llegó a comprender que aquellos muros exteriores no eran sino un signo pasajero y mundano de las murallas del castillo interior.

ORACIÓN DE PETICIÓN

Comenzamos con Thomas Merton y este nos llevó hasta Juan de la Cruz, quien por su parte nos condujo a Teresa y, a través de estos personajes hemos estado explorando el significado de la frase lírica de Juan Damasceno "elevar la mente y el corazón a Dios". A través del retiro extático de Merton en Getsemaní, en la celebración del matrimonio místico de Juan y en el sosiego de Teresa en el castillo interior, hemos podido vislumbrar aquello que la Iglesia llama oración contemplativa, un extraño y enrarecido encuentro con Dios que rebasa el discurso, las palabras y los conceptos. Pero me imagino que cuando la mayoría de las personas escuchan la palabra "oración", no piensan inmediatamente en algo así; probablemente piensen que se trata más bien de pedirle algo a Dios. Y, en efecto, la oración de petición es una de las formas más fundamentales de elevar nuestras mentes y nuestros corazones a Dios. También es el tipo de oración más común que encontramos en la Biblia. Todos los grandes personajes de las Escrituras —Abraham, Isaac, Jacob, José, Moisés, Josué, Samuel, David, Salomón, Ezra, Nehemías, Pedro, Santiago, Pablo y Juan —oraban de esta manera; todos le pedían cosas a Dios. Desde luego, hay algo primordial y elemental sobre este tipo de oración: "¡Oh, Dios, ayúdame!", "¡Oh Señor, salva a mi hijo!". Si colocáramos una red que pudiera capturar todas las oraciones provenientes de los hospitales y las iglesias mientras se elevan hacia el cielo, atraparíamos millones y millones de ellas. A fin de cuentas, la oración paradigmática que Jesús nos enseñó —el Padrenuestro— no es sino una serie de peticiones y, además, Jesús indicó a sus seguidores una y otra vez que perseveraran en la oración: "Pidan y se les dará; busquen y encontrarán; llamen y se les abrirá" (Mt. 7:7).

Si bien la oración de petición parece más sencilla y básica que la contemplativa, de hecho es más difícil de explicar, teológicamente hablando, que la oración contemplativa. Cuando hablamos de la oración de petición, surgen dilemas y anomalías que han desconcertado a los pensadores de la religión a lo largo de los siglos. Si Dios es inmutable, entonces ¿qué

Mujer en oración. WORD ON FIRE

sentido tiene pedirle algo? Y si Dios es omnisciente, ¿qué sentido tiene decirle lo que necesitamos? Tengamos en cuenta que el mismo Jesús que nos indicó que rogáramos sin cesar también afirmó que Dios "sabe de antemano lo que necesitamos antes de pedírselo". Un modo de aclarar esta cuestión es refiriéndonos a la metáfora maestra de Dios en la Biblia, a saber, la metáfora del padre. A lo largo de la Biblia se hace referencia a Dios como un padre e incluso en algunos textos se habla de él como una madre, por ejemplo, cuando refiriéndose a Dios leemos "¿Puede una madre olvidar a su hijo?" o "para ser amamantados y saciarse en sus pechos consoladores". Los padres escuchan constantemente las peticiones de sus hijos, atendiendo a sus persistentes y variadas exigencias, algunas buenas y otras más bien malas; y los buenos padres saben qué es lo que sus hijos necesitan mucho antes de que estos se lo pidan. Pero nada de esto implica que los padres acallen estas peticiones o que las consideren inútiles, incluso si se ven obligados con frecuencia a responder con una negación. En efecto, Dios lo sabe todo y conoce de antemano lo que necesitamos incluso antes de pedirlo; sin embargo, como todo buen padre, si bien se complace en escuchar nuestras peticiones no por ello responderá del modo que nosotros quisiéramos.

San Agustín nos ofrece otra perspectiva a este dilema. Dios quiere que le pidamos, que le solicitemos y lo busquemos persistentemente, no para que Él cambie sino para que nosotros cambiemos. A través de su resistencia inicial a concedernos lo que queremos, Dios invita a nuestros corazones a que se expandan para poder recibir adecuadamente lo que quiere darnos. A través de este proceso por el que experimentamos el hambre o la sed por ciertos bienes nos transformamos en vasijas dignas. No es como si se tratara de un pachá necio o de un gran jefe de gobierno al que le rogáramos con la esperanza de persuadirlo. Más bien, al hacernos aguardar, es Dios mismo quien lleva a cabo en nosotros una especie de alquimia espiritual. Tomás de Aquino, en su tratado sobre la oración al Señor nos indica, en consonancia con el espíritu de Agustín, que la petición inicial del Padrenuestro "santificado sea tu nombre" no solicita que algo cambie en Dios, pues el nombre de Dios siempre es santo; lo que en realidad estamos pidiendo es que Dios obre en nosotros y nos transforme para que podamos adorarlo sobre todas las cosas.

Al referirse a Dios orando a través de nosotros, Tomás de Aquino proporciona lo que considero el marco teológico más rico para la oración de petición. Tomás de Aquino está convencido de que Dios, al ser el motor inmóvil, nunca puede cambiar por nuestra oración; sin embargo, Dios puede disponer su gobierno providencial sobre el universo de tal manera que lo que estemos pidiendo se coordine con lo que quiere darnos. Así entendido, todo lo que sea bueno, recto y verdadero en nuestra oración en realidad será Dios orando de antemano en nosotros, ajustando nuestros deseos a su propio deseo. No olvidemos un atributo de Dios sobre el que he estado insistiendo a lo largo de este libro: a saber, su carácter no competitivo. Dado que Él no es el ser supremo, sino la mismísima base del ser, la "invasión" de Dios nos eleva, nos hace más auténticamente libres. Un excelente ejemplo de esta dinámica lo encontramos en la oración litúrgica de la madre de Agustín, santa Mónica. Esta oración comienza diciendo: "Señor, tú que afablemente acogiste las lágrimas de Mónica por la conversión de su hijo Agustín (...)". Pero, claro está, esto no quiere decir que las lágrimas de Mónica movieran a Dios a actuar o que lo hayan forzado de alguna manera a cambiar la estructura de su providencia; más bien, lo que estas palabras expresan es que Dios aceptó las lágrimas de Mónica en coordinación con la concesión de la gracia de la conversión de su hijo, indicando de esta manera que efectivamente el propio Dios estaba llorando a través de las lágrimas de Mónica.

DE REGRESO A MERTON

Thomas Merton fue muy prolífico durante los años que pasó en la abadía de Getsemaní. Además de ser autor de docenas de libros, escribió cientos de poemas y artículos, así como unas serie de diarios personales que han sido publicados en ocho volúmenes. También mantuvo una impresionante correspondencia con otros escritores, figuras culturales y líderes religiosos de todo el mundo, incluyendo, entre muchos otros, al poeta Czeslaw Milosz, los teólogos Hans Urs von Balthasar y Jean Leclerq, la cantante Joan Baez y el Papa Juan XXIII. También en gran medida se debe a él la reactivación de la vida monástica en Estados Unidos. Inspirados por *La montaña de los siete círculos*, miles de candidatos buscaron ser admitidos en las casas de benedictinos y trapenses por todo el país. El propio Getsemaní acogió a las vocaciones más allá de su capacidad. Durante la década de los cincuenta, mientras Merton surgía como una figura de renombre nacional, su deseo de retirarse en soledad y contemplación se volvió cada vez más intenso. Su abad le dio permiso de pasar tiempo solo en un cobertizo localizado en uno de los límites de la propiedad del monasterio y, a petición de Merton, estuvo a punto de concederle a su famoso monje vivir en lo alto de un observatorio en medio del bosque que se empleaba para prevenir fuegos forestales. Finalmente permitió que Merton viviera solo en una ermita en el terreno del monasterio, la cual se encontraba alejada de los caminos transitados. Merton vivió y trabajó en aquel lugar simple, humilde y aislado durante los últimos años de su vida.

El tema central de sus escritos entre los años cuarenta, cincuenta y sesenta fue la contemplación, aquella forma de oración que había aprendido de Juan de la Cruz. Merton constantemente insistió en que la contemplación no debía considerarse como una práctica arcana y exclusiva de algunos atletas espirituales, sino como una realidad que surgía del propio corazón del evento cristiano, pues no es otra cosa sino la ordenación de la propia vida en torno al centro divino. Empleando palabras que recuerdan a las de Teresa, Juan de la Cruz y Meister Eckhart, Merton habló de *le point vierge* (el

Fotografía de Merton como ermitaño. USADA CON PERMISO DEL FONDO DEL LEGADO DE MERTON Y EL CENTRO THOMAS MERTON, BELLARMINE UNIVERSITY

punto virginal), el lugar de contacto entre Cristo y el alma. Describió la oración contemplativa como "encontrar en uno mismo ese lugar en el que, aquí y ahora, cada uno está siendo creado por Dios". Esta magnífica descripción nació después del descubrimiento que muchos años antes Merton hiciera a través de Gilson de la noción de la aseidad divina. Si Dios es aquello que existe a través del poder de su propia esencia entonces, como vimos en el capítulo tres, todo lo que existe debe surgir en su totalidad del poder creativo de Dios. La creación, por tanto, no se reduce a un evento "al comienzo de los tiempos", sino que está ocurriendo ahora mismo. Orar contemplativamente es encontrar ese lugar en lo más profundo de nuestro ser —el *point vierge*, el castillo interior, la cava interior— donde la vida y el amor divinos nos mantienen en la existencia. Una vez encontrado este centro, todo lo demás cambia. Cuando descubrimos ese lugar, necesariamente descubrimos también aquello que nos conecta con todos los demás y con todo el cosmos.

Esto explica por qué Merton escribió tan enérgicamente sobre la no violencia en la década de los sesenta. Algunos vieron en esto una indicación de que Merton se había rendido a la moda dominante y que había abandonado la espiritualidad más clásica que originalmente había adoptado, pero yo creo que esta es una interpretación superficial. Al hablar incisivamente en contra de las armas atómicas y la guerra en Vietnam, Merton estaba recurriendo a las conclusiones morales prácticas de la metafísica de la creación y de la oración contemplativa, las cuales le habían permitido acceder al centro divino. Merton negó consistentemente que él fuera un pacifista en el sentido estricto de la palabra, al modo de Francisco de Asís o Dorothy Day; en cambio, insistió en que los practicantes de la tradición espiritual católica, aquellos adeptos a la contemplación, debían siempre actuar a partir de una elección fundamental por la no violencia y que su oración debía dejar ver que todos los pueblos, independientemente de los conflictos políticos y culturales que los dividieran, en lo más profundo siempre seguirían siendo hermanos.

El 18 de marzo de 1958, Merton se encontraba en Louisville para resolver algunas cuestiones prácticas cuando llegó a la esquina de las calles Cuatro y Walnut, en el corazón del distrito comercial. En aquel lugar ordinario tuvo una experiencia que en cierto sentido fue tan extraordinaria como la del encuentro de Teresa de Ávila con el ángel: "Me sobrecogí súbitamente al darme cuenta de cuánto amaba a toda esa gente, que ellos eran míos y yo era suyo, que no podíamos extrañarnos unos de otros aunque fuéramos completos desconocidos. Fue como despertar de un sueño de separación".[12] Merton había llegado a la abadía de Getsemaní para escapar del mundo, en el sentido negativo del término, y para hacer penitencia por sus pecados. Durante su largo retiro (al momento de la experiencia de Louisville ya llevaba diecisiete años en el monasterio), a través de la oración contemplativa Merton había avanzado hasta alcanzar el centro más profundo de su ser. Y fue desde este lugar que surgió esta percepción mística de unión. "El sentirme liberado de una supuesta diferencia, representó para mí tanto alivio y tanta alegría que casi me moría de risa. Y supongo que mi felicidad podría formularse con las siguientes palabras, 'Gracias Dios, gracias Dios porque soy como los demás hombres'".[13] Merton se percató claramente de lo paradójico que era que su aislamiento contemplativo precisamente hubiera posibilitado esta experiencia: "Esto no cambia en nada en el sentido y el

---

12 Thomas Merton, *Conjectures of a Guilty Bystander* (New York: Doubleday, 1989), 156–57.
13 Ibid., 157.

valor de mi soledad, pues de hecho la función de la soledad es hacer que uno se dé cuenta de estas cosas".[14] Él también repara en la dimensión cristológica de este momento: "Tengo la inmensa alegría de ser un hombre, un miembro de la raza en la que Dios mismo se encarnó".[15] Estamos interconectados no solo a través de nuestra creación común, sino también por la universalidad del cuerpo místico de Jesús. Merton resumió su experiencia extática de la siguiente manera: "¡Si al menos todos pudieran darse cuenta de esto! Pero no puede explicarse. No hay manera de comunicarle a la gente que todos caminan brillando como el sol".[16]

De alguna manera todo cobró sentido para Merton en aquel lugar tan monótono del centro de Louisville: la metafísica, la creación, la Encarnación, la contemplación, la no violencia y el amor universal. Y esta visión grandiosa, esta unificación del pensamiento y la acción, esta sensación de haber comprendido el sentido de todas las cosas, fue el resultado de la verdadera oración, de haber elevado la mente y el corazón a Dios.

14 Ibid., 158.
15 Ibid., 157.
16 Ibid.

Capítulo 10

MUNDO SIN FIN:
LAS POSTRIMERÍAS

PIENSO QUE LA DOCTRINA EN TORNO A LAS ÚLTIMAS COSAS O postrimerías —el infierno, el purgatorio y el cielo— es una de las creencias más fascinantes de la Iglesia católica, pero también se trata de una de las más objetables. Cuando se critica o rechaza esta enseñanza católica suele insistirse en la supuesta incompatibilidad entre la existencia simultánea de un Dios benévolo y el infierno como un lugar de tortura eterna. Ya desde tiempos de Marx y Freud muchos han opinado que la doctrina del cielo en el mejor de los casos revela la ingenuidad de la Iglesia, mientras que otros, en el peor de los casos, observan que no se trata sino de una farsa. ¿Acaso esta creencia en un lugar de felicidad perfecta tras la muerte no se reduce a meras ilusiones y fantasías infantiles? ¿No ha servido acaso como el "opio de las masas", sedando a los seres

humanos para sobrellevar la agonía de la vida? John Lennon
cantaba,

> Imagine there's no heaven (Imagina que no hay cielo)
> It's easy if you try (Es fácil si lo intentas)

Lennon está hablando aquí en nombre de todos aquellos
que comparten una orientación fundamentalmente marxista
o freudiana. Sin embargo también encontramos a muchos
cristianos que si bien aceptan sin reparo las enseñanzas del
cielo y del infierno, opinan que la doctrina del purgatorio es
extraña, arbitraria y que carece de fundamento bíblico.

Por otro lado encontramos no creyentes que se sienten aludidos por estas enseñanzas. Todos —creyentes y no
creyentes por igual— en algún momento nos formulamos
la inquietante pregunta sobre lo que ocurrirá con nuestras
vidas tras la muerte. Hamlet se refirió a la muerte como
"aquel país desconocido de cuyos límites ningún caminante
retorna" (Acto 3, Escena IV), y todo su discurso de "Ser o

Basílica de San Francisco el Grande, detalle, Madrid. WORD ON FIRE

El Duomo, detalle, Florencia. WORD ON FIRE

no ser, esa es la pregunta" refleja una fascinación inquieta y desconcertante por lo que nos espera una vez que "hayamos abandonado este despojo mortal". A todos nos atraen las historias de fantasmas —en parte porque tienen una cualidad catártica—, pero también porque nos muestran ciertos indicios de otro mundo. Además, las doctrinas del cielo, el infierno y el purgatorio nos cautivan precisamente por nuestro sentido de la justicia. Muchas personas buenas mueren sin haber sido recompensadas en esta vida por su bondad, y muchas personas perversas mueren sin haber sido obligadas en esta vida a pagar por sus fechorías. Si Dios es justo, entonces debería haber alguna forma de existencia o algún lugar donde estas injusticias pudieran saldarse. En este sentido, Marx parece estar bastante equivocado. Para la inmensa mayoría de las personas que sufren y creen en el cielo y en el infierno, estas doctrinas no aplacan su indignación ante las injusticias de este mundo sino que, por el contrario, la intensifican.

En este capítulo final nos dedicaremos a analizar las postrimerías. ¿Qué enseña la Iglesia católica sobre el cielo, el infierno y el purgatorio? ¿Qué afirma en torno a esta dimen-

Notre Dame, detalle, París. WORD ON FIRE

sión que no podemos ver directamente pero que, no obstante, intriga a todos aquellos que vivimos al borde del sueño de la muerte?

COMENZANDO POR DANTE Y EL INFIERNO

T. S. Eliot dijo que la literatura occidental puede dividirse esencialmente entre dos grandes figuras, Shakespeare y Dante, y que todo lo demás puede ser considerado como secundario. Si Eliot está en lo correcto, entonces resulta fascinante que la principal obra de uno de estos máximos exponentes de la tradición literaria occidental verse precisamente sobre nuestro tema: el cielo, el infierno y el purgatorio. Dante escribió su obra maestra, *La Divina Comedia*, mientras erraba exiliado de Florencia, su ciudad natal, a la que jamás regresaría. Debido a las maquinaciones de sus enemigos políticos había sido condenado a un exilio permanente mientras se encontraba de viaje a Roma. Durante aquellos años solitarios y dolorosos, habiendo perdido su camino tanto personal como político, Dante compuso esta meditación en torno al mundo venidero. *La Divina Comedia* es una obra de imaginación creativa y, por tanto, no deberíamos considerarla literalmente; sin embargo, esta obra rebosa de teología profunda (sabemos que Dante estudió teología por un tiempo en París, poco tiempo después de la muerte de Tomás de Aquino) y en ella descubrimos la percepción trascendental de un gran poeta creyente. Así, si nos disponemos a asomarnos tras el velo para descubrir el mundo del más allá, Dante es un valioso guía.

La Divina Comedia comienza con la presentación de la crisis en la que Dante se encontraba a la mitad de su vida: "A mitad del camino de la vida, en una selva oscura me encontraba porque mi ruta había extraviado". Señala que corría el año 1300 y que tenía treinta y cinco años de edad, justo la mitad de la duración de la vida que los salmistas indicaban con solemnidad, "setenta años, u ochenta para los fuertes". Habiendo perdido el camino (como le ocurre a muchos a la mitad de sus vidas), Dante grita desesperado, y su oración es escuchada por María, la Madre de Dios, que envía a Lucía, la patrona de la luz, que a su vez envía a Beatriz, a quien Dante amaba cuando vivía en este mundo. Finalmente, Beatriz manda llamar al poeta romano Virgilio, quien conduce a Dante a través de un viaje por el infierno. Este comienzo nos muestra algo de gran importancia, a saber, que lo que sabemos sobre el mundo venidero tiene un gran efecto sobre el modo en que experimentamos este mundo, es decir, que de un modo real tanto el cielo, el infierno y el purgatorio afectan el modo en que se desarrollan nuestras vidas actuales. Dante nos indica cómo en algunas ocasiones las crisis que vivimos aquí en el mundo solo pueden resolverse situando nuestro sufrimiento en el contexto más amplio del orden trascendental.

Virgilio aparece en escena y le anuncia a Dante que su sufrimiento terminará, pero solo después de que haya presenciado las dimensiones del mundo venidero, empezando por el infierno. A pesar de que queda helado por la famosa señal en la que se leía "Dejad, los que aquí entráis, toda esperanza", Dante sigue a su guía hacia el inframundo, en donde es testigo de los diversos castigos que reciben los pecadores. Dante no interpreta lo que ve como una crueldad arbitraria por parte de Dios, sino como una expresión de justicia por la que a todo pecador se le permite experimentar toda la negatividad que lógica y naturalmente se deriva de su comportamiento disfuncional. Se nos indica que el infierno es un lugar creado no por Dios, sino por la libertad humana errada. Prosiguen su descenso hacia las profundidades y conforme avanzan el espacio se va estrechando progresivamente (el infierno en el imaginario de Dante tiene la forma de un cono invertido). A través de su presentación de la topografía del infierno, el poeta ha intuido la estrechez del alma tras el pecado, el volcarnos hacia nosotros mismos, concentrando en eso todas nuestras preocupaciones.

En lo más profundo de este agujero Virgilio y Dante encuentran a Satán, el príncipe de la oscuridad. Hay cierta tendencia en la literatura occidental a idealizar la imagen de Satán como si fuera un personaje poderoso y astuto: pensemos, por ejemplo, en el demonio que aparece en *El paraíso perdido* de Milton. Pero en Dante no observamos nada de esto. El poeta medieval imagina al demonio no como un héroe, sino como una figura triste e incluso patética. Es enorme —Virgilio y Dante creen estar viendo un molino de viento gigante conforme se acercan a él—, pero es impotente, pues está atrapado en un bloque de hielo que lo cubre hasta la cintura. Agita sus enormes alas, pero estas no lo llevan a ninguna parte y solo contribuyen a enfriar todavía más el mundo que lo rodea. Por cierto, el hielo es un símbolo mucho más adecuado del infierno que el fuego, pues simboliza la parálisis y la inmovilidad del pecado que congelan a la persona en los confines de su ego. San Agustín nos ofrece una famosa definición del pecado como el estado en el que alguien se encuentra cuando esta *"incurvatus in se"* (encorvado sobre sí mismo), y el Satán de Dante, este soberano cuyo reino es exactamente del mismo tamaño que su propio ego, ejemplifica de manera espléndida la definición de Agustín. El espíritu está diseñado para volar fuera de sí mismo —por eso los ángeles tienen alas—, pero el pecado nos aprisiona y nos aplasta. Chesterton comentaba que los ángeles pueden volar precisamente porque no se toman a sí mismos muy en serio. En contraste, el Satán de Dante se toma a sí mismo con mucha seriedad.

Mientras se acercan a él, Virgilio y Dante se percatan de que la cabeza del demonio está cubierta por tres caras, una especie de burda imitación de las tres personas de la Trinidad. La imagen además sugiere sutilmente un punto espiritual importante: a saber, que cada pecador, dependiendo del grado en que se considere a sí mismo el centro del universo, pretende ser divino. Parte de la intensa alegría del cielo, como veremos, es que podamos ver y saber que *no* somos Dios y, por tanto, estaremos listos para un viaje infinitamente fascinante *hacia el interior* de Dios. Satán no tiene a dónde ir precisamente porque piensa que él mismo *es* Dios. A continuación, Dante observa que Satán vierte lágrimas por sus seis ojos. De nueva cuenta, el mal no tiene nada de glamoroso: el pecado es un asunto triste, depresivo y que encoge al alma. Dios nos ha diseñado como criaturas para la alegría, y es por esto que en cuanto nos alejamos de Él irremediablemente nos enfrentamos con la tristeza. Conforme Virgilio y Dante se acercan todavía más a la gran bestia, esperaríamos algún

El Juicio Final, *detalle, de Miguel Ángel, Capilla Sixtina, Ciudad del Vaticano.* WORD ON FIRE

tipo de enfrentamiento, que el demonio los detuviera o los atacara. Pero ni siquiera se percata de su presencia. Virgilio le dice a Dante que salte sobre el costado peludo de Satán (sus ancas son como las de una cabra) para proseguir su camino al centro de la tierra. Aunque esta escena parece algo anticlimática, expresa la verdad espiritual de que el pecado produce algo así como una neblina depresiva que no nos permite responder, manteniéndonos aletargados y torpes. Las facultades de la inteligencia y la voluntad, y la sensualidad y la imaginación, se activan precisamente cuando las dirigimos hacia los bienes atractivos que se encuentran fuera de nosotros mismos y, a fin de cuentas, hacia Aquel que es atractivo en grado sumo. El viaje de Dante por el infierno constituye una clara imagen de la apariencia que tiene nuestro rechazo a Dios e, incluso, genera en nosotros la sensación visceral que este rechazo despierta.

Dentro del contexto temático de *La Divina Comedia*, Dante va comprendiendo a través de su exploración del infierno por qué se encuentra ahora, a la mitad de su vida, en aquel lugar infernal. Examinando el sufrimiento de los condenados y la terrible tristeza de Satán, Dante ha llegado a apreciar cómo su propia violencia, su ensimismamiento, su indiferencia, su orgullo y su crueldad han minado su felicidad. El infierno —al igual que el cielo— pueden anticiparse incluso desde ahora. Esto puede ayudarnos a entender no solo la existencia del infierno, sino que también nos permite comprender la compatibilidad del infierno con la infinita carencia de amor divino. La existencia del infierno —o al menos como posibilidad— sigue de manera lógica a dos convicciones fundamentales: que somos libres y que Dios es amor. Como hemos revisado ya en el capítulo tres, el amor no es uno de los atributos de Dios o un estado emocional en el que Dios se encuentra de vez en cuando; el amor es la naturaleza y esencia de Dios. El amor es lo que Dios *es*. Por tanto, Dios es como el sol que brilla sobre buenos y malos o como la lluvia que cae sobre justos e injustos por igual. Dios no ama en respuesta a nuestra bondad; más bien, toda bondad que tengamos es consecuencia del amor de Dios.

Por ende, se nos presenta una interesante pregunta: ¿Cómo experimentan los seres humanos el amor inmutable de Dios? La respuesta es la siguiente: dependerá de la libertad de quien lo esté experimentando. Ciertamente Dios se complace en la simplicidad y la belleza de sus criaturas no racionales, pero se complace especialmente en aquellas que son capaces de servirlo "ingeniosamente desde el entramado de la mente" y libremente a través de la elección dramática de la voluntad. Dotados de la inteligencia y la voluntad, los seres humanos podemos responder al amor divino o rechazarlo. Podemos deleitarnos en su luz o podemos apartarnos de ella. La elección es nuestra. Dios quiere que todas las personas se salven, lo que equivale a decir que quiere que todos compartamos su vida. Pero su vida *es* amor dado libremente, y por tanto solo puede *tenerse* en la medida en que sea devuelto libremente. El "infierno" es una metáfora espacial para referirse al estado que surge tras rechazar libremente su amor y escoger vivir fuera de él. Tal vez podamos entenderlo mejor a través del símbolo tradicional del fuego. C. S. Lewis afirmaba que lo que mantiene encendidas las llamas del infierno no es otra cosa sino el amor de Dios. Lo que quería decir es que, cuando nos resistimos al amor divino, este nos quema del mismo modo que lo haría la brillante luz del día que tortura los ojos de alguien que ha permanecido atrapado bajo tierra durante mucho tiempo, o del mismo modo que una persona rebosante de alegría resultaría tremendamente molesta para alguien sumergido en la tristeza. El sol sólo está siendo sol y la persona alegre solo está siendo alegre, pero ambos pueden ser acogidos de una manera absolutamente negativa por alguien poco dispuesto a recibirlos. Incluso se ha propuesto que el cielo y el infierno son el mismo "lugar", aunque habitado por personas con disposiciones radicalmente opuestas. Imaginemos una mesa cubierta hasta arriba de comida y rodeada de comensales hambrientos que tienen un largo tenedor amarrado a sus muñecas. Los que insistan en alimentarse a sí mismos permanecerán hambrientos, mientras que aquellos que siempre estén dispuestos a alimentarse unos a otros quedarán saciados. Lo que Dios comparte con todos es el banquete de su amor, pero algunos saben comer en esta mesa mientras que otros no.

Muchos objetan que un Dios infinitamente bueno jamás podría enviar a alguien al infierno. He procurado mostrar, con la ayuda de Dante y de Lewis, que esta manera de pensar es engañosa. Dios no "envía" a nadie al infierno; más bien, son las propias personas las que libremente deciden ir ahí. Como

Lewis indicaba, la puerta del infierno está siempre cerrada desde dentro. De haber algún ser humano en el infierno, esto se debe a que este ha insistido absolutamente en estar ahí. El carácter condicional de esta última afirmación respalda una convicción de la Iglesia: a saber, que aunque debemos aceptar la posibilidad del infierno (por este juego entre el amor divino y la libertad humana), doctrinalmente no estamos comprometidos a afirmar que nadie esté de hecho "en" dicho lugar. No podemos conocer a fondo lo más profundo de los corazones de los demás; solo Dios puede hacerlo. Por esta razón, no podemos declarar con certeza absoluta que alguien —incluso Judas o Hitler— haya optado por cerrar definitivamente la puerta al amor divino. En efecto, dado que la liturgia nos insta a orar por todos los difuntos, y como la ley de la oración es la ley de nuestras creencias, debemos mantener al menos la esperanza de que todas las personas se salvarán. Además, dado que Cristo experimentó al límite el abandono divino para así establecer la solidaridad incluso con aquellos que se encontraban más alejados de la gracia, podemos *razonablemente* esperar, como Hans Urs von Balthasar insistía, que todos encontremos la salvación. De nuevo, esto no tiene nada que ver con nuestra perfectibilidad, sino con la asombrosa gracia de Dios.

EL PURGATORIO

Si la doctrina del infierno es el artículo de fe más objetable del sistema católico, probablemente le siga de cerca la doctrina del purgatorio. Para muchos cristianos —incluso para los católicos— el purgatorio no es sino un vestigio de la Edad Media, una enseñanza supersticiosa e innecesaria que no cuenta con un claro soporte bíblico. Particularmente debido al modo en que esta doctrina estaba siendo utilizada como un medio para recaudar fondos (la compra y venta de indulgencias), tanto Martín Lutero como los demás reformadores protestantes se convirtieron en sus duros críticos. ¿Qué es exactamente lo que la Iglesia católica enseña a este respecto? He aquí lo que enseña en su Catecismo: *"Los que mueren en la gracia y en la amistad de Dios, pero imperfectamente purificados, aunque están seguros de su eterna salvación, sufren después de su muerte una purificación, a fin de obtener la santidad necesaria para entrar en la alegría del cielo. La Iglesia llama purgatorio a esta purificación final de los elegidos (...)"* (CIC 1030-1031). La teología tradicional distingue entre pecados "mortales" y "veniales", es decir, entre aquellos pecados que implican una fractura definitiva de la relación con Dios y aquellos que la afectan negativamente, pero que no rompen la amistad con Dios. Como el nombre indica, el primer tipo de pecado "mata" la vida divina en aquel que lo comete. Para poder entender mejor lo que significa esta destrucción de la relación con Dios, imaginemos el efecto que tiene el adulterio en el matrimonio. Los pecados veniales, por otro lado, no matan la vida divina en la persona; no obstante, siguen comprometiendo la amistad con Dios y afectan al alma de una manera negativa, hiriéndola o deformándola. Pensemos por ejemplo en cómo una mala acción que se repite constantemente acaba por deformar la voluntad, predisponiéndola a elegir consistentemente esta vía negativa en el futuro: la crueldad genera más crueldad, y los pequeños actos de injusticia suelen conducir a una mayor injusticia. Por tanto, este tipo de pecado debe ser corregido, las heridas que produce necesitan ser sanadas, y la tendencia negativa que genera ha de ser redirigida. Lo anterior ocurre a través de actos de penitencia y autonegación, ayuno y oración que logran poner al alma nuevamente en la dirección correcta.

Lough Derg es una inhóspita isla rocosa ubicada en medio de un lago perdido en el noroeste de Irlanda. Lo extraño es que miles de personas vienen aquí todos los años para vivir un retiro espiritual de penitencia. Viajan en transbordador hasta la isla y una vez ahí se les ordena que se quiten los zapatos y que permanezcan descalzos durante el resto de los ejercicios espirituales. Pasan el primer día rezando el rosario, caminando de rodillas sobre el duro suelo rocoso y asistiendo a los servicios. No se les permite dormir durante el día ni durante la noche. Si se quedan dormidos en la iglesia, los demás asistentes los despiertan bruscamente. Un amigo mío ha participado regularmente de este retiro y afirma que, por mucho, la falta de sueño es la prueba más difícil de todas. Tras dos días y medio de constante oración y ejercicios espirituales, los asistentes del retiro finalmente regresan a tierra firme. En la Edad Media esta isla era conocida como el purgatorio de San Patricio, pues una leyenda popular sostenía que la entrada al purgatorio se encontraba cerca de aquel lugar. Desde luego, podemos ahorrarnos la literalidad cruda, pero deberíamos poner atención en la asociación entre lo que ocurrió (y sigue ocurriendo) en Lough Derg, y aquello a lo que la Iglesia se refiere cuando habla del purgatorio en un sentido sobrenatural. Aquellos que van a la isla aman a Dios. No estarían dispuestos a pasar por semejantes pruebas si no lo hicieran. El hecho es que reconocen las imperfecciones que hay en ellos y que necesitan ser corregidas para que su relación con Dios pueda quedar totalmente restaurada, y es por eso que voluntariamente sufren todas estas duras pruebas. Así como los habitantes del infierno (de haberlos) se encuentran ahí libremente, así también los que pasan por las pruebas del purgatorio lo hacen porque así lo desean. Una vez más, esto no tiene nada que ver con la supuesta crueldad o capricho de Dios; más bien, se trata de la necesidad que el propio pecador tiene de remediar los efectos de su pecado.

Imaginemos a una persona mundana —ensimismada, superficial, espiritualmente inmadura— que repentinamente experimenta una conversión y se vuelve a Dios. Percibirá que su vida es inadecuada y querrá cambiar. Así que decide de manera impulsiva abandonar su trabajo, ir a Calcuta y colaborar ahí en la obra de las Misioneras de la Caridad. Al compartir la vida de las hermanas y unirse a sus tareas diarias cuidando de los más miserables, dicha persona se encontrará, objetivamente hablando, en el cielo, pues se habrá entregado por completo a una vida de amor y autonegación. Pero sus años de hedonismo, materialismo y egocentrismo la habrán preparado

Lough Derg, Irlanda. WORD ON FIRE

pobremente para semejante vida y *experimentará* esta nueva situación como un sufrimiento infernal, lo que despertará en ella profunda ansiedad y resentimiento. Si dicha persona permanece abierta a esta nueva vida, si continúa a pesar de sus resistencias entregándose a ella, se dará cuenta de que con el paso del tiempo estas resistencias se debilitarán y que sus faltas serán eliminadas. Descubrirá, al menos, que es posible transitar el camino del amor sin esfuerzo y con libertad. Y en ese momento el lugar del sufrimiento se convertirá en un lugar donde reine la primavera. Creo que esto sirve como una analogía adecuada para explicar qué entiende la Iglesia por purgatorio. Hay muchas personas que dejan esta vida siendo amigos de Dios, pero todavía se encontraban lejos de vivir la vida del cielo sin esfuerzo. Requieren, por tanto, un Lough Derg, un Calcuta, un entrenamiento necesariamente doloroso en el camino del amor: en definitiva, un purgatorio.

Para lograr una imagen todavía más completa del significado de esta doctrina, creo que sería útil regresar a *La Divina Comedia*. Después de que Virgilio y Dante concluyen su recorrido a través del infierno, dejan atrás el centro de la tierra y escalan hasta el otro lado. Desde ahí divisan el gran monte del purgatorio, dividido en siete niveles o "relatos". En cada uno de estos niveles se encuentran los salvados que por ser todavía imperfectos han de ser purificados de los efectos de cada uno de los siete pecados capitales: orgullo, envidia, ira, pereza, avaricia, glotonería y lujuria. En el primer nivel, los orgullosos son forzados a cargar enormes piedras que los aplastan contra el suelo. El orgullo es el propio enaltecimiento y, por tanto, los efectos del orgullo se purifican a través de la humillación del ego, es decir, por medio de una reorientación hacia la tierra (*humus* en latín), hacia la verdad simple de las cosas. Los envidiosos se pasan toda la vida viendo con resentimiento los logros de los demás y se gozan en sus errores. Por tanto, en el segundo nivel se castiga a estos cosiendo sus párpados para cerrarles los ojos. También se los obliga a escuchar el relato del Evangelio en el que María durante las bodas de Canaán no se regocijó por la desgracia de la joven pareja, sino que urgió a Cristo para que los ayudara. En el tercer nivel los iracundos están sumergidos en humo para que puedan sentir cómo la ira los ha cegado y ha distorsionado sus palabras. Los perezosos, que literalmente se encuentran en el centro del purgatorio, tienen que permanecer corriendo al tiempo que escuchan una y otra vez que María "se dirigió presurosa" a las montañas de Judea después de la Anunciación. Los avaros, que durante su vida permanecieron constantemente preocupados por los bienes que el dinero podía comprar, son clavados al suelo mientras literalmente restriegan sus rostros contra él. A los glotones en el sexto nivel, como podríamos esperar, se los hace pasar hambre; y en el séptimo nivel los lujuriosos son forzados a pasar a través del fuego para que así sientan el efecto abrasador de su desviación sexual.

Lo que quiero que quede claro es que ninguno de estos castigos tiene que ver con la crueldad divina. Más bien, esta es la función propia que tiene lo que el Padre de la Iglesia Orígenes de Alejandría llamaba *schola animarum*, es decir, la escuela de las almas. En sus *Ejercicios espirituales*, san Ignacio de Loyola muchas veces recomendaba el principio *agere contra* (actuar en contra): cuando el indagador espiritual descubre dentro de sí una distorsión debe entonces actuar, incluso de forma exagerada, en el sentido opuesto. Si su problema son los excesos de placer sensual, entonces ha de ayunar; si su dificultad radica en la ambición, entonces debe voluntariamente ocupar el lugar más humilde; si lo acosa la envidia, debe ensalzar a aquellos que despiertan sentimientos

Glendalough, Irlanda. WORD ON FIRE

de resentimiento en él. El purgatorio es una escuela para las almas, donde se sigue el principio del *agere contra*. Y uno no se libera de dicho estado hasta estar completamente listo.

Ya en dos ocasiones me he referido a la clásica objeción protestante según la cual el purgatorio no es una doctrina bíblica, sino una innovación medieval. ¿Es esto cierto? En efecto, la palabra "purgatorio" no se encuentra en ningún lugar en las Escrituras, pero tampoco las palabras "encarnación" ni "trinidad", que están igualmente ausentes. Sin embargo, puede afirmarse que las semillas de la idea del purgatorio se encuentran realmente en las Escrituras. Una referencia clásica es la que encontramos en el segundo libro de los macabeos. Tras la batalla, el general israelita Judas Macabeo observa los cuerpos de los judíos caídos en batalla y descubre los amuletos idólatras que portaban algunos de los muertos, y supone entonces que la apostasía fue la razón de su muerte. Pero luego insta a que se ofrezcan sacrificios y oraciones en su nombre. El autor del segundo libro de los macabeos indica: "porque si no hubiera esperado que los caídos en la batalla iban a resucitar, habría sido inútil y superfluo orar por los difuntos. Además, él tenía presente la magnífica recompensa que está reservada a los que mueren piadosamente, y este es un pensamiento santo y piadoso. Por eso, mandó ofrecer el sacrificio de expiación por los muertos, para que fueran librados de sus pecados" (2 Mac. 12:44-45). Lo que aquí se supone es que al menos algunos de los muertos eran amigos de Dios (habían muerto piadosamente), pero que, por otro lado, podían beneficiarse de la oración y que necesitan librarse de su pecado. En resumidas cuentas, estas personas se encontrarían en la condición que la teología católica precisamente llama purgatorio.

EXCURSUS SOBRE LOS ÁNGELES Y LOS DEMONIOS

Hemos estado hablando del infierno y del purgatorio, dos modos de existir que trascienden el mundo de la experiencia ordinaria. Pero, ¿es este tipo de discurso al menos coherente? ¿Por qué habríamos de imaginar que hay algo más allá de lo que podemos ver, tocar y medir? A muchos hoy en día les sorprenderá que tanto en Europa antes de las revoluciones científicas de los siglos XVII y XVIII, así como en muchas culturas actuales donde el modelo científico no predomina, la creencia en una dimensión trascendental habitada por realidades espirituales era algo que se daba por hecho. Mi intención no es criticar dichas culturas, sino destacar una forma de "cientificismo" que de manera rotunda reduce la realidad exclusivamente a lo que puede ser verificado empíricamente. La Biblia, por ejemplo, está muy interesada en la gran diversidad de realidades visibles: seres humanos, plantas, animales, árboles, la propia tierra, incluso los insectos que caminan sobre ella. Pero está igualmente interesada en todo el ámbito

Retablo de Isenheim *por Matthias Grünewald, detalle* (*Museo Unterlinden, Colmar, Francia*). WORD ON FIRE

de la creación invisible de Dios, es decir, los habitantes del cielo. El Credo de Nicea, que fue estructurado a partir de una profunda conciencia bíblica, habla de Dios como el creador "del cielo y de la tierra, de todo lo visible y lo invisible". ¿Podemos como habitantes de este universo "desencantado" postilustrado comprender esto?

Tomás de Aquino en el siglo XIII y Teilhard de Chardin en el siglo XX construyeron argumentos semejantes a favor de la existencia de un orden espiritual trascendente. Ambos dirigieron la atención a la explosiva fecundidad de la creatividad divina, tan evidente en nuestra experiencia ordinaria: la infinitud de insectos, plantas, células, moléculas, planetas y galaxias. Además, tanto Tomás de Aquino como Teilhard se preguntaban si es razonable suponer que entre la asombrosa variedad que observamos en el universo físico y Dios simplemente se extiende un gran abismo. ¿No sería acaso más razonable, concluyen, que asumiéramos que entre el Creador y su creación material mediara un ámbito espiritual igualmente variado y complejo, un orden de criaturas cuya existencia correspondiera a un nivel de intensidad y perfección superior al de las cosas materiales? Y, ¿no podría ser también que esta dimensión fuera invisible para nosotros no por tratarse de algo meramente fantástico, sino porque careciéramos de los medios necesarios para percibirla? Cuando me referí a la Asunción de María en un capítulo previo, hablé del traslado de su cuerpo hasta un nivel superior de existencia, uno que no era menos real sino, por el contrario, más real y más completo que el nuestro. Me refería a que ella ingresó al "espacio" de los ángeles y los espíritus. Nuevamente, cuando nos imaginamos estas criaturas, tendemos a verlas con los ojos de nuestra mente como versiones reducidas y pobres de nosotros mismos, pero en realidad son todo lo contrario. Sería mucho más certero considerarnos a nosotros mismos como pobres versiones suyas. Existen de una manera mucho más plena, intensa y completa que nosotros.

Tomás de Aquino definía a los ángeles como "inteligencias separadas", indicando así que estas criaturas poseían inteligencia y voluntad, pero eran independientes de la materia. Esto significa que los ángeles pueden conocer de manera inmediata e intuitiva, sin tener necesidad como nosotros de pasar a través de un proceso relativamente complicado de sentir, imaginar y abstraer. Esto significa que los ángeles trascienden el espacio y el tiempo y son capaces de moverse a través de ellos. Tomás de Aquino afirmaba que cada ángel, precisamente por ser inmaterial, agota su especie, pues lo que dota de individuación a cada especie es su corporeidad. Yo soy un ejemplo de la especie *Homo sapiens*, pero cada uno de ustedes es otro, porque ustedes y yo nos individuamos en diferentes cuerpos, que nos confieren rasgos únicos y nos permiten ocupar espacios diferentes y demás. Pero los ángeles, al carecer de cuerpos, no pueden diferenciarse unos de otros de esta manera. Para que este lenguaje abstracto sea

El Juicio Final, detalle, de Miguel Ángel, Capilla Sixtina, Ciudad del Vaticano. WORD ON FIRE

más accesible, intentemos pensar en todos los seres humanos que hayan vivido, todos los que actualmente viven y todos los que habrán de vivir hasta el final de los tiempos. Ahora imaginémonos a todos ellos —con todas sus capacidades y perfecciones— reunidos en una sola y gran entidad. Esto nos da cierta idea de lo que es un ángel, y también podemos entender por qué la reacción típica ante un ángel es el temor.

En nuestra tradición los ángeles se asocian con la alabanza a Dios. De hecho, los ángeles de mayor rango, los serafines, derivan su nombre de una palabra hebrea que significa "los incendiados". Están en llamas porque su alabanza los ha llevado a estar muy cerca del calor puro y de la luz de Dios. También hablamos en este contexto del canto de los ángeles. Aunque no deberíamos tomar literalmente este lenguaje (no es que las entidades espirituales precisamente tengan voces), tampoco deberíamos desechar esto como si se tratara de mera poesía piadosa. La armonización de los ángeles tiene la finalidad de indicarnos la sinfonía que forman las inteligencias y las voluntades de estas criaturas espirituales cuando alaban a Dios. En nuestra exploración de la liturgia explicábamos por qué el gran *Gloria* ("Gloria a Dios en las alturas, y en la tierra paz a los hombres de buena voluntad") expresa nuestra esperanza en que juntos podamos convertir a Dios en nuestra prioridad más alta y que este acto conducirá a la paz entre nosotros. Estamos orando por aquello que los ángeles ya poseen: la concordia que proviene de la ortodoxia.

La palabra "ángel" proviene de la palabra griega *angelos*, que significa "mensajero". Como indicaba san Agustín, los ángeles reciben su nombre a partir de su función y no a partir de su naturaleza, pues si llegamos a conocer a estos espíritus puros es por el hecho de haber sido enviados por Dios con una misión a nuestro sistema dimensional. Así, por ejemplo, la Biblia nos narra la relación entre Rafael y Tobías, los tres ángeles que visitaron a Abraham y la comisión dada a Gabriel para anunciar la Encarnación a la Virgen María. Si bien pertenecen a un nivel superior de existencia, los ángeles aparentemente pueden mezclarse e interactuar con nosotros. ¿Cómo explicar esto? No deberíamos pensar en el "espíritu" y la "materia"

Retablo de Isenheim *por Matthias Grünewald, detalle (Museo Unterlinden, Colmar, Francia).* WORD ON FIRE

como realidades mutuamente excluyentes. De hecho, sería muy difícil explicar la creación de Dios del universo material si el espíritu y la materia fueran incompatibles. Sugiero que consideremos la materia como una expresión menos intensa del ser que el espíritu. Esto significa que el orden espiritual puede rebajarse al material, aunque esto resulte imposible en la dirección opuesta. Un adulto puede ser condescendiente para poder entrar al mundo de los pensamientos de un niño de tres años, pero el niño jamás podrá, al menos en principio, elevarse hasta comprender la complejidad de la conciencia adulta. De manera similar, los ángeles pueden interactuar en nuestra dimensión —al grado de asumir una forma material—, aunque nosotros no podamos por nosotros mismos adaptarnos a la suya.

Me imagino que quienes me hayan seguido hasta este momento podrían aceptar, tal vez con ciertas reservas, la existencia de los ángeles, pero muchos se resistirán a aceptar la existencia de los demonios. Pensarán que seguramente se trata de un vestigio de una época supersticiosa y precientífica. De acuerdo con el pensar de la Iglesia, el demonio es un ángel caído o moralmente degradado. Si admitimos que los seres humanos son capaces de la degradación moral (algo extremadamente difícil de negar), no veo entonces por qué resulta tan difícil conceder la posibilidad de que ciertos ángeles se hubieran encerrado en sí mismos dando la espalda a Dios, cayendo así en la corrupción e involucrándose desde entonces con malas intenciones en el mundo de nuestra experiencia ordinaria. San Pablo afirmó que nuestra lucha no es contra enemigos de carne y sangre, sino contra ángeles y potestades, es decir, con poderes invisibles que ejercen su influencia maligna en los asuntos de los hombres. Una vez más, no deberíamos pensar en el ámbito espiritual como algo "lejano" en el sentido ordinario, como si se encontrara en un rincón

Ángel. WORD ON FIRE

perdido del cosmos. En efecto, es distinto cualitativamente, mas no cuantitativamente, lo que significa que la realidad espiritual puede interactuar tanto positiva como negativamente en nuestra propia realidad. Antes de abandonar el tema del demonio, me siento obligado a insistir en que debemos dejar de lado todas las fantasías gnósticas y maniqueas que presentan al demonio como lo opuesto o el oponente de Dios. Satán no es el "lado oscuro" que se enfrenta a la luz de Dios en una terrible lucha cósmica. Es una criatura caída a la que Dios, por su inescrutable designio, ha permitido obrar malévolamente en el mundo. Deberíamos considerar al demonio con la seriedad necesaria, pero no deberíamos prestarle mucha atención a esta criatura que a fin de cuentas es poco interesante y patética.

EL CIELO

Con el tema del cielo llegamos al final de estas reflexiones y al objetivo final de la fe católica. Todo lo demás sobre lo que

hemos estado hablando —Dios, Jesús, la Iglesia, los sacramentos, María, la liturgia, los santos— tiene como finalidad
conducirnos al cielo. Lo que Dios en definitiva desea de nosotros los seres humanos es que participemos de su propia vida
trinitaria, es decir, de la vida de su amor. El cielo *es* amor en
el sentido más pleno, el amor absoluto. Pablo dijo que ahora
existen tres cosas —la fe, la esperanza y el amor—, pero la
más grande de todas es el amor. El amor es lo más grande
porque en el cielo tanto la fe como la esperanza habrán des-
aparecido, mientras que el amor permanecerá. El cielo es el
"lugar" donde todo lo que no es amor habrá sido consumido
y, por tanto, el cielo es la consumación de los anhelos más
profundos del corazón humano.

Encontramos diversas imágenes para el cielo en la Biblia
y en la gran tradición: el banquete, la fiesta de bodas, el vino
en el Reino, la vida, la luz, la paz, la casa del Padre, el paraíso,
la Jerusalén celestial, el eterno descanso y la renovación, solo

El Duomo, detalle, Florencia. WORD ON FIRE

por mencionar algunas (CIC 1027). Si bien cada una de estas imágenes nos habla de alguna verdad concerniente al cielo, su propia realidad excede toda imagen, pues equivale a la propia vida de Dios, aquello que "ni ojo vio, ni oído oyó, ni pasó por el corazón del hombre". Manteniendo siempre esta advertencia en mente, me gustaría enfocarme en tres metáforas del cielo que siempre me han sorprendido y que me parecen particularmente reveladoras: la visión beatífica, la ciudad, y la renovación del cielo y la tierra.

Tomás de Aquino decía que la mente humana está marcada por un dinamismo que la empuja hacia el exterior. La mente llega a conocer una cosa particular tras preguntarse sin descanso la misma pregunta, "¿qué es eso?". Esta pregunta nos lleva a obtener un conocimiento cada vez más profundo del objeto o evento en cuestión, abriéndonos horizontes de significado cada vez más amplios. Así, por ejemplo, podría decir refiriéndome a la máquina con la que estoy escribiendo, "Esto es una computadora". Pero mi mente permanecerá insatisfecha y preguntará, "¿Qué es una computadora?". A través de una serie de percepciones, comparaciones, pensamientos y juicios, mi mente concluirá que una computadora es un tipo de máquina. Pero, ¿qué es una máquina? Es un aparato artificial. Pero, ¿qué es eso? Es un ensamble de objetos físicos brillantemente diseñado. ¿Y esos qué son? Son cosas del mundo. ¿Y qué son las cosas del mundo? Son seres, cosas que existen. Pero, ¿qué es la existencia? Llegado este punto, la mente ha alcanzado una especie de horizonte o límite, pues está preguntándose sobre la naturaleza misma del ser o, si así lo desean, de la Verdad misma. Es estar presenciando, aunque de una manera muy elemental, el rostro de Dios. Precisamente por esto Tomás de Aquino afirma que en el mismo acto particular de conocimiento, conocemos a Dios de manera implícita, pues Dios es el objeto al que la mente apunta, independientemente de que quien conoce lo sepa de manera explícita o no. Este análisis de Tomás de Aquino no se aleja mucho de la descripción que san Juan de la Cruz hace de las cavernas internas que solo podrán llenarse con Dios.

Para Tomás de Aquino la voluntad puede entenderse de manera similar. Incluso en sus actos más simples la voluntad necesariamente busca el bien, y lo encuentra en cierto grado en este mundo. Pero sin importar cuánto bien encuentre la voluntad, siempre permanecerá insatisfecha y deseosa de más. Incluso los bienes más sublimes del mundo —la belleza, el placer, el poder, la estima, la aventura, el éxito— dejan al alma inquieta, deseosa de un bien mayor. Jean-Paul Sartre y sus colegas existencialistas concluyeron de aquí que la vida es simplemente absurda. Pero Tomás de Aquino y los demás maestros de la tradición cristiana han llegado a una conclusión muy distinta, y sostienen que la insatisfacción de la voluntad, que persiste aun poseyendo los mayores bienes mundanos, es una clara indicación de que la voluntad está ordenada a un valor trascendental, un valor que vagamente podemos percibir, pero que nunca podremos obtener en esta vida. Es por esta razón que, como C. S. Lewis concibió, las experiencias más exquisitas de la vida —el placer estético, la intimidad sexual, la amistad profunda— siempre están acompañadas de cierta tristeza dolorosa, una sensación de que todavía debe haber algo más. El "cielo" es aquello que corresponde a ese deseo sobre todo deseo y a esa búsqueda por encima de toda búsqueda. A pesar (o debido a) sus logros en esta vida, la inteligencia y la voluntad desean siempre *ver* más allá.

En su novela autobiográfica, *Retrato del artista adolescente*, James Joyce nos habla del encuentro entre Stephen Daedalus (su *alter ego* literario) y una hermosa mujer que se sumerge hasta las rodillas en la playa de Dublín. Stephen divisa a la mujer y queda inmediatamente cautivado por ella. Describe entonces el balance armónico de los distintos elementos que componen su forma y su figura. Mientras termina de apreciar extasiado su belleza, ella se voltea hacia él y lo mira por un momento; "sufriendo" su mirada, la mujer se vuelve de nuevo a contemplar el mar abierto. En este momento el joven exclama, "¡Oh, santo Dios!". Joyce, que había sido educado en la filosofía escolástica y que durante toda su vida admiró a Tomás de Aquino, capta magistralmente la dinámica que hemos venido describiendo. Precisamente en el instante en que Stephen posee algo radiantemente verdadero y hermoso, entonces se vuelve consciente de su deseo por el Dios celestial. La mirada de la mujer dirigida al mar abierto representa la orientación trascendente de la inteligencia y la voluntad hacia algo que se encuentra más allá de lo que podríamos conseguir aquí en el mundo. En la primera Carta a los Corintios, hacia el final del himno del amor en el capítulo 13, san Pablo expresa con sencillo lenguaje poético aquello de lo que hemos estado hablando: "Porque ahora vemos como en un espejo, borrosamente; entonces veremos cara a cara. Ahora conozco de modo imperfecto, entonces conoceré como soy conocido" (1 Cor. 13:12). Consecuentemente, ver a Dios cara a cara se ha vuelto una de las principales metáforas de esta necesidad de llenar por completo nuestro corazón.

La primera vez que posé mi mirada sobre el rosetón norte de la Catedral de Notre Dame de París, el 12 de junio de 1989, fue el mismo día que llegué a París y comencé mis estudios de doctorado. A pesar de que sentía el cambio de horario y estaba ansioso y confundido, y que no sabía bien a dónde me dirigía, me encaminé a través del Barrio Latino hasta la Ile de la Cité para conocer el edificio que ya desde hacía muchos años amaba y sólo había saboreado a través de fotografías. Entré a la catedral, recorrí todo el pasillo central,

Rosetón, Notre Dame, París. WORD ON FIRE

giré a la izquierda en el transepto, y ahí permanecí inmóvil y fascinado durante veinte minutos hipnotizado por la belleza de aquella ventana. Todos los días que permanecí en París hasta mi regreso a casa en tiempo de Navidad, visité aquel lugar para contemplarla. ¿Qué me empujaba a ir ahí de manera tan compulsiva? El rosetón norte es extraordinariamente hermoso. Tomás de Aquino, quien durante el siglo XIII trabajaba en París y quien seguramente conoció este rosetón recién instalado, decía que la belleza ocurría por la intersección de tres elementos: la integridad, la armonía y el resplandor. Decimos que algo es bello —un rostro, una pintura, un tiro de golf— cuando compone una unidad (posee integridad), cuando todas sus partes operan en consonancia (posee armonía), y cuando refulge como el arquetipo de lo que dicha realidad está destinada a ser (posee resplandor).

La inmensa rueda que forma el rosetón norte, con su infinidad de partes armónicamente interconectadas y la luz que brilla a través de ella ciertamente cumple con los requisitos que definen lo bello. Pero esta belleza está al servicio de un bien superior, pues está destinada a anticipar la belleza de la visión beatífica. Uno debería verla y, al contemplarla, ver más allá hasta exclamar "¡Oh, santísimo Dios!". Una de las claves de este propósito trascendental lo encontramos en el simbolismo numérico de la ventana. Alrededor de las figuras centrales de Cristo y su Madre se encuentran otros ocho círculos de menor tamaño. En la siguiente fila encontramos dieciséis imágenes circulares (*medaillons* en francés), y en la siguiente dos veces dieciséis, es decir, treinta y dos imágenes, hasta finalmente llegar a una última fila también compuesta por treinta y dos elementos. Si sumamos treinta y dos, más treinta y dos, más dieciséis, más ocho, obtenemos un total de ochenta y ocho. En pocas palabras, toda la ventana es una representación artística del número ocho. Luego recordamos que el número ocho es un símbolo de la eternidad, y cómo se encuentra justo después del siete, que evoca los siete días de la semana, comprendemos que representa todo el ciclo del tiempo.

Otra clave la encontramos en la complejidad y carácter inagotable de la composición de la ventana. ¿Por qué me sentí empujado durante tantos días a contemplar ese rosetón? En parte simplemente porque había mucho que asimilar. La visión de Dios también es así. San Bernardo decía que el cielo saciaría nuestra sed, pero el hecho de satisfacerla, paradójicamente, nos haría más sedientos. Sabremos todo lo que queramos saber, pero esa satisfacción nos convencerá de lo poco que sabemos. Tomás de Aquino decía que lo primero que los santos comprenden al llegar al cielo es *cuán* incomprensible es Dios y, por tanto, lo venturosa que será la vida en el cielo.

Soy consciente de que todo lo dicho sobre conocer y ver puede darnos la impresión de que la vida en el cielo será una cuestión bastante solitaria y pasiva, como pasear solos por una galería de arte. ¿No será que incluso la visión más bella acabará por volverse tediosa? Es por esto que hemos de respaldar la imagen de la visión beatífica con la imagen de la ciudad, la Nueva Jerusalén. Las ciudades no tienen nada de pasivo o individualista; pensemos en París, Nueva York, Roma, San Francisco o Río de Janeiro, desbordantes de energía, vida y creatividad. En estos lugares abundan actividades comunitarias y de entretenimiento de todo tipo: negocios, deportes, arte, transporte, educación, buena comida y política. La vida en la Jerusalén celestial será algo semejante a esto. En unión con los ángeles y los santos, con nuestras inteligencias, voluntades y energías plenamente vivas y correctamente orientadas, viviremos una apasionante comunión interdependiente de unos con otros. A causa de nuestros pecados y los conflictos naturales de la existencia finita, la *communio* aquí en la tierra es algo raro y difícil de lograr; pero en la ciudad de las alturas, cuando hayamos alcanzado un nivel superior de perfección y se haya extinguido todo el egocentrismo que nos generaba el pecado, nos regocijaremos en los logros de los demás y nos complaceremos en la armonía que juntos podremos alcanzar.

Bajo esta rúbrica, pensemos en el cielo como una especie de juego que involucra a muchos participantes reunidos en torno a una meta común, donde todas sus capacidades y energías son ejercidas plenamente. Si son fanáticos del fútbol americano, imagínense entonces la ejecución de un excelente pase que culmina en un *touchdown*; si prefieren el baloncesto, piensen en una limpia encestada; si les gusta la música clásica, figúrense una orquesta tocando un fragmento particularmente intricado del concierto "Emperador" de Beethoven, ejecutado con brío y garbo. Ahora imagínense que todo este tipo de juegos son ejecutados al frente de una audiencia agradecida y exultante por la simple belleza de lo que está observando. Finalmente, imagínense una ciudad que estuviera llena día y noche de actividades de una perfección singular. Esto podría darnos cierta idea de lo que será la Jerusalén celestial, la casa del Padre de Jesús en la que ciertamente hay muchas moradas.

La última imagen que quiero considerar es la de la renovación del cielo y de la tierra. Me temo que la mera mención de la palabra "cielo" despierta el incipiente platonismo que permanece latente en tantas personas religiosas. Por platonismo me refiero a la idea de que hay, metafísicamente hablando, dos niveles en el universo, uno espiritual ubicado en lo más alto y uno material ubicado en lo más bajo, junto a la creencia de que hace falta escapar del nivel inferior hacia el superior lo más pronto posible. Muchos cristianos son más platónicos que bíblicos en el sentido de que conciben la meta de su vida espiritual como salir de este mundo e "ir al cielo" o, de manera más precisa, sostienen que el objetivo consiste en liberar al alma del cuerpo, preparándola así para su viaje ulterior al estado puramente inmaterial. Pero esto nada tiene que ver con la esperanza cristiana.

El Credo de los Apóstoles termina diciendo "Creo (...) en la resurrección de la carne y la vida eterna"; y el Credo de Nicea termina con las palabras "Esperamos la resurrección de los muertos y la vida del mundo futuro. Amén". Ninguna de estas dos profesiones de fe cristiana menciona que tengamos la convicción de que el alma escapará del cuerpo y vivirá por siempre en un estado desencarnado; ambas hablan de la resurrección, que no implica dejar atrás el cuerpo, sino su transfiguración. Cristo resucitado se apareció en este estado encarnado a sus discípulos: "Tóquenme y vean. Un espíritu no tiene carne ni huesos". El Dios revelado en la Biblia creó el universo físico y se complació infinitamente en él: "y vio que todo era bueno". Cuánto dista esto de toda forma de gnosticismo y maniqueísmo, posturas que sostienen que el mundo material es una especie de error, la escoria del espíritu. Pero el Dios bíblico que hizo la buena tierra no tiene intención de olvidarse de ella, sino que desea salvarla y redimirla. Y esto es precisamente a lo que se refiere el lenguaje de la resurrección del cuerpo: no a un escapar de la materia, sino a su renovación.

¿Cómo será el cuerpo resucitado? Inspirándose en las descripciones sobre Cristo resucitado contenidas en los Evangelios, Tomás de Aquino nos habla de su *subtilitas* (sutileza), refiriéndose a su capacidad para trascender el tiempo y el espacio; su *claritas* (resplandor), indicando su fulgor luminoso; y su *agilitas* (agilidad), señalando su agilidad y atributos atléticos. Se imagina el cuerpo glorificado como un cuerpo plenamente funcional, ejerciendo su poder a un nivel mucho más alto de perfección. El teólogo contemporáneo John Polkinghorne, quien también es un físico que se ha especializado en el estudio de las partículas, ha hecho algunas observaciones fascinantes en torno al cuerpo resucitado. Apoyándose en la noción de Tomás de Aquino de la "forma" o energía que confiere su diseño al cuerpo, opina que tras la muerte dicha forma será "recordada" por Dios, preservada en su mente divina, y luego reconstituida con una materialidad nueva e inmortal. Lo podríamos concebir al modo en que la "forma" de una pintura puede ser preservada en una computadora para luego ser descargada en toda una variedad de formatos, más grandes y más impresionantes que el original. Debido a que estaría informado por el mismo patrón, este nuevo cuerpo tendría continuidad con el anterior pero, no obstante, sería algo completamente nuevo, algo más espléndido y completo. ¿Podrá este modo de pensar ayudarnos a concebir cómo podrían ser el "nuevo cielo y la nueva tierra"?

Como algunos han dicho, tal vez la mejor manera de prepararnos para la vida en el mundo venidero sea cultivar nuestra capacidad de asombro.

TODO SE
REDUCE A DIOS

Hubo una reunión con los teólogos y obispos alemanes justo antes de comenzar el Concilio Vaticano Segundo. Uno de los asistentes era el joven Joseph Ratzinger, en aquel entonces un teólogo prometedor que posteriormente se convertiría en el Papa Benedicto XVI. Ratzinger cuenta sobre una viva discusión que se suscitó en torno a qué temas habrían de tocarse en el concilio ecuménico que estaba a punto de iniciarse. De acuerdo con el tenor de los tiempos, muchos dijeron que debía concederse primacía a las cuestiones eclesiásticas: la naturaleza de la Iglesia, el papel de los laicos, la vinculación de la Iglesia con el mundo moderno y demás. Al final de una discusión de muchas horas y por momentos acalorada, Ratzinger cuenta que un obispo mayor ya retirado se incorporó vacilante y dijo, "Hermanos, he escuchado con mucho interés este debate, y estoy de acuerdo en que las cuestiones concernientes a la Iglesia son verdaderamente importantes, pero estoy convencido de que este concilio debería hablar, en primer lugar, de Dios". Luego se sentó. Con esa simple participación, continúa Ratzinger, los participantes sintieron que habían oído la voz del Espíritu Santo. A fin de cuentas, la Iglesia, los concilios, las teologías, los programas pastorales y las liturgias tratan todas sobre Dios. Si el catolicismo no habla de Dios, entonces es "como una campana que resuena o un platillo que retiñe".

Mi mayor esperanza es que este modesto libro, si bien a pequeña escala, haya hablado de Dios o que, aun mejor, haya logrado mostrar cómo Dios se vale del catolicismo para pronunciar su Palabra. Estoy seguro de que Dios habla a través de los sinuosos argumentos de Tomás de Aquino, a través de las líneas ascendentes de la Catedral de Colonia, a través de la historia magistralmente escrita del atormentado Job, a través de las páginas cubiertas de lágrima de las *Confesiones* de Agustín, a través de las Cartas que Pablo escribió desde prisión, a través de la profesión de fe de Simón Bar Ionnah en Cesarea de Filipo, a través de un discurso pronunciado en el Areópago de Atenas frente a filósofos atónitos, y a través de los viajes misioneros de Matteo Ricci y Francisco Xavier. También estoy seguro de que Dios susurra en los mosaicos del ábside de San Clemente, en la Catedral de Notre Dame y su semejanza con el arca de Noé, en las estatuas de los apóstoles en la Basílica de San Juan de Letrán, en el arbitraje infalible de los papas, en el Teatro Rapsódico del joven Karol Wojtyla, y en el rítmico canto "Queremos a Dios" de la muchedumbre en Varsovia.

Estoy convencido de que Dios se comunica a través del "Ave" que el ángel dirigió a aquella joven de Galilea, en la procesión de antorchas encendidas en Éfeso en honor a *Theotokos*, en la Señora de los Cielos que se apareció a aquel indio en su camino a misa, en lo que el mundo considera absolutamente inútil de la sagrada liturgia, en las especies transfiguradas del pan y del vino, en los corazones agitados de dos mujeres que se alejaron de la presencia del Papa León XIII cubiertas de lágrimas, en la cámara de gas de Birkenau en la que murió una monja valiente y brillante, en la petición escuchada de camino a Darjeeling: "ayuda a los más pobres entre los pobres". Estoy convencido de que Dios se expresa a través de la intensidad eléctrica de Sainte-Chapelle, en la cafetería derruida de la Calle 111 que en la experiencia espiritual de aquel joven que salía de misa se había convertido en los Campos Elíseos, en la poesía mística de un fraile español locamente enamorado, en el corazón atravesado de Teresa de Ávila, en la epifanía de la esquina de las calles Cuarta y Walnut, en la severidad de Lough Derg, en los cantos y danzas en honor a los jóvenes mártires de Uganda, y en el canto del Serafín en llamas ardiendo por su proximidad al Santo.

He basado mi vida en el conocimiento de que Dios habla con la mayor claridad posible a través del niño de Belén, demasiado débil para levantar su cabeza, pero más poderoso que César Augusto; en el rabino que, yendo más allá de la propia Torah, nos dijo a todos cómo encontrar la bienaventuranza; en el guerrero que buscó pelea en el recinto del templo; en aquel joven hombre torturado hasta la muerte en una miserable colina a las afueras de Jerusalén mientras que de sus labios salían las palabras "Padre, perdónalos"; en el resucitado que dijo "Shalom" a aquellos que lo habían abandonado y lo habían traicionado; en Mashíaj Yeshúa, Jesucristo, el Señor de las naciones.

Escuchar el eco de la voz de Dios en todas estas cosas es ser católico.

Índice

Printed in the United States
by Baker & Taylor Publisher Services